전염병 전쟁

전염병 전쟁

한국전쟁과 전염병 그리고 동아시아 냉전 위생 지도

제1판 제1쇄 발행일 2020년 6월 10일
제1판 제2쇄 발행일 2023년 4월 5일

글 _ 이임하
기획 _ 책도둑(박정훈, 박정식, 김민호)
디자인 _ 토가 김선태
펴낸이 _ 김은지
펴낸곳 _ 철수와영희
등록번호 _ 제319-2005-42호
주소 _ 서울 마포구 월드컵로 65, 302호(망원동, 양경회관)
전화 _ (02)332-0815
팩스 _ (02)6003-1958
전자우편 _ chulsu815@hanmail.net

ISBN 979-11-88215-45-4 93910

철수와영희 출판사는 '어린이' 철수와 영희, '어른' 철수와 영희에게
도움 되는 책을 펴내기 위해 노력하고 있습니다.

* 이 저서는 2018년 대한민국 교육부와 한국연구재단의 지원을 받아 수행된 연구임(NRF-2018S1A6A3A01080743).

한국전쟁과 전염병
그리고 동아시아 냉전 위생 지도

전염병 전쟁

이임하 지음

철수와영희

'전염병 시대'와 한국전쟁

내 몸무게가 가장 적었던 때는 임신 동안이었다. 임신 내내 나는 잘 먹지 못했다. 속이 더부룩하고 메스꺼운 상태가 10개월 내내 이어졌다. 졸리고 피로하고 무기력해진 몸과 마음의 변화도 받아들이기 버거웠다. 그 탓에 속은 더 부대꼈던 듯하다.

임신 내내 힘겨움은 아이에게 그대로 옮겨졌다. 아이는 2킬로그램이라는 저체중으로 태어났다. 처음 아이를 보았을 때 손목과 발목의 살갗이 겹쳐져 있을 정도로, 손목의 표식 때문에 상처가 날 정도로 말라 있었다.

다행히 아이는 인큐베이터에는 들어가지 않았지만 신생아 예방접종을 하나도 받지 못했다. 0-4주 안의 신생아가 받는 예방접종은 비시지(BCG)와 B형 간염이다. 대개 산모가 퇴원하기 전에 접종이 이뤄진다. 한 달 내내 나는 '접종을 받지 못해 잘못되는 것은 아닌지' 불안했다.

보건사회부에서 발행한 모자 보건수첩에 따르면 대한민국의 아이들은 0세부터 만 12세까지 쉼 없이 예방접종을 받는다. 이는 한국만이 아니다.

현대적 보건의료 체계를 갖춘 나라의 모든 아이들은 태어나자마자 예방접종을 받는다. 그 위험은 거의 보고되지 않았다. 오히려 아이들이 예방주사를 맞지 못해 부모들은 발을 동동 구른다.

조선시대에는 금줄이 산모와 신생아를 보호했다. 아이를 낳으면 21일 또는 49일 정도 대문에 금줄을 쳐서 다른 사람의 출입을 금지시켰다. 아무리 가까운 사이라도 함께 살고 있는 가족구성원이 아니라면 출입이 허용되지 않았다. 반면 현대인은 예방주사를 맞아야 '현대인'으로 살아갈 수 있다. 예방주사는 신생아를 보호하는 금줄이고 사회로 나아가는 출발이다.

언제부터 이렇게 모든 아이들에게 접종이 시작된 것일까? 이 의문점은 한국전쟁과 전염병을 공부하면서 갖게 되었다. 한국전쟁 때 전염병을 예방하기 위해 유엔군사령부가 취한 방법은 모든 인구에 대한 백신 접종과 전 한반도의 DDT화였다. 모든 인구의 백신 접종과 DDT화는 한반도를 넘어서 일본, 태국, 말레이시아, 필리핀, 베트남, 대만, 미얀마, 캄보디아 등 동북아시아와 동남아시아로 확장되었다. 이는 신생아 접종으로 이어졌고 영유아 정기 예방접종이라는 보건의료 체계를 마련했다. 사실 현대인이 태어나서 만 12세까지 받는 예방접종의 역사는 채 100년도 안 되는 셈이다.

한국의 공중보건 의료는 한국전쟁 때 자리 잡았다. 전쟁 동안 전염병 관리는 주한 유엔 민간원조 사령부(UNCACK)가 맡았다. UNCACK(언캑)은 DDT로 한국인들의 몸을 씻겼고, 팔뚝에 장티푸스·발진티푸스·두창(천연두) 주사를 놓았다. 이들의 활동은 한국 전염병 관리와 보건의료의 역사이다. 따라서 이 책은 UNCACK이 생산한 문서를 기본 자료로 삼았다. 미국 국립문서기록관리청은 다양한 문서군(Record Group) 단위로 관련 자료들을 분산해서 보관하고 있다. 문서군의 소개는 김학재가 정리한 「주한 유엔 민간원조 사령부(UNCACK) 자료 해제」를 기초로 했다.

RG 331은 2차대전기 연합작전 및 점령사령부 문서군(Records of Allied Operational and Occupation Headquarters, Supreme Commander for the Allied Powers)으로 연합군 최고사령부와 UNCACK이 주고받은 문서들이 포함되어 있다. 특히 UNCACK이 발행한 『공중보건 기술공보』가 포함되어 있다. RG 338은 미 육군 작전전술 군수조직 문서군(Records of U.S.Army Operational, Tactical and Support Organizations(World War II and Thereater), 1917-1999)으로 UNCACK이 직접 생산한 사령부 보고서(Command Report)나 일반 행정 문서들, 일반 명령들이 포함되어 있다. 이 자료는 국사편찬위원회에서 대부분 수집해놓았다. RG 407은 부관부 문서군(Records of the Adjutant General`s Office, 1905-1981)으로 예하 부대에서 생

산한 문서들이 있다. 상급 부대로 보고되어 종합되기 전의 원본 자료들이다. RG 469는 대외원조기관 문서군(Records of the U.S.Foreign Assistance Agencies, 1942-1963)으로 공중보건부 보고서와 한국보건부 문서 등이 있다. RG 550은 미 육군 태평양사령부 문서군(Records of the U.S.Army, Pacific, 1945-1984)으로 UNCACK과 기타 민사, 경제원조에 관한 월간 보고서와 연간 보고서가 있다. RG 554는 극동군사령부 연합군총사령부 유엔군사령부 문서군(Records of General Headquarters, Far East Command, Supreme Commander Allied Power, and Unaited Nations Command, 1945-1960)으로 다른 문서군에 있던 한국전쟁 시기 한국과 관련된 부대의 문서들이 재분류되어 있다. UNCACK과 관련된 대부분의 자료들이 여기에 포함되어 있다. 사령부 보고서부터 지역별 팀 보고서, 주간 보고서 등 UNCACK이 생산한 문서들이다. 그리고 국사편찬위원회, 국립중앙도서관, 국가기록원에 소장된 자료들을 참조했다.

2013년-2015년 내내 UNCACK, KCAC(한국 민간원조 사령부), OEC(경제조정관실) 공중보건 문서를 읽었다. 대부분 영어로 작성된 문서로 하루에 읽을 수 있는 분량은 한정되어 있었다. 마침내 5만 장이 넘는 문서를 읽고 정리했다. 그런데 글을 쓸 수 없었다. 자료에 치이기도 했고 어떻게 구성해야 할지 방향을 잡을 수 없었다. 그렇게 정리만 해둔 채 시간이 흘렀다.

그동안 한국 사회는 메르스(중동 호흡기 증후군, 2015), 코로나19(2020), 조류독감, 구제역, 돼지열병 등 인간과 가축에게 여러 차례 전염병이 돌았다. 신종 전염병이 돌면서 공포와 두려움은 이전보다 커졌다. '동양인은 걸어 다니는 코로나 바이러스', '동양인만 신종 코로나 바이러스에 감염된다'라는 손가락질과 인종차별적 혐오는 악화되었다. 그리고 전염병 대책은 접종과 매몰로 이어졌다. 전염병 대책의 결말은 백신 개발과 발매 예정이라는 뉴스이다.

한국 사회에서 가장 많은 전염병이 돌았던 시기는 한국전쟁 때이다. 2020년, 한국전쟁이 일어난 지 70년이다. 예전에 정리해둔 자료를 다시 주제별로 정리하고 생각을 모았다. 전염병 대책과 보건의료는 한국전쟁 때 가장 큰 변화를 가져온 영역이다. 이 변화가 어떻게 한국 사회에 정착했는지 그 과정을 살펴보고자 한다. 미래에 어떤 신종 전염병이 나타날지, 어떤 대책이 세워질지 모르겠다. 그렇지만 과거의 역사를 마주하면서 어떤 방식이 인간과 가축 그리고 동아시아를 넘어 글로벌화된 지금의 환경과 공존할 수 있을지 고민이 필요한 시점이다.

끝으로 성공회대학교 동아시아연구소 백원담 소장님과 여러 선생님들께 고마움을 전한다. 특히 백원담 소장님은 단일국가의 한 시대에 매몰되어 있는 내 시각을 확장하도록 조언해주었다. 한국의 1950년대가 아니라 동아시아 냉전을 읽어내도록 주문했다. 동아시아연구소는 영화, (중)문학, 커뮤니케이션, 대중문화, 사회학, 여성학 등 다양한 문제의식을 갖고 있는 연구자들이 모인 곳이다. 여기에서 나는 역사학을 공부하는 사람으로서 다른 연구자들의 관심을 따라가려고 하지만 쉽지는 않다. 그렇지만 연구방법과 대상의 다양성을 이해하려는 연구자들의 태도는 항상 새로운 에너지와 생각거리를 가져다준다. 그런 점에서 나는 좋은 작업장에서 일하는 연구자인 셈이다.

차례

3장 전쟁과 전염병

4장 전인구에 백신 접종을!

5장 전 한반도의 DDT화

6장 민주주의의 가시적 공간, 보건진료소

7장 공중보건의 통치성

8장 **한국인의 '위생' 좌표**

9장 **동아시아 냉전 위생 지도**

한국전쟁을 통해 살펴본 전염병 대책과 보건의료

제1장에서는 한국군 신병으로 충원될 국민방위군에서 발진티푸스가 어떻게 퍼지게 되었는지 살펴보고자 한다. 한국전쟁은 전투로 인한 사망자도 많았지만 잘못된 정책으로 사망한 사람들도 많았다. 그중 하나가 국민방위군 동원이다. 지금까지 국민방위군 사망자는 대개 얼어 죽거나 굶어 죽은 것으로 알려져 왔다. 그런데 상당수의 국민방위군이 전염병인 발진티푸스로 사망한 사실은 잘 알려지지 않았다. 국민방위군으로 동원되었던 분들에게 이를 물으면 금세 알 수 있다. 그들은 한결같이 동원되어 남하한 과정보다 경남북 지역의 교육대에 도착해서, 불합격 판정을 받아 다시 집으로 돌아올 때가 힘겨웠다고 말한다. 그리고 교육대에서 상당수의 국민방위군이 전염병으로 죽었다고 말한다.

국민방위군이 교육대에 도착했을 때 발진티푸스는 빠른 속도로 퍼졌으며 심지어 제주도로 가는 배 안에서 발진이나 열이 났지만 어떤 조치도 받지 못했다.

국민방위군에서 발진티푸스가 발생했다는 소식은 유엔군사령부에 보고되었다. 이에 유엔군사령부는 이 상황을 조사하라고 공중보건 복지부장을 한국에 파견했다. 유엔군사령부 공중보건 복지부장 샘스는 '전쟁 승패는 전염병의 통제 여부에 있다'고 판단했다. 그는 미8군 사령부, 미군 군사고문단 담당 장교들의 회의를 소집했다. 이 자리에서 발진티푸스를 비롯한 전염병 통제 정책이 논의되었다. 이 회의에서 민간인의 전염병 통제는 미8군 사령부 아래에 있는 주한 유엔 민간원조 사령부(UNCACK)가 맡는 것으로 결정되었다.

제2장에서는 UNCACK의 조직 과정과 임무 그리고 휴전협정 뒤에도 한국 민간원조를 담당하게 된 과정을 살펴보고자 한다. 한국전쟁 때 만들어진 UNCACK은 미8군 사령부의 명령에 따르는 군부대로 군인과 민간인이 함께 일했다. 그전까지 어떤 군부대도 이렇게 조직되지 않았다. UNCACK은 정치, 경제, 사회, 문화 등의 광범위한 업무를 담당했다. 이를 위해 국제연합 21개국으로부터 민간 전문가들이 파견되었다. 1950년 9월 63명으로 시작된 UNCACK의 인원은 1952년 8월에 696명으로 늘었다. 한국전쟁 뒤, 미국은 점령지에서 민간인을 고용해서 군/민정 업무를 진행하는 UNCACK과 비슷한 조직을 일반화시켰다. 휴전협정으로 UNC(유엔군사령부)→미8군→UNCACK이 아닌 FEC(극동사령부)→미

8군→KCAC(한국 민간원조 사령부)로 지시체계와 명칭이 바뀐 것 이외에 인원과 조직은 그대로 이어졌다.

제3장에서는 한국에서 유행한 전염병의 종류와 그중 발진티푸스가 유행한 이유 등을 살펴보고자 한다. 근대 보건위생이 자리 잡은 때는 대한제국기이다. 전염병 예방령이 적용된 법정 전염병은 콜레라, 이질, 장티푸스, 파라티푸스, 두창, 발진티푸스, 성홍열, 디프테리아, 유행성 수뇌배수막염, 페스트, 유행성뇌염, 재귀열 등 12종이다. 1908년부터 1958년까지 가장 많이 발생했던 전염병은 장티푸스, 두창(천연두), 이질이었다. 호열자로 불렸던 콜레라는 특정 시기에 무섭게 퍼졌고 많은 사람들을 죽음에 이르게 했다. 한국전쟁 중인 1951년에는 16만 9952명이 전염병에 걸렸는데 그중 장티푸스 8만 1575명, 두창 4만 3213명, 발진티푸스 3만 2211명이었다. 장티푸스, 두창, 발진티푸스 모두 특정 지역인 경기, 충북, 강원 그리고 특정 시기인 3~6월에 퍼졌다. 이는 국민방위군 강제 동원 및 피난민의 이동과 관련이 깊다. 발진티푸스 발생 주요 통로는 국민방위군이었다. 발진티푸스를 전염시키는 '이'는 몸을 청결하게 하지 않을 때 생긴다. 국민방위군은 남쪽으로 이동해서 교육대에 도착하는 과정에서 무려 60여 일 동안 단 한 번도 옷을 갈아입지 않았다. 목욕은 고사하고 세수도 하루 한 번 제대로 하지 못했다. '이'가 퍼질 가장 좋은 조건을 갖추었던 것

이다. 이런 측면에서 보면 당시 유행한 발진티푸스는 사회적 질병이었다.

제4장과 제5장에서는 유엔군사령부가 내린 전염병 처방인 전인구의 예방접종과 전 한반도의 DDT화를 다루고자 한다. UNCACK의 초기 대응은 유엔군이 있는 대구와 부산을 거점으로 한 전염병 방어막 치기였다. 그런데 국민방위군 교육대에서 발진티푸스가 급속도로 퍼지면서 초기 방어막이 무너졌던 것이다. 결국 유엔군사령부 공중보건 복지부는 1951년 2월 샘스가 주관한 회의 결과에 따라 전인구의 예방접종과 전 한반도의 DDT화라는 처방을 내렸다. 1951년 UNCACK이 추정한 총인구는 2111만 16명이었다. 1952년 12월 현재 공중보건부 참모부 보고서에 따르면 접종 인원은 두창 2444만 2286명, 발진티푸스 2341만 5427명, 장티푸스 2378만 4176명이다. UNCACK의 모든 지역 팀에서 예방접종이 완료되었다는 보고가 들어왔다.

DDT는 제2차 세계대전 때 미 육군이 '안전하다'는 공표와 함께 의료무기로 추가하면서 알려졌다. DDT는 무색이며 냄새가 없지만 곤충의 신경계에 영향을 미쳐 마비를 일으킨 후 죽음에 이르게 하는 대표적 유기합성 살충제이다. 그런데 한국전쟁 때 DDT는 소독약이자 발진티푸스 치료제로 알려졌다. DDT는 먼저 비행기로 공중에서, 그다음 지상에서는 발동식 DDT 분무기로 곤충의 서식지에, 휴대용 분무기로 하수구, 피난민 수용소, 공공장소에 살포되었다. 액체 DDT는 기차역, 거리, 버스, 가옥, 공공장소, 병원, 화장실 등 주로 건물과 도로에 뿌려졌다. 사람에게는 분말로 뿌려졌다. 1951년 10월 말 현재 DDT 분말을 맞은 인원은 1541만 6758명이다.

근대전은 총력전이라고 하는데 이는 전후방 가릴 것 없이 모든 시민/국민을 동원하기 때문이다. 때로 후방은 거대한 전쟁 실험실로, 후방 사람들은 실험 대상이 되곤 했다. 한국전쟁 때는 전쟁포로와 부랑 아동, 부랑 한센병 환자와 피난민을 대상으로 DDT 효능 실험이 이루어졌다.

제6장에서는 어떻게 전인구에 예방접종과 DDT 살포가 이루어졌는지 보건진료소 설치를 통해 살펴보고자 한다. 의료반은 마을을 돌아다니면서, 시장에서, 도시 진입로에서, 역이나 정거장에서 무차별적으로 예방접종을 했다. 보건진료소는 처음에 의사 1인, 간호사 1인, 보조 1인으로 3-5인으로 구성된 의료반에서 출발했다. 1951년 3월 말 49개였던 보건진료소는 9월에 343개소로 늘었다. 그리고 1952년 1월 UNCACK은 전국 500개 확대안을 제안했고, 보건부는 이를 받아들였다. 보건진료소 운영은 국고보조가 20.7% 지방 주민 부담이 9.8% UNCACK 원조가 69.4%를 차지하고 있다. 보건진료소에서 사용하는 약품과 의료용 기구는 모두 UNCACK에서 제공받았다. 유엔군사령부 공중보건 복지부장 샘스는 보

건진료소는 인명을 중시하는 미국의 가치와 민주주의가 실현된 공간이라고 파악했다. 그러나 보건진료소는 국고보조가 지원되지 않으면서 무너져 내렸다. 보건진료소의 의사와 간호사의 임금은 국가에서 보조하기로 했지만 시일이 지나면서 임금이 제때에 나오지 않는 지역이 많았다. 여기에 국방부의 대책 없는 의사 징집도 한몫했다. 결국 몇 개월씩 임금을 받지 못한 의사와 간호사는 보건진료소를 떠났다.

제7장에서는 공중보건의 통치성에 대해 살펴보고자 한다. 식민지 조선에서 자혜의원은 1개 도에 1개가, 한국전쟁 때 보건진료소는 1개 면에 1개가 설치되었다. 이는 식민지 조선과 한국전쟁기 공중보건의 통치성이 가장 잘 드러난 지점이다. 식민지 조선을 통치했던 일제는 자기들의 위생 기준에 맞지 않으면 경계선 밖으로 내몰았다. 식민지 조선의 위생경찰은 보건의료 체계를 담당하면서 상당히 억압적이었다. 해방과 한국전쟁은 억압적 통치술을 흔들었다. 더 이상 20세기 초의 감시자가 버티고 있는 통치술은 효과적이지 않았다. 이는 세계가 진영으로 나뉘는 냉전체제에 들어서면서 분명해졌다. 냉전은 진영의 우월성을 내세워 새로운 경쟁체제로 들어섰다. 경쟁체제는 정치·경제·사회·종교·사상 모든 것을 비교했다. 그 가운데 보건의료는 체제의 우위성을 가시화할 수 있는 대표적인 분야였다. 일국의 정보는 국경을 넘어 세계기구로 모였다. 당시 한국

의 정보는 세계기구에 아주 중요했다. 1952년에 WHO는 한국의 모든 질병을 예측했고, 어떤 백신이 필요한지 가늠했다. 질병을 예견하고 목록을 만들어 대비하는 것은 파놉티콘보다 효율적이다. 파놉티콘은 일정한 공간과 감독자가 필요하지만 이런 질병 관리 작업은 그럴 필요가 없다. 즉 제2차 세계대전 뒤 냉전을 기반으로 하는 세계기구는 19세기에 발견된 파놉티콘의 감시 방식을 뛰어넘었다. 보건의료 체계는 국가 간 경계를 허문 주요한 도구이다. 공간도, 시간도, 감시자도 필요 없는 세계기구는 중앙컴퓨터와 비슷하다. 프로그램만 만들어놓으면 언제 어디서나 정보를 조사하고 축적하고 출력할 수 있다. 따라서 한국을 비롯한 동아시아에서는 정보 축적을 위한 보고서 작성과 통계의 축적 그리고 공중 보건에 대한 교육이 중요한 과제로 떠오르게 되었다.

제8장에서는 한국인의 위생 좌표에 대해서 살펴보고자 한다. 위생은 경찰의 강압이 아닌 마음에서 우러나와야 하며 한 사람의 마음이 아닌 시민 또는 국민의 모든 마음을 움직여야 한다. 마음을 움직이게 하는 정동적 감정은 더러움과 수치심 그리고 전염병의 적대와 젠더화를 일으키는 혐오였다.

20세기를 전후하여 조선에 왔던 구미 선교사들이 조선에 대해 하나같이 가졌던 이미지는 불결과 위험이었다. 더러움과 수치심은 한국 사회에서 오랫동안 유지되어온 주요한 정동적 감정 중 하나이다. 수치심은 지금까지 살아온 방식, 습관 그리고 문화와 전통으로 이어져 온 모든 것들을 부끄럽게, 수치스럽게 여겨야 한다. 몸을 깨끗이 하고 위생 규칙을 지키는 것에 머물지 않았다. 한국인이라는 존재의 부정이다. 인분으로 비료를 만들어 농사를 짓던 역사의 부정이다. 한국인의 시선이 아닌 미국인의 시선으로 한국의 농민, 생활, 문화가 타자화되었다. 이는 주체의 객체화, 타자화에 그친 것이 아니다. 한국 사회에서 수치심은 위생 담론을 넘어 젠더(섹슈얼리티), 민족, 인종에까지 확장되었고 한국인의 정동을 특징지었다.

전염병의 젠더화는 미군이 작성한 각종 홍보물에서 질병과 관련된 이미지로 등장한다. 이들은 여성을 세균, 바이러스 자체 또는 전파자로 묘사하면서 그 원인을 무지에서 찾았다. 여성이 전통에 얽매여 근대적 문명과 과학을 받아들이지 않았기 때문이라는 것이다.

제9장에서는 보건의료 체계가 일국이 아닌 동아시아로 글로벌화된 계기를 살펴보고자 한다. WHO는 '환경위생'(1952년), '오늘의 보건 내일의 부 너도나도 받들자 보건기구'(1953년), '간호원은 보건의 선구자'(1954년), '건강은 깨끗한 물로부터'(1955년) 등 매년 주제를 정하고 1주일간 이에 맞게 기념식과 활동을 하도록 했다. 이 행사는 한국을 비롯한 일본, 태

국, 대만, 말레이시아, 필리핀, 베트남, 미얀마 등 동아시아에서 치러졌다.

한국전쟁 때 UNCACK은 장티푸스, 두창, 발진티푸스 등 급성전염병을 예방하려고 전인구에 백신을 접종했다. 그러나 신생아와 유아는 예방접종에서 제외되었다. 그런데 1953년 두창이 발생하자 그해 10월부터 12세 이하의 아동에게 두창 강제 예방접종 실시를 알렸다.

1950년대 예방주사 계획표는 한국 영유아 예방접종으로 굳어졌다. 2020년 모자보건 수첩의 예방접종과 비교하면 장티푸스와 두창만 제외하고 모두 같다. 2020년 영유아 정기 예방접종은 결핵, 간염, 소아마비, 백일해, 디프테리아, 파상풍, 홍역, 풍진, 뇌염 등이다. 영유아 무료 예방접종은 최근의 일이지만 모자보건 수첩의 발행과 예방접종이 한국 사회에 자리 잡은 때는 한국전쟁 때부터이다.

1장

국민방위군과 발진티푸스

❶

국민방위군의 귀향

1) 집으로 가는 길

"몸이 아프니까 아프다고 그러니까, 그때는 뭐, 무슨, 누구한테도 허락 받고 우째고 그런 게 아냐. 부대장 마음대로여. (…) 연세 많은 분들하고, 같이 묻어서 올라왔죠. (…) 올라오는 데 아마, 한 20일도 더 걸렸어요." _ 홍사웅

"거기서 신체검사를 또 그냥 몇 번씩 해요. 군의관이 나와가지고. 거기서 불합격되면 집에 보내고 그러는데, 나는 불합격이 돼요? 안 되지. 뭐. 하하하. 아, 그래서, 사흘간을 굶었지, 뭐에요. 거기서 밥 주는 걸 굶었는데, 그냥 환자가 되는 거 아니에요? (…) 불합격되니까, 집에 가라고. 귀향증이 나왔는데, 그때 돈으로 2000원일 거야, (…) 집에 가라고. (…) 가다 먹으라고, 쌀 소두 닷 되씩을 또 주네. 그거 어떻든 받을 데가 있어? 빤쓰를 이렇게 앞쪽으로 접어 (…) 담아 왔지. 하하하. (…) 걸어 올라오는 데, 조치원이라는 데에, 아휴, 조치원이면 거번 경기도 땅이에요, 거반. (…) 고향에 가깝게 왔다는 소리가 나오지 뭐에요. 아휴.

(…) 그 차가 수원 거기가 어디 그전, 뭐여? 시방 터미널에서 내려서 (…) 저 발안 오니까, 아휴, (…) 동네에서 내가, 제일 나중에 들어온 거여. 그래서 죽은 줄 알았대요." _ 차찬규

"아침을 먹고 길에 나스니 날은 맑에 개이고 봄바람은 솔솔 불어 기분도 상쾌하거니와 길 걷기에는 더웁지도 않고 춥지도 않아 심상 좋다. 그리운 고향에 가는 길이라 거름거리도 산듯산듯 모두들 칠색(喜色)이 만면이라.(1951.3.4)
김천 인도교를 건느지 못하게 하여 김천내 하류 약 2K 지점에서 도하하여 김천 남방으로 멀리 돌아, 높고 높은 고개를 넘어 김천 서방 김천서 추풍령으로 향하는 철도선을 만났다. 고갯길은 사람이 하나밖에 통과치 못할 만큼 좁고 험준한데 눈이 담뿍 쌓여 약 두어 시간 걸려서 간신히 넘어섰다.(1951.3.7)
어재 부지런히 거른 탓으로 몸이 화끈거리고 콧김이 뜨거우며 콧속이 허렀다. 보은까지 오는 도중 도로변도 몹시 파괴되었다.(1951.3.9)
오늘은 하루 종일 산길만 거렀다. 꼬불꼬불 골자기로 언덕으로 한참 거러 나스니 날은 흐려서 방향을 알기 어렵다. 끝으로 넘은 피반령이라는 곳은 어마어마하게 긴 고개인데 이 고개를 넘기에 약 2시간은 걸렷다. (…) 이제 고향산천이 보일 듯이 가까우니 모두들 얼굴에 칠색을 띄우고 집에 가서 가족 만나보고 음식 해먹을 이야기로 발 아픈 것은 잊는다.(1951.3.10)" _ 유정수 일기

1951년 3월 초부터 국민방위군의 귀향이 시작되었다. 집 떠난 지 60여 일 지났다. 류재신은 귀향증만 받고 집으로 다시 걸어가게 한 해산 조치

는 사실 매우 무책임한 일이라며 밥은 고사하고 헛간이나마 잘 수 있게 허락하는 집이 드물 정도로 사람들도 살기가 어려웠고 인심은 야박했다고 말한다.[1] 홍사웅은 몸이 아프다고 부대장에게 말해 나이 많은 사람들하고 같이 20일 동안 걸어서 올라왔다. 차찬규는 불합격 판정을 받으려고 나흘 동안 굶었다.

차찬규는 도중에 트럭을 얻어 타고 전주, 대전, 조치원, 수원, 발안을 거쳐 집으로 돌아왔다. 유정수는 청도 남성현 고개를 넘어 경산(3.3), 달성(3.4), 성주(3.5), 김천(3.6)을 거쳐 추풍령을 넘어 영동(3.7), 청산(3.8), 보은(3.9), 청원(3.10)을 거쳐 돌아왔다.[2]

그들의 귀향길은 녹록하지 않았다. 그래도 국민방위군 홍사웅, 차찬규, 유정수, 류재신은 모두 살아서 집으로 돌아왔다.

귀향증을 받은 국민방위군들은 2-3명 또는 4-5명씩 짝을 지어 귀환했다. 돌아가는 길에서 노무단으로 들어가거나 사망 또는 행방불명되어 소재를 알 수 없는 경우도 많았다. 진실화해를 위한 과거사정리위원회는 국민방위군의 피해 양상을 '①소집-신체검사 합격-현역 또는 노무부대 입대-제대 또는 전사, ②소집-신체검사 불합격-귀향조치-귀향 후 재입대, ③소집-이동 중 사망 또는 신체검사 전 사망-소재 불명, ④소집-고령 또는 신체 이상으로 귀향 조치-귀향 중 사망 또는 소재 불명, ⑤소집-탈영 및 낙오-귀향 또는 소재 불명' 등으로 제시했다.[3]

2) 1950년 겨울, 국민방위군 동원과 남하

인천 상륙과 서울 탈환 뒤, 이승만 정권은 청장년 동원 체제를 정비했다.

이승만은 1950년 12월 18일 기자회견에서 "정부에서 청장년을 소개시키지 않은 채 만일의 경우 그들이 공산당 치하에 구속되게 되는 때에는 그들은 그들이 원하지 않으면서도 공산당의 철의 감시 밑에 강제로 병정이 되고야 말 것이다. 그러므로 정부에서는 청장년을 남방 안전지대로 집단 소개시켜 이들을 훈련 무장시켜 1대 군대를 단시일 내에 편성할 것이다"라고 말했다.[4] 12월 15일 장경근 국방부 차관은 국회에서 국민방위군 설치 법안을 설명했다. "그동안 사설 단체에 불과한 청년방위대가 후방 예비군의 역할을 해온 까닭에 잡음과 부작용이 많았다고 시인하고 그런 기형적인 형태를 없애고 법적 근거를 만들기 위해 국민방위군을 두려는 것이다."[5] 결국 국민방위군 설치법은 12월 16일 국회에서 통과, 12월 21일 법률 제172호로 공포되었다.

사진 1-1 **1951년 1월 8일 대구로 향하는 국민방위군**

국민방위군의 주 병력은 제2국민병으로 소집된 만 17세부터 만 40세까지의 청장년 남성이었다. 국민방위군은 호국군이나 청년방위대처럼 지원제가 아니다. 그들은 동원에 의해 소집되었다. 국민방위군 설치법 제2조 '지원에 의하여'라는 규정은 '제6조 전시 때에는 집단적으로 소집할 수 있다'로 대체 가능했다.[6]

그런데 이승만 정권은 어떻게 10여일 만에 60만 명을 징소집했는가? 정부는 1950년 11월에 238만 9730명을 제2국민병으로 등록시켰다.[7] 이렇게 등록된 제2국민병은 전쟁 동안 부족한 병력을 보충한 징소집의 기초가 되었다.

중국의 개입으로 전황이 바뀌자, 정부는 1950년 12월 7일 계엄령을 선포하고 제2국민병을 통제했다. 서울시 경찰국장은 제2국민병 등록 기피자에게 '적발을 강화하여 엄벌에 처할 방침'을 밝혔고,[8] 한강을 통제해 국민방위군 소집 대상자의 도강을 금지시켰다. 각 시군의 말단 행정 조직과 경찰 조직이 소집영장을 발부했다.

국민방위군 소집 장소는 지역마다 정해져 있었다. 서울은 창덕궁, 경기북부 고양 지역은 안산초등학교나 아현초등학교, 경기 남부 수원은 세류초등학교 또는 공설운동장, 인천은 축현초등학교 또는 동산중학교 등이었다. 이렇게 모인 장정들은 100-200명씩 편성되어 남하했다. 유엔군이 모든 기간도로를 MSR(Main Supply Route, 주 보급로)로 지정, 통제했기에 국민방위군은 마을의 샛길, 산길을 걸어서 이동했다. 서울이나 경기도에서 출발해 경상남북도의 교육대에 도착하기까지 15일간에 걸친 긴 행군이었다.

남쪽으로 이동하는 국민방위군의 숙식은 인솔자가 알아서 해결했다. 도착한 마을에서 이장이 숙소를 배정해주면 그곳 민가에서 식사를 해결

사진 1-2 MSR, 피난민의 이동을 금지하는 경찰

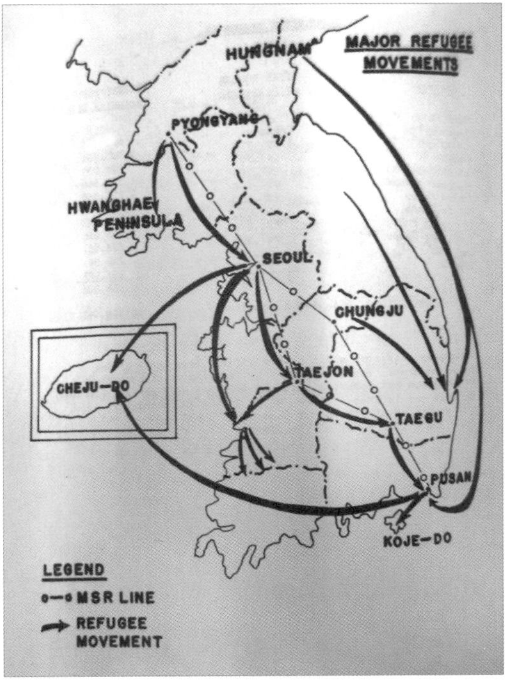

사진 1-3
MSR과 피난민 이동 경로

했다. 남하하는 장정을 따라 떡이나 엿 등을 파는 행상이 도로변에 나와 있어 사 먹기도 했다. 대개 가지고 간 떡이나 엿으로 허기를 채웠다.

"가지고 간 게 글쎄, 이불하고 떡을 해줘가지고, 그걸 짊어지고 갔는데, 내가 제일 많이 가져가서 제일 오래 나눠 먹었어. (…) 백설기! (…) 덩어리로다가 이렇게 싸가지고, (…) 떼어 먹는 거예요. (…) 문경서는 요만한 방에다가 한 20명씩 잡아넣으니, 거기서 무슨 잠을 자. 그저, 그려, 냉방. 밥도 그냥, 주먹밥을 준 것 같애." _ 홍사웅

"담요도 가지고 가고, (…) 나는 그때 어머니가 만들어주신, 인제, 그 뭐여? 깔고 자는 게 뭐야? 그거? '요'라고 그랬나? 군인 가는 줄 알고, 죽으러 가는 줄 알고. 그냥, 엿 가지고 가서 잔뜩 들고, 그냥 떡도 해서 사식으로" _ 차찬규

3) 국민방위군 교육대

국방부는 본격적으로 국민방위군 편성에 착수했다. 국민방위군 사령부는 서울에 두고 각 단대는 청년방위대 조직을 그대로 계승했다. 1951년 1월 1일에 국민방위국이 육군본부에 설치돼 국민방위군을 지도, 감독했다. 국방부는 국민방위군 운영 일체를 대한청년단에 맡겼다. 국방부는 청년방위대 대장 김윤근을 현역 준장으로 임관시켜 국민방위군 사령관에 임명했다. 김윤근은 국민방위군의 신병 교육이 순조롭게 진행된다며 2월 6일에 담화를 발표했다.

현재 우리는 10만의 후퇴 청장년을 정비하여 효과적인 교육을 실시하고 있으며 그 결과는 불원한 장래에 전 국민 앞에 칭찬의 대상이 될 것을 확신한다. 그들의 의기는 충천하고 기술은 연마되어 감이 현저하니 국민 제위는 그들의 용명을 들을 날을 기대하여 주기를 바라마지 않는다.[9]

교육대는 학교 교사, 창고, 공장, 관공서 건물을 사용했는데 마구간이나 폭격 맞은 건물에도 국민방위군을 수용했다. 1·4 후퇴로 정부가 부산으로 철수하자 국민방위군도 대구에 사령부를 설치했다. 대구 사령부를 제외한 49개 교육대가 있었다. 교육대는 연대본부 외에 3개의 대대 규모로 운용되었으며, 수용 시설은 교육대별로 3-4개로 나뉘어져 있었다.[10]

교육대에 수용된 인원을 포함한 국민방위군 총 정원과 현 인원은 〈표 1〉과 같다. 〈표 1〉과 〈표 2〉의 「관내 상황」 자료는 국민방위군 사령부가 제공한 1951년 2월 1일 현재 자료이고, UNCACK 자료는 1951년 2월 15일

<표 1> 교육대에 수용된 국민방위군 (단위: 명)[11]

구분	구분(관내 상황 자료)		UNCACK 자료
	총 인원	현 인원	
경상북도	139,926	134,473	101,951
경상남도	252,177	217,148	257,610
충청남도	34,203	5,749	264
전라북도	11,401	7,610	288
전라남도	22,802	20,956	40,872
제주도	22,611	20,163	34,053
총계	**483,120**	**406,099**	**435,038**

<표 2> 정원을 초과한 교육대

부대명	소재지	정원	관내 상황 자료	UNCACK 자료
제2교육대	거제	5,605	13,927	13,382
제7교육대	사천	5,605	23,230	23,230
제8교육대	진주	5,605	10,676	10,676
제10교육대	함안	5,605	9,850	9,850
제11교육대	마산	5,605	10,497	10,497
제11분교육대	마산	5,605	11,340	11,340
제12교육대	김해	5,605	14,570	14,768
제13교육대	구포	5,605	9,658	9,658
제17교육대	남해	5,605	10,479	10,478
제20교육대	울산	5,605	9,962	20,060
제23교육대	경산	5,605	18,074	22,067
제26교육대	영천	5,605	13,662	13,269
제27교육대	대구	5,605	12,026	12,573

자 주간 보고서에서 제시된 국민방위군의 도별 위치와 인원 목록이다. 이는 국민방위군 사령관 김윤근이 보고한 것이다.

국민방위군 사령부의 「관내 상황」에 따르면 사단과 교육대의 정원은 48만 3120명이다. 그런데 1951년 2월 현재 수용된 인원은 「관내 상황」 자료에는 40만 명, UNCACK 보고서에는 43만 명 정도였다. 〈표 2〉는 정원 5605명의 2배가 넘는 교육대의 수용 인원을 나타낸 것이다. 거제, 진주, 함안, 마산, 김해, 구포, 남해, 영천, 대구에 있는 교육대가 여기에 속한다. 사천 제7교육대, 울산 제20교육대, 경산 제23교육대는 정원의 3배인 2만 명이 넘는 교육생으로 넘쳐났다.

교육대에 도착한 국민방위군은 소집되어 이동할 때보다 먹지 못했다. 저녁이 돌아오는 것이 지긋지긋할 정도로 춥고 잠자리는 형편없었다. 세수도 쉽지 않았다. 식사는 맨밥에 간장, 된장 또는 맹물 같은 된장국이 전부였다. 국도 없이 맨밥이 나오는 때도 많았다.

"풍각으로 다 갔는데, 그때, 그, 먹는 거 주는 게, 그 애끼느라고 전부, 이렇게 밥도 전부 세어서 먹었어. 너나 할 것 없이 다. 한두 숟갈밖에 안 되니까, 한 번에 집어넣기는 아깝고 그러니까, 그걸, 어, 밥풀을 세어서 먹었어요. 그, 전부 배가 고프죠, 뭐." _홍사웅

"나는 오늘까지 4일간 세면을 않이하였다. 그래서 얼골은 꼬조조하게 때가 끼어서 얼룩얼룩하고 두발은 죽산에서 조발한 후 여적것 닥지를 못하여서 뿌옇고 뻣뻣하고 헝크러젓다. 입안에서는 사뭇 구린내가 나는 형편이다." _유정수 일기

"재신은 집을 떠나 그때까지 단 한 번도 옷을 벗고 잔적이 없었다. 씻는 일도 말처럼 쉽지는 않았다. 며칠에 한 번 고양이 세수나 하는 게 전부였다. 다른 대원들도 마찬가지였다. 제대로 씻지도 않고 청결치 않아 '이'가 얼마나 많은지 넓은 교실 바닥에 우글우글했다." _류재신[12]

1951년 5월 7일 국회 제75차 본회에서 국민방위군 조사와 관련한 종합 보고가 있었다. 국회의원 태완선은 "매일 평균 인원 7만 명의 유령 인원으로 허위 보고를 하여 총액 23억 원을 부정처분하였다. 이것은 음식대

와 사무비에 관한 것이고 그 외 식량 관계로만도 매일 평균 유령 인원 12만여 명, 분식량 5만 2000여 명(대금 20억 원)의 용도가 불명하다."라며 광범위한 부정 사례와 운영 부실을 폭로했다.[13] 모든 책임이 행정부 및 그 상부에 있다고 주장했다. 진실화해위원회의 조사 결과, 가장 많은 사망의 원인은 기아와 전염병이었다.

2

발진티푸스와 유엔군사령부

1) 하루저녁에 30구씩

"응. 풍각면 거기를 가니까, 교육대가 있어. 거기서 교육받고 그러는 거지, 뭐. 그런데, 거기서 연병장에서, 그런 게 학교지, 학교 운동장이지. 그런데, 우리 중학교는, 학교 바닥에는 그거 뭐야? 그냥 멍석 깔고 해가지고, (…) 거기서 자고, 집에서 갖고 간 담요 있으면 담요 덮고 자고. 이불 갖고 가면, 이불 덮고 자고. 아이고, 그러니, 거기 가서, 죽어가는 사람도 있어. 많아요. (…) 전염병에 걸려서. '이'는 왜 그렇게 생기는지. 아이고." _ 차찬규

"다시 북쪽으로 돌아오는데, 청도에서 제105사단에 재편성이 되었다가 열병에 걸렸다. 그 당시 환자들은 창녕에 있는 대지국민학교에 후송되었는데, 다 병이 걸린 사람들만 오는 곳이었다. 그곳은 처음엔 사람이 많아서 앞사람 머리를 사타구니에 끼고 잘 정도였다. 그런데 그 학교에서 수백, 수천 명이 죽었다." _ 김윤중

"조금 아픈 사람들은 어디 다 모였냐 하면 창녕으로 다 모였어요. 창녕. (…) 그런데 하루저녁에, 하루저녁에 30구씩 나갔데요. (…) 약이 있어요? 뭐가 있어요? 한번 걸리면 죽는 거예요. 그리고 그걸, 장티푸스 같은 거는 전염병 아니에요? (…) 격리시켜야 되는데 격리시킬 아무런 대책도 없이, 그냥 한대, 그러니까, 뭐, 하여튼 무척 많이 죽었어요."
_ 홍사웅

청도에서 예비 제105사단에 편성되었던 김윤중은 병들어 창녕군 대지면 대지국민학교로 후송되었다가 겨우 살아 나왔다.[14]

국민방위군 설치법 제9조는 "국민방위군 사관 및 사병은 육군 총참모장의 지휘하에 작전에 종사하거나 동원되었거나 훈련을 받는 기간에 한하여 군복을 착용한다."라고 규정하고 있다. 사병(교육생)들은 훈련받는 기간에 군복을 지급받아야 했다. 그러나 국민방위군들은 처음 출발할 때 입은 옷 그대로 귀향했다.

"하는 일이 아침을 먹고 나서는 윗도리 벗어서 '이'를 잡는 거라. 그럼 반나절 걸려. 점심 먹고 나서는 아랫도리 벗어서 '이'를 잡으면 해가 넘어가. 아침부터 저녁까지 '이'만 잡는 거여." _ 박상규[15]

"그냥 입은 채로 간 거에요. (…) 군대니까, 가면 갈아입을 줄 알았지. 하하하. 그래 따라 갔더니, '이' 속에다가 '이' 구뎅이에다가 집어넣은 거여. (…) 그래도 부대라고, 아침에 가서, 뭐, '일조점호(日朝點呼)'라고 점호를 하는데, 그때 인제, 뭐한 사람들은 담요로다가 잠바 만들은 거, 이런 거 입고 간 사람들도 있고 그런데, 그런데는 '이'가 더 껴요. 바깥

에 나와 있으면 점호할 적에, 그때 한참 추울 때니까, '이'들이 꽁무니를 전부 이렇게 에리(えり: 옷깃) 있는데, 꽁무니를 물고 있어. 빨갛게 전부 얼어가지고. 그래, 인제, 털어서 입었어요. 털어서. 그래, 어떤 사람은 실로다 뜬 거, (…) 쉐타를 입었는데 쉐타 구녁마다 '이'가 있으니 그 어떻게 가려워서 못 견디겠으니까. 그냥 벗어서 걸어놨는데, 그냥 새빨갛. 그렇게 대책이 없었어요." _ 홍사웅

교육대에서 국민방위군들은 아침에 점호하고 햇볕을 쬐며 옷깃에 있는 '이'를 잡거나 해진 신발을 꿰맸다. 잘 씻지도, 50여 일 동안 옷을 갈아입지 않은 채 정원의 2-4배가 넘는 인원이 함께 생활했다. 이러한 환경으로 '이'는 빠르게 퍼져나갔다. 그리고 '이'는 발진티푸스라는 전염병을 가져왔다. 교육대에 도착한 국민방위군은 발진티푸스에 걸려 죽어갔다.

2) 발진티푸스의 발병과 처리

49개 국민방위군 교육대는 경상남도에 36개, 경상북도에 12개, 제주도에 1개가 있었다. 특히 부산을 포위한 형상처럼 경상남도에 몰려 있었다. 〈표 2〉에 따르면, 정원을 넘어선 지역은 경남 지역에 있는 교육대였다. 국민방위군 교육대에서 발진티푸스가 발병하자 UNCACK 경상남도 팀은 발 빠르게 움직였다.

1951년 2월 18일부터 24일까지 전염병 발생 보고가 올라왔다. 발진티푸스는 마산 106명 · 부산 2명 · 양산 2명이, 두창은 창원 17명·울산 10명·양산 13명·부산 21명이, 장티푸스는 부산 4명·밀양 17명·고성 13명·

창원 4명이, 파라티푸스는 부산 3명이 발병했다. UNCACK 경남 팀 공중보건 장교는 답답한 심정을 드러냈다. “국민방위군 교육대에서 발생하는 정확하고 빠른 정보를 얻을 방법이 없다. 지방에 흩어져 있는 개개 교육대의 정확한 위치를 모르겠다. 앞으로 국민방위군 교육대에서 발생하는 풍토병 대처 계획이 세워져야 한다.”[16]

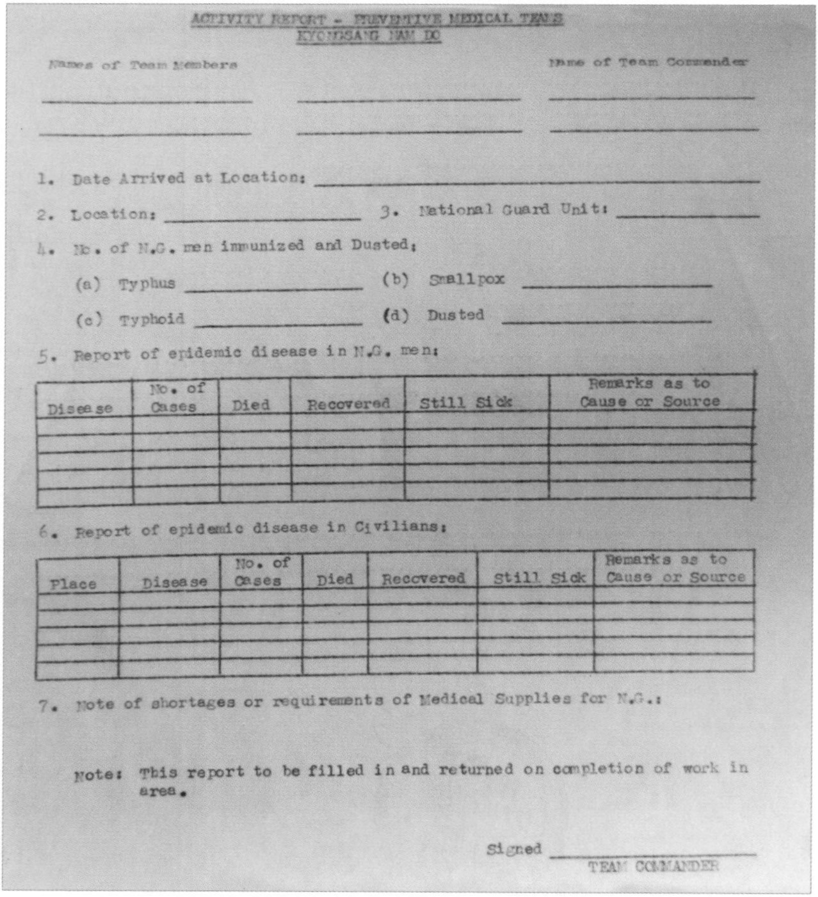

ACTIVITY REPORT - PREVENTIVE MEDICAL TEAMS
KYONGSANG NAM DO

Names of Team Members　　　　Name of Team Commander

1. Date Arrived at Location: ______

2. Location: ______ 3. National Guard Unit: ______

4. No. of N.G. men immunized and Dusted;

(a) Typhus ______ (b) Smallpox ______

(c) Typhoid ______ (d) Dusted ______

5. Report of epidemic disease in N.G. men:

Disease	No. of Cases	Died	Recovered	Still Sick	Remarks as to Cause or Source

6. Report of epidemic disease in Civilians:

Place	Disease	No. of Cases	Died	Recovered	Still Sick	Remarks as to Cause or Source

7. Note of shortages or requirements of Medical Supplies for N.G.:

Note: This report to be filled in and returned on completion of work in area.

Signed ______
TEAM COMMANDER

사진 1-4 **국민방위군 접종 보고서 양식**

<표 3> 국민방위군 전염병 예방접종[17]

위치	군	두창	발진티푸스	장티푸스	DDT
김해	제12교육대	7,131	8,457	7,513	8,473
동래	제35교육대	9,900	9,430	9,415	9,900
구포	제13교육대	6,300	6,225	6,212	6,300
마산	제20사단 본부	400	628	628	628
창원 남지	제20사단 5대대	500	2,684	2,684	2,684
구 마산시	제20사단 1대대	958	3,432	3,432	3,432
통영	제20사단 3대대	0	2,329	2,329	2,329
의령	제20사단 2대대	0	2,687	2,687	2,687
신 마산	제58교육 본부	281	291	291	291
신 마산	제58교육 의료 팀	150	150	150	150
함안	제20사단 4대대	500	2,684	2,684	2,684
의령	제20사단 제2단	0	669	669	669
창원	제58교육 cp(1병과)	1,073	1,073	1,073	1,073
상주 내서면	제58교육 cp(3병과)	957	957	957	957
창녕	제105사단	0	6,732	6,732	7,772
창녕	제21교육대	0	5,360	5,360	5,360
고성	제20사단 6대대	300	2,568	2,568	2,568

경남 팀은 국민방위군에게 두창, 발진티푸스, 장티푸스의 예방접종을 하고 DDT를 뿌렸다. 〈표 3〉은 경남 팀이 1951년 3월 4일까지 진행한 국민방위군 교육대에서 시행한 예방접종이다.

"하루는 환자 부대로 데리고 가더니만 DDT 약을 바가지로 퍼가지고선 그냥 머리부터 덮어씌워. 온몸을 하얗게 (…) 밀가루같이 다 덮어씌워 주더라고. 목욕을 안 하고 그대로 자니 '이'가 다 없어졌어." _박상규[18]

일부 지역에서 국민방위군은 예방접종을 받고 DDT로 몸을 씻었다. 국민방위군 예방접종은 사태를 완화시키지 못했다. 〈표 2〉에서 김해 제12교육대의 교육생은 1만 4768명인데 〈표 3〉에서 접종받은 인원은 7000-8000명이었다. 현 인원의 절반만 접종을 받았다. 접종받지 않은 교육생의 이동이 시작되었던 것이다. 교육생들 가운데 일부는 불합격증을 받고 집으로 돌아가고 있으리라. 일부는 제주도로 떠나는 배에, 일부는 사단에 배치되었으리라. 이런 사정은 구포의 제13교육대를 비롯한 다른 교육대도 비슷했다.

그리고 국민방위군 교육대에서의 전염병은 계속 퍼졌다. 3-4월 경남 팀 주간 보고서에는 그 정황이 잘 드러나 있다.

> **1951.3.18**: 와이즈너(Wiesener)는 삼천포 국민방위군 교육대에서 발생한 발진티푸스를 조사했다. 발병 인원은 480명이다. 민간인에게 감염될 것이 두려워 삼천포 20마일 근처 민간인 6만 명에게 예방접종과 DDT를 살포했다.[19]
>
> **1951.4.8**: 마산에 있는 국민방위군 제11교육대에서 발진티푸스가 발생했다. 대략 70명 정도이다. 조사 결과, 모든 환자는 (특별) 대우나 격리되지 않았고 민간인과 함께 있었다. 예방의학 팀을 이곳에 보냈다.[20]

경남 팀은 발진티푸스는 민간인이 국민방위군을 거쳐 군인으로 동원하는 과정에서 발생됐다고 진단했다. 결국 경남 팀 장교들은 1951년 5월 2일 회의를 열어 '국민방위군' 설치와 관련 계획을 상세하게 논의했다. 다음날 군별 담당 장교들은 현지로 내려가 국민방위군 교육대를 조사했다. 동래와 양산군 담당 장교인 로드먼(Rodman) 대위와 매클래인(Mclean) 대위는 5월 3일과 4일 부산, 동래, 양산 지역을 조사했다. 이 지역에 있었던 국민방위군 교육대는 폐쇄된 상태였고 국민방위군은 모두 해산되었다. 여기에서 그들이 수집한 정보는 아래와 같다.

> 양산에 있었던 교육대는 3월 25일에 폐쇄되었다. 여기에 환자 280명이 있었다. 이들 중 200명은 집으로 돌려보냈고, 80명은 양산군에서 치료를 받고 있다. 47명은 유손동에, 33명은 북부동에 있다. 거주지는 괜찮은 편이다. 위생 상태와 개개인 건강은 열악하다. 그리고 의복이 필요하다. 발진티푸스와 장티푸스 예방접종을 받았지만 두창 백신은 맞지 않았다. DDT는 살포되었다. 장례를 치렀다는 증거는 없다.
> 동래군 기장면 대면리에 있던 교육대는 3월 25일에 폐쇄되었다. 51년 2월에 약 200명의 환자가 보고됐는데 '기장면 전염병 보고서'에 장례를 치른 증거는 없다.[21]

경상북도 팀 주간 보고서의 보고도 비슷하다. 아래는 1951년 4월 27일과 2주 뒤인 5월 12일자 경북 주간 보고서에 보고된 청도 임시 병원 상황이다.

> 국민방위군 불합격자인 청년들은 지금 집으로 복귀 중이다. 환자들을 치료하기 위해 청도에 임시 병원이 개설되었다. 이 병원에는 820명의 환자가 있는데 이 가운데 391명은 영양실조로 고통 받고 있다.[22]

> 국민방위군 1427명이 청도 임시 병원에서 치료받고 있다. 속앓이 305명, 외과 질병 59명, 피부병 6명, 이비인후과 질병 9명, 영양실조 378명, 결핵 32명,

전염병 142명, 기타 196명으로 총 1127명이다.[23]

그리고 1951년 7월 17일자 경상남도 주간 보고서에는 "2월에서 5월까지 4개월 동안 접종 운동이 이 지방의 국민방위군과 연계해 광범위하게 전개되었다. 국민방위군 26만 4000명은 두창, 발진티푸스, 장티푸스의 접종을 받았다. 이 프로젝트의 상세한 과정은 '비밀'이다."라고 기록되어 있다.[24] 1951년 8월 15일 종합 주간 보고서 보고이다. "보건부의 보고에 따르면 국민방위군 불합격자들 가운데 현재까지 치료된 환자는 1만 221명이고 주간에만 치료를 받고 입원한 인원은 50만 1020명이다. 약 80%가 치료를 받았고, 4%가 사망했다. 온양과 마산의 병원에서 특별한 치료가 이루어지고 있다."[25] 이 보고서를 사실로 간주한다면 질병으로 사망한 국민방위군은 2만 명가량 되는 셈이다.

3) 유엔군사령부 공중보건 복지부, 1951년 2월 회의

1951년 2월, 경상남도 지역에서 발진티푸스가 발생했다는 보고가 UNCACK으로 들어왔다. 발병 지역은 모두 국민방위군 교육대였다. 이 보고를 들은 극동사령부(유엔군사령부) 공중보건 복지부 책임자인 샘스 준장은 곧바로 행동을 취했다. 그는 1951년 2월 3일 9시 50분부터 11시 15까지 회의를 개최했다.

이 회의에는 샘스 준장(Sams), 힐 대령(Hill, 미8군 CAS), 파터먼 대령(Poterman, 미8군 CAS), 램지 대령(Ramsey, 미8군 PMO), 고든 대령(Gordon, 미8군 의료부), 힐 대령(Hill, 미8군 의료부), 롱 대령(Long, 극동사령부 의료부) 리빙스턴 대령(Livigston, UNCACK 충남 팀 사령부 장교), 킹 중령(King, KMAG G-5 수석고문), 드레지 중령(Dredge, KMAG 외과 수석고문), 선돌프 중령(Sundolf, 미8군 CAS), 도일 소령(Doyle, UNCACK 경북 팀 사령부 장교), 리먼 대위(Lehman, 제38 말라리아 조사 파견대), 월 대위(Wall, 미8군 CAS)가 참석했다.[26]

샘스는 회의 소집 이유를 발표했다.

먼저, 크림전쟁에서 나폴레옹이 모스크바에서 패배하고, 제1차 세계대전 때 1000만 명을 죽음에 이르게 하고, 제2차 세계대전 동안 스페인에서 히틀러를 공포로 몰아넣은 요인은 발진티푸스이다. 그는 전쟁과 발진티푸스의 역사적 맥락을 설명했다. 즉 전쟁의 승패는 전염병의 통제 여부에 있다. 따라서 발진티푸스의 통제가 중요하다.

둘째, 부산에서 발진티푸스 환자가 발생했다. 피난민의 검역과 살포가 제대로 이루어지지 않았다.

셋째, 발진티푸스의 발병률이 높게 나타난 시기는 유럽은 겨울인데 반해 한국은 5월이다. 따라서 6월까지 예방 정책을 지속하고, 이를 시행하기 위해 모든 단체와 협력해야 한다.

넷째, 의복과 비효율적 방법 때문에 겨울철 한국인에게 살포한 DDT는 효과가 없다. 그 효과를 보려면 적어도 3번의 살포가 이루어져야 한다.

다섯째, 발진티푸스를 통제하기 위해 반드시 "미군의 감독 아래 적당한 살포와 접종을 해야 한다."며 이 회의의 목적은 "접종과 살포 프로그램을 시행하기 위해 모든 단체가 함께 노력을 해야 한다."라고 말했다.

여섯째, 백신의 요청은 미군 군사고문단(KMAG)과 민간원조 자원으로 즉시 요구할 수 있다.

샘스 준장의 6가지 현황 보고와 제안을 두고 논의가 진행되었다. 샘스 준장의 제안은 주한미군 군사고문단(KMAG)이든 미8군이든 모든 군인과 민간인을 접종하고 살포해야 한다는 것이다. 이에 KMAG 소속 드레지 중령은 KMAG 준비 상태를 "2명의 의과대학생과 8명의 사병으로 구성된 KMAG 팀은 10개로 지금 도시에서 활동하고 있다. 이들 팀은 한국군 사단에서 공중보건 활동을 한다. 이 팀은 시민이 모이는 곳에서 백신 접종이 가능하다."라고 말했다. 미8군의 힐 대령은 "전남을 제외하고 각 지방에 대략 6명으로 구성된 팀이 있다. 38개 검역소에 의사를 보낼 수 있다"고 언급했다.

샘스 준장은 '국민방위군의 소속은 어느 부서인지', '어느 부서에서 접종할 것인지' '한국의 사회부와 국방부 사이에 논쟁이 있다'고 말했다. 미8군과 샘스 사이에 국민방위군 지위를 두고 논란이 일었다.

드레지 중령은 "KMAG에 있는 의사들은 3만 5000명 이상의 환자를 책임져야 하고, 사단을 구호해야 할 책임이 있다. KMAG는 인원이 부족하기 때문에 한국군 신병 모집을 보호하지 않겠다."고 말했다. 그러자 킹 중령이 "이들은 국민방위군의 구성원이므로 한국군의 책임 아래 있다."고 하자 드레지 중령은 "KMAG는 군의 실제 인원만 책임진다. 이 유형의 집단은 아니다."라며 '협력하기 힘들다'고 언급했다. 그러자 샘스 준장이 "국민방위군은 국방부 아래 있으므로 국방부는 사단뿐만 아니라 교육대의 교육생도 책임져야 한다. KMAG는 이 문제에 대해 국방부 장관과 논의해야 한다."고 말하면서 "한국군 사단뿐만 아니라 교육대에도 KMAG의 활동이 확장되어야 한다."고 강조했다.

샘스 준장은 이날 회의의 결과를 아래와 같이 정리했다.

1. KMAG와 미8군, 한국 국방부 장관은 훈련병(국민방위군을 포함한 훈련병)

을 책임진다. 국방부 장관은 발진티푸스 프로그램을 시행하기 위해 필요한 추가적 인원을 얻을 수 있다.

2. KMAG와 미8군 의료부는 한국군 훈련 프로그램을 개발하고 훈련병에게 예방의료 프로그램을 시행한다. 이 프로그램은 미군의 도움을 받는다.
3. 힐 대령은 피난민과 전방 지역 거주자의 접종을 감독하고 '이'를 제거하는 데 충분한 군정의 인원을 얻을 수 있다.
4. 힐 대령은 접종을 요청하기 위해 한국 국무회의에 참석해 이 문제를 논의한다.
5. KMAG는 한국군과 훈련병을 위해, 힐 대령(미8군)은 민간인을 위해 필요한 물품의 요구를 신속하게 처리할 수 있다.

회의의 결과는 한국군과 국민방위군을 비롯한 훈련병의 접종과 살포는 KMAG가, 민간인의 접종과 살포는 미8군이 책임지도록 결정되었다. 따라서 미8군 산하 부대인 UNCACK이 민간인의 예방접종을 맡았다.

2장

주한 유엔 민간원조 사령부(UNCACK)

"UNCACK의 조직은 사령부 지위체계 아래 있는 군부대라는 점에서 전형적이며 유일하다. 현재까지 존재하지 않았고 다른 군부대도 이렇게 조직되지 않았던 점에서 유일하다." _『한국에서의 UNCACK 구호활동 특별 보고』

"언캑(UNCACK)은 현재, 세계 독특한 기관의 하나일 것이다. 한 개의 군대 단체이지만, 국제연합의 21개국에서 온 인원을 가진 국제적인 조직체이다. 군인과 민간인들이 민사 목적을 위하여 군 지시 아래 일을 하고 있다. 그 인원의 대부분이 각각 특수 기술자로서 선택되었는데 거기에는 의사, 기사, 법률가, 교수 등 기타 모든 측면의 특수 기술자들이 포함되어 있다." _ 국제연합 한국 민사원조 사령부 공보 제135호

1

'유일무이'한 UNCACK의 탄생

유엔군총사령부는 1950년 8월 특별참모 부서인 공중보건 복지부(Public Health and Welfare Section, PHW)를 한국에서 구제 활동을 할 책임 기관으로 지정했다.[1] 9월 초 맥아더의 친구이자 유엔군총사령부의 공중보건 복지부장인 샘스(Crawford T. Sams) 준장이 상황을 조사하러 한국에 들어왔다. 9월 5일, 유엔군총사령부 공중보건 복지부 예방의학 담당자인 히르쉬(Hirsch)가 부산에 도착했고, 9일에는 보건복지와 위생 담당자가 도착했다.[2] 장교(29명), 사병(16명), 민간인(18명)으로 구성된 이들은 부산과 대구에서 인구와 보건 상태를 조사했다. 이 조사를 토대로 샘스 준장은 한국의 상황을 유엔군총사령부에 알렸다.

> 첫째, 한국 정부는 대구를 수도로 정했지만 그 기능이 현저하게 불안하다.
> 둘째, 바로 당장 식량 문제는 없는 것 같다
> 셋째, 상당수의 피난민이 남쪽으로 내려오고 있다
> 넷째, 피난민이 과밀한 지역에서 전염병이 발생할 위험이 있다.
> 다섯째, 유엔 점령지역에서의 산업은 아직까지 기능하지만 수많은 피난민의 생활을 마련할 수단은 없다.[3]

이에 미8군 사령관 워커(Walton H. Walker)는 샘스 준장에게 공중보건복지부의 한국 현지 파견대인 '유엔 보건복지부 파견대(UN Public Health & Welfare Detachment, PHWD)를 조직하도록 했다. 보건복지부 파견대의 임무는 "민간인 사이에서 질병과 불안의 예방 그리고 한국에서 유엔군사령부의 군사적 목적의 진척"에 한정되었다.[4]

예방의학 담당자는 발진티푸스, 장티푸스, 두창, 콜레라 등의 전염병을 예방할 필요가 있다고 보고했다. 이에 발진티푸스, 장티푸스, 콜레라 그리고 두창 백신이 도착했고 예방접종이 대구와 부산에서 실시되었다. 이어 경상남북도에 유엔 보건복지부 파견대 지방 팀이 조직되었다.

유엔군의 인천 상륙에 따라 공중보건 문제가 새롭게 제기되었으며 조직의 변화를 가져왔다. 유엔 보건복지부 파견대 공중보건 위생 담당자들은 인천을 통해 서울로 이동했다. 1950년 9월 29일, WHO 대표인 월터 크라이튼(Walter Crichton) 의사는 헨리 메이어(Henry Mayer) 의사와 함께 인천에 도착했다. 이틀 동안 보건 상황을 조사하고 난 뒤 그들은 부산에서 서울로 온 보건복지부 인사와 함께 서울로 이동했다.[5] 백신을 비롯한 의료 장비는 비행기로 서울로 옮겼으며 의사와 위생기사들을 모집했다.

한국의 민간원조와 경제 지원을 집중 감독할 필요성이 제기되어 10월 1일 G-4(군수참모)가 총책임을 맡았고, PHW의 모든 활동은 G-4의 감독과 통제 아래 두었다.[6] 유엔군 사령관은 이 업무의 실제 수행을 위해 미8군(EUSAK)과 일본병참사령부(Japan Logical Command, JLC)에 모든 책임을 위임했다. 미8군은 유엔 통제 아래 있는 한국 영토에 대한 통제권을, JLC는 물자의 조달과 보관 책임을 맡았다.

1950년 10월 19일, 유엔군 최고사령부는 '일반명령 15호'를 내려 질병과 불안을 방지하고 유엔군사령부의 군사적 목적을 추진하기 위해 원조를 민간인에게도 제공하라고 지시했다. 그리고 이 임무는 미8군 사령부로 이관되었다. 10월 30일, 미8군 사령부 '일반명령 145호'에 따라 미8군의 작전 기구로서 민간원조사령부 본부가 공식 설치되었다. 11월 3일, 미8군 사령부 '일반명령 156호'는 '일반명령 145호'를 취소하고, 조직의 이름에 유엔의 이름을 넣어 '주한 유엔 보건복지 야전기구(The Public Health and Welfare, United Nations Command, Field Organization, Korea)'로 정했다.[7] 12월 8일, 미8군 사령부의 '일반명령 190호'에 따라 부대의 명칭은 유엔 민간원조 사령부 8201부대(8201st Army Unit, United Nations Civil Assistance Command, Korea)로 바뀌었다.

사진 2-1 **PHW의 민간원조 책자 표지**

1951년 1월 유엔 민간원조 사령부(UNCACK)로 이름이 변경됐다. 2월에 UNCACK은 경제협조처(ECA)의 직무를 떠맡았다. 4월 7일 경제협조처가 완전히 한국을 떠나자 지금까지 집행해온 중요 임무를 맡게 되었다. 경제협조처는 1950년 7월 31일 유엔 안전보장이사회 결의에 따라 식량, 의류, 주택, 의료품 따위의 민간 구제물자를 공급하는 책임이 있었다.[8] 이런 기능이 모두 UNCACK으로 흡수되었다.

❷

UNCACK의 조직과 인원

UNCACK은 미8군 소속 군 조직으로 미8군 사령관의 책임을 위임받아 계획과 정책을 수립했다. UNCACK의 명령 조직도는 다음과 같다.

<그림 1> UNCACK 명령 조직도(1951년 9월 30일) [9]

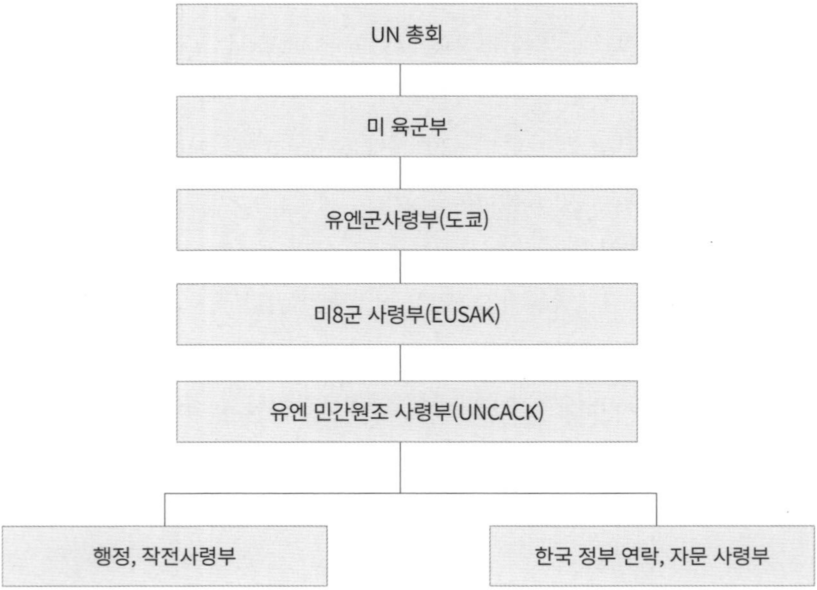

UNCACK의 활동 보고는 미8군의 민사부에서 미8군 사령관으로, 도쿄의 유엔군총사령부에서 다시 워싱턴의 유엔사령관에게 올라갔다. UNCACK은 미8군에 소속된 부대로 한국 중앙정부 수준에 대응하는 본부, 한국 도 행정 수준에 대응하는 각 도별 팀을 설치했다. UNCACK 본부는 한국 정부의 임시 소재지인 부산에 있으며 그곳에서 각 도청 소재지에 배치된 지역 팀을 지휘하고 있다.

UNCACK은 군사령부 조직 안에 민사 업무의 대리자로 만들어진 새로운 형태의 군/민사 조직이다. UNCACK 활동 보고서에는 "군사령부 조직은 지역민의 복지를 제공할 의무가 있다. 한 국가에 적용된다는 의미에서 복지는 정부(행정), 경제 그리고 사회 전 분야에 걸친다."라고 군사령부의 민사 업무 수령을 밝혔다.[10] 이는 "사령관의 통제 아래 있는 지역에 군사 업무" 이외에 "공중 행정가의 기술적이고 전문적" 업무도 수행한다는 점을 강조하는 것이다. 사령부는 "사람들은 전쟁으로 멍한 상태이고 외국 병사들의 출현으로 겁을 먹고 있고 그들에게 삶과 죽음만이 있다."라며 혼돈 상태를 고려하라고 했다.[11] UNCACK은 이 업무를 수행하기 위해 유엔과 현지에서 민간인을 채용해서 일했다.

〈그림 2〉는 1951년 5월 11일 보고된 UNCACK 조직표이다. 그 뒤 몇 차례 조직 구성 변화가 있었다.

UNCACK 조직은 작전과 연락자문 두 개의 사령부로 나뉜다. 작전은 인사, 행정, 현지 작전, 보급의 4개 부서를 두고 있다. 전국 각 행정 단위와 주요 항구에 설치된 도별 또는 지역 팀(field teams)은 현지 작전 부서에 소속되어 있다. 따라서 작전참모는 현장 구호 정책의 실질적인 책임을 갖고 있었다. 작전 사령부에 속한 보급 부서는 이동 통제, 보급 기록, 조사 및 반출, 판매 부서를 두었다. 이동 통제 부서는 전재민의 이동 통제를, 판

<그림 2> UNCACK 조직도

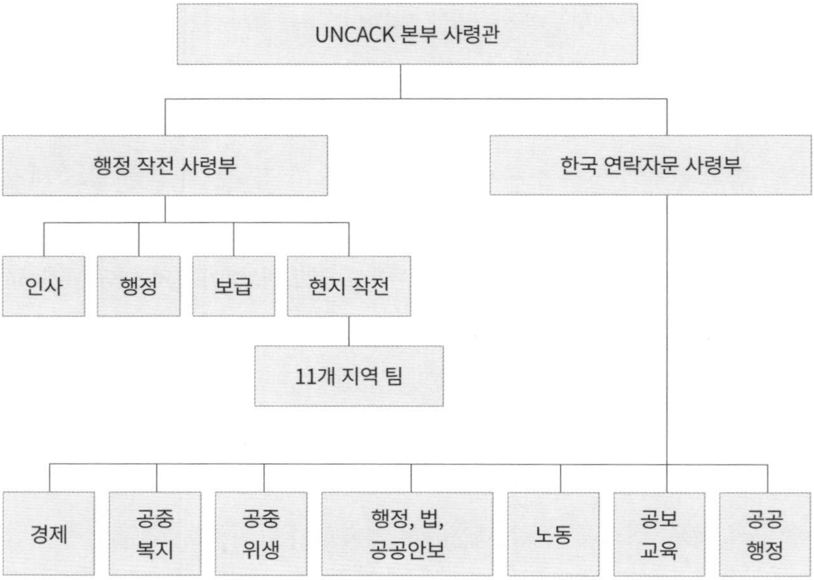

매 부서는 구호물자를 판매하여 대한민국 정부의 대충자금(對充資金)을 조성했다.[12]

한국 정부와의 연락자문 사령부는 산하에 8개 주요 부서를 두고 있다. 이들 부서는 공공행정, 공보 및 교육, 노동, 법과 공공안보, 공중위생, 공중보건, 공중복지, 경제 등으로 구성되어 있다.

1950년 11월 11일에 두 개의 현지 팀에서 출발했던 각 지역 팀은 1950년 12월 1일 현재, 서울, 황해도(해주), 경기도, 충청남도(대전), 경상북도(대구), 경상남도(부산), 평안남도(평양), 진남포, 함경남도(흥남), 평안북도(1군단 보조) 팀으로 구성되었다. 그런데 12월 중순, 38선 이북 지역 팀이 모두 서울로 후퇴했다.

1951년 1월 4일에 UNCACK 본부는 서울에서 철수하여 부산으로 내려갔다. 본부는 지역 팀을 관리, 감독했다. 1951년 4월에 강원도(강릉지처), 경기도(서울 포함해 인천 항만지처, 수원지처, 자동차 운수부대), 충청북도, 충청남도, 전라북도(군산 항만지처, 자동차 운수부대), 전라남도(여수 항만지처), 경상북도, 경상남도(부산지처, 마산지처, 부산 항만지처), 거제도, 제주도 등으로 각 도청 소재지마다 지역 팀이 존재했다. 이로서 UNCACK은 대한민국 정부와 평행하는 본부를, 도 정부와 평행하는 도별 지역 팀을 설치했다.[13]

지역 팀은 각 시 도와 협력 관계를 갖고 경제, 공중보건, 위생, 노동, 교육 등의 각종 조사와 분배 활동을 했다. 특히 경제협조처의 업무를

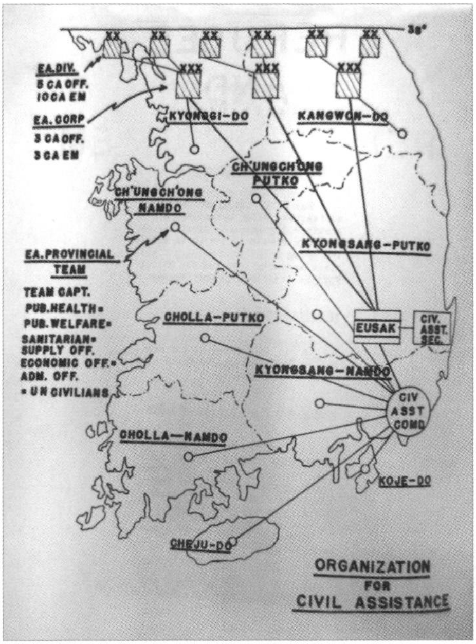

사진 2-2 **UNCACK 지역 팀 지도**

사진 2-3 **경북 팀의 브로슈어 앞면**

<표 4> UNCACK 인원[14]

구분	51년 7월	51년 10월	51년 12월	52년 1월	52년 8월	53년 8월
장교	81	92	137	147	167	120
사병	174	194	230	242	319	294
미 육군 군속	42	48	50	75	100	87
UN 파견 민간인	54	47	66	66	110	119
총계	**351**	**381**	**483**	**530**	**696**	**620**

UNCACK이 담당하면서 원조 물자의 공급과 배급이 중요해졌다. 각 지역 팀에는 보건, 위생, 경제, 교육, 보급을 담당하는 전문가가 있고, 이들은 각 도의 관리들과 협조하며 일했다.

〈표 4〉는 1951년 7월부터 1953년 8월까지 UNCACK의 인원을 표시한 것이다. 1950년 9월 63명으로 시작된 UNCACK의 인원은 1951년 7월에 351명, 1952년 1월에 530명, 1952년 8월에 696명으로 늘었다. UNCACK 본부와 지역 팀은 정규 군인과 미 육군 군속 그리고 유엔 가입과 기타의 국제적 후생 기관에서 모집한 민간인으로 구성되어 있다. UN 파견 민간인의 비율은 1952년 들어 꾸준히 늘어 1952년 8월에 15.8%를, 1953년 8월에 19.2%를 차지했다. 여기에 군속을 포함시키면 민간인 비율은 1952년에 30.2%, 1953년에 33.2%였다. 이러한 업무와 인원 구성의 특성 때문에 군부대이지만 세계 최초의 국제적 조직체로 독특한 기관이라고 말했던 것이다. 한국전쟁 뒤, 미국은 점령지에서 군/민정 업무와 민간인을 고용해서 운영하는 UNCACK과 비슷한 조직을 일반화시켰다.

③

UNCACK 공중위생부, '우리는 적과 대면하고 있다'

"한국에 대한 가장 큰 공헌의 하나는 보건 계획이었다. 언켁이 한국에서 처음 발족하였을 때 24만 명 이상의 사람들이 질병과 전쟁으로 죽었다. 그들의 대부분은 피난민이었다. (…) 질병에 대한 질서 있는 투쟁이 어려운 상태와 피난 가는 사람들 속에서 시행되었다. 이로써 사람들의 공포심은 격감되고 우리들이 그들을 위하여 하고자 하는 일에 열심히 호응하기 시작하였다. (…) 통계 숫자는 역사상 큰 사건을 표시하는 것이 아니면 골치 아픈 것인데 1952년 최초 6개월간의 질병에 대한 투쟁을 볼 때 우리는 이 활동이 얼마나 훌륭하였나 하는 것을 명백히 알 수 있다."_『국련군 한국 민간구제 및 경제원조』

1950년 12월 일부 지역에만 있었던 공중보건 장교가 1951년 3월에 모든 지역 팀에 파견되었다. 〈표 5〉는 1951년 3월 중순경 지역 공중보건 장교 명단이다.

〈표 5〉에 따르면 공중보건 장교는 군인보다는 민간인이 많다. 이는 공중보건과 위생업무가 전문 기술을 갖춘 인력이 필요했기 때문이다. 이들

<표 5> UNCACK 공중보건부 명단[15]

직책	이름
본부 공중보건 장교	Franklin K Causel 의사(WHO)
본부 공중보건 참모	Feiesal C. Ard 의사(WHO)
경기도 공중보건 장교	Fenry B. La Pommeraye 의사(WHO)
경기도 공중보건 장교	W Jones H. C. 중령
서울 공중보건 장교	Henry Meyer 의사(WHO)
강원 공중보건 장교	F Nexmann 의사(덴마크 적십자)
충청북도 공중보건 장교	T Boaz M. C. 소령
충청남도 공중보건 장교	L. C. Smith 의사(영국 적십자)
경상북도 공중보건 장교	Louis Van Bommel 의사(WHO)
경상북도 공중보건 장교	Wisener 의사(캐나다 적십자)
경상남도 공중보건 장교	R.W. Nielssen 의사(노르웨이 적십자)
부산시 공중보건 장교	G. Rovirosa 의사 (WHO)
제주도 공중보건 장교	Morgan M. C. 소령
거제도 공중보건 장교	H. Gertenbach 의사(WHO)

은 세계보건기구나 적십자에서 파견된 민간 전문가들이다. 1951년 9월 30일 현재 파견 단체별 직원 수는 세계보건기구(WHO) 21명, 미국 적십자사 3명, 영국 적십자사 3명, 캐나다 적십자사 2명, 덴마크 적십자사 1명, 노르웨이 적십자사 2명, 국제노동기구 1명, 국제난민기구 14명, 국제연합 3명으로 총 50명이었다.[16]

UNCACK 도별 팀(지역 팀)은 정기 보고서와 비정기적 공문, 조사 보고 등의 기록을 생산했다. 정기 보고서는 지역별로 「주간 보고서, *Weekly Report*」, 「반월간(半月刊) 보고서, *Semi-monthly Report*」, 「전국 종합 보고서, *Consolidated Report*」 따위가 있다. 핵심 문서인 「주간 보고서」의 구성은 아래와 같다.

Section 1: 행정
Section 2: 정부와 정치
Section 3: 경제
Section 4: 사회
  1) 공중보건, 위생, 전염병, 병원과 진료소
  2) 공공복지 피난민과 전쟁 피해자, 고아
  3) 공보
  4) 교육
Section 5: 기타
Annex: 각종 통계, 현황

1951년 3월 초 공중보건부는 의료 공급을 비롯한 공중보건, 위생에 관한 표준화된 양식을 마련했다. 이에 따라 예방접종 프로그램이 수행되었다. UNCACK 지역 팀의 공중보건과 위생 담당자의 중요한 업무 가운데 하나는 급성전염병 발생 보고와 기록, 통제와 관리였다. UNCACK은 지방 공중보건 위생 장교들에게 「군수와 면장에게 주는 충고」라는 문건을 하달했다. 이 문건에 공중보건 위생 장교들의 역할이 잘 언급되어 있다.

1. 공중보건과 위생 역할은 적대 행위를 일으키는 두창, 발진티푸스, 장티푸스의 발생을 방지, 치료하는 데에 있다.
2. 효과적인 통제 수단이 없다면 이들 질병은 짧은 시간에 많은 사람을 죽인다.
3. 그것의 존재, 정도, 발병력을 정확하게 파악하지 못하면 질병의 계몽 계

획도 불가능하다.

4. 이를 위해 군과 면에서 주요 질병의 발병에 관한 정확하고 정규적 보고가 매주 지속되어야 한다. 이전 보고 또는 과거의 부정확한 자료로 발병의 총계를 제출할 수 없다.
5. 면장과 경찰을 포함한 면 관리들은 의사가 아니다. 어떤 면에는 의사가 한 명도 없다. 그런데도 그들은 능력을 발휘해 정확한 보고서를 제출해야 한다. 그들은 질병의 발생 정도를 기록하고 이를 다루는 업무를 충분히 향상시킬 수 있다.
6. 지역 군과 면 관료의 지위
   ① UNCACK 공중보건 장교의 충고를 받은 군과 면 관리들은 전쟁터에서 싸우고 있다. 적은 풍토병이다(전염병이다). 전염병의 새로운 발생이 매주 정기적이고 정확한 보고만이 방법이다.
   ② 군과 면 관리들은 소방대이다. 불은 풍토병이다. 불을 끌 수 있는 희망으로 물을 전 지역으로 나를 살수장치를 사용할 수 없다. 불의 위치와 정도의 정보만이 필요하다.[17]

이 문건에는 장티푸스, 발진티푸스, 두창의 예방이 공중보건과 위생의 우선적 임무라고 제기하고 있다. 이들 전염병은 치명적인 적으로 간주되었다. 치명적인 적의 예방은 정확하고 정기적인 보고와 통계이다. UNCACK 지역 팀은 지방 관리들에게 이들 전염병 발병과 사망에 대한 매주 또는 격주 보고를 올리도록 요구했다.

이들 업무를 수행하기 위해서 지역 팀의 공중위생부 장교들은 지방 관리들과 자주 접촉했다. 접촉 과정에서 이들은 언어도, 문화도 달랐고 업무도 분명하게 전달되지 않았으리라. 이런 우려 때문에 UNCACK은 공중보건부의 민간 전문가들을 위한 행동 지침을 마련했다. '공보 6'의 '민간인 의료 관리 안내서'에서 제시된 민간 전문가들의 행동 지침은 아래와 같다.

> 전쟁이 지속되는 한 UNCACK은 미8군의 대리자로 군의 명령을 받는다. 보건 전문가는 기술 자문가로 사령부 장교이다. 그는 전 팀을 운영할 책임이 있고, 위생과 복지 (…) 수행 여부의 재정적 결정과 모든 문제를 평가할 책임이 있다.
>
> 보건 전문가는 아래 임무를 매일 수행한다.
>
> ① 우리는 오직 자문가로 활동한다. 유엔에서 보낸 의료 공급과 장비는 한국 정부의 관리 아래 있다. 우리는 의료 공급의 분배와 사용을 자문한다.
>
> ② 우리는 한국 당국자에게 명령하지 않고 꾸준히 자문, 감독한다. 일제의 통치 결과로 한국은 훈련된 경험 있는 지도자가 거의 없다. 그런데 환자는 상당히 많다.
>
> ③ 어떤 지역에 들어가든지 첫 임무는 보건관리와 잘 지내야 한다.
>
> ④ 일반적으로 한국에서 시행하는 방법과 너무 멀리 가지 않는 것이 타당하다. 그들이 새로운 체계를 배우기는 어렵다.
>
> ⑤ 의료 공급의 분배는 공정하게 할당할 것이라는 점을 확신시킨다. 보건당국자들과 함께 지방의 모든 지역에서 필요한 조사를 수행한다. 그래서 그들이 포함할 인근지역의 인구, 병원, 약국, 보건소 프로그램을 결정한다.
>
> ⑥ 정규 보고는 의료적 구호를 받는 팀과 모든 병원, 약국으로부터 요구한다.[18]

공중보건 의료, 의료 공급과 분배 등을 수행하고 현장을 총괄하는 데 필요한 조건은 기초 자료의 수집이다. 기초 자료의 수집과 제공은 당연하게 말단 관리가 맡았다. 이들의 작업에 따라 전염병 예방이 가능했다. 따라서 공중보건 전문가의 첫 임무가 지방 보건관리들과 잘 지내는 것이다. 그리고 UNCACK은 필수품, 재고, 분배 등의 기록을 약국과 병원 그리고 의사와 간호사들의 기록을 보건부에 요구했다. 4월에 모든 의료 설비의 조사가 시작됐다. 보고의 표준적 형식이 월간 보고로 갖추어졌다.

공중보건 매뉴얼에 따르면 UNCACK은 광범위한 공중보건 의료 업무를 총괄했다. 유엔군사령부가 공중보건 의료의 중요성을 강조한 까닭은 전쟁의 승리는 전염병 통제 여부에 있다고 간주했기 때문이다. 그리고 국제기구는 공중보건이라는 현대 과학은 전염병을 예방하고 통제한다고 확신했다.

4

한국 민간원조 사령부(KCAC)와 경제조정관실(OEC)

“지난 1953년 한 해 동안 씨에이씨와 언크라는 한국 국민의 보건 수준을 향상시키기 위하여 더 많은 환자를 수용하여 치료할 수 있도록 193개소나 되는 의료소를 수리 확장할 건축자재를 제공하였다. 또 씨에이씨는 620만 회분의 우두약을 기증하였고 유엔기관들과 한국 정부에서도 461만 9141회분을 제공하였다. 이 외에도 거의 700만 씨씨나 되는 장질부사 예방약이 기증되었다.

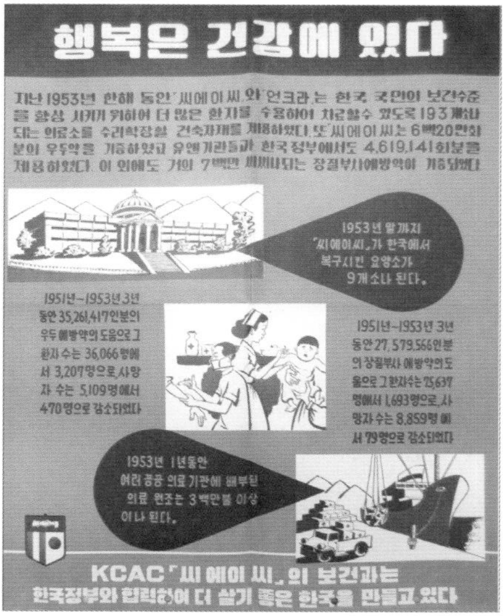

사진 2-4 행복은 건강에 있다

1953년 말까지 씨에이씨가 한국에서 복구시킨 요양소가 9개소나 된다.

1951-1953년 3년 동안 3526만 1417인 분의 우두

예방약의 도움으로 그 환자 수는 3만 6066명에서 3207명으로 사망자 수는 5109명에서 470명으로 감소되었다.

1951-1953년 3년 동안 2757만 9566인분의 장질부사 예방약의 도움으로 그 환자 수는 7만 5637명에서 1693명으로, 사망자 수는 8859명에서 79명으로 감소되었다.

KCAC의 보건과는 한국 정부와 협력하여 더 살기 좋은 한국을 만들고 있다." _ 행복은 건강에 있다

UNCACK은 휴전협정이 조인된 1953년 7월까지 이 명칭을 유지하다가 한국 민간원조 사령부(KCAC)로 바뀠다. 미 육군 극동군은 미8군과 한국병참사령부(KCOMZ)에게 내린 지시에 "1953년 7월 1일 한국 민간원조 사령부(KCAC)는 미 육군 극동군(FEC)에 아래 조직"되고 "KCAC는 군부서로서 일반 명령과 규율에 따라 기능한다."고 명시했다.[19] 그리고 극동군 공중보건 복지부는 1953년 6월에 새로운 계획에 따라 논의된 내용을 미8군에게 알렸다.

UNCACK 본부는 KCAC로 바뀌며 군 사령부가 될 것이다.

KCOMZ 본부는 민간원조 활동을 다시 진행한다.

KCAC 총사령부는 FEC 총사령부의 직속 아래 둔다.

KCAC 총사령부는 한국에서의 공중보건 활동에 관한 정책 형성, 계획, 프로그램에 관한 책임이 있다.

KCAC 본부는 2명의 장교와 1명의 사병 그리고 미 육군 군속 3명으로 구성된 참모로 공중보건부를 구성한다.[20]

1953년 10월 현재 KCAC의 본부는 부산에, 11개 지역 팀은 서울, 수원, 원주, 청주, 대전, 전주, 광주, 대구, 거제, 제주, 화천에, 1개의 지역 하위 팀이 강릉에 있다. 그 외에도 인천, 군산 및 여수에 각각 1개소의 항구 연락파견대를 두었다.

사진 2-5 **KCAC 월간 보고서 앞표지**

지역 팀은 군인 12명, 민간인 9명으로, 민간인은 2명의 의사, 2명의 간호사, 1명의 방역원, 1명의 농사 기술자, 2명의 공공 구호관과 1명의 보급 기사가 있다.[21] 공중보건과 공공 구호 분야에서 이들 지역 팀은 한국 지방행정 당국보다 강력한 통제권을 갖고 역할을 수행했다.

1953년 10월 현재, KCAC 인원은 장교 235명, 사병 281명, 미 육군 군속 133명, 운크라(UNKRA, 유엔 한국재건단) 소속 피고용인 111명, 가사·요리·경비 등의 업무를 하는 한국인 2000명이었다.[22] 따라서 KCAC 총 인원은 2700여 명 이상이었다.

휴전협정으로 UNC(유엔군사령부)→미8군→UNCACK이 아닌 FEC(극동사령부)→미8군→KCAC로 지시 체계와 명칭이 바뀐 것 이외에 인원과 조직은 그대로 이어졌다. 이는 '이승만 대통령의 찬사'라는 포스터에도 잘 드러난다.

사진 2-6 **이승만 대통령의 찬사**

대통령 각하께서는 한국 민사원조 사령부가 대한민국에 남긴 놀라운 공적에 대하여 심심한 칭찬을 그 찬사에 표하였다.

1950년 12월 10일에서 1953년 9월 30일에 이르는 동안 미 육군 제8201부대인 한국 민사원조 사령부는 그 권태 모르는 노력과 풍부한 자력과 대한민국과의 훌륭한 협력으로써 한국 민간의 질병과 기아와 불안을 방지하는 인도적 봉사와 업적에 있어서 그 이름을 드러냈다. 이 육군의 일 기관인 한국 민사원조 사령부는 그 범위가 국제적이어서 거기에는 22개 국제연합 가입국으로부터 온 기술 전문가가 있는바 그들은 의학, 공학, 법률, 교육, 경제, 정치 및 다른 분야에 걸쳐 충분히 교육을 받은 사람들이다.

이 민사원조 사령부는 그 본부를 한국 정부 직원들과 협력하기 쉬운 정부 소재지 근처에 두고 또 지방 관원들과 긴밀히 활동할 수 있는 지부를 각 도와 제주도에 두어 수백만의 가난하고 집 없는 사람들을 구제하여 민간 구호에 놀라운 성적을 내고 전쟁으로 황폐한 국민의 경제 상태를 향상시키는 데 물질적으로 돕고 있다. (…) 한국 측 의료 관계 직원들과 같이 효과적으로 일을 하여 민사원조 사령부는 질병 발생률을 감소시키는 데 크게 성공하였다. (…) 씨에이씨는 한국을 원조하는 자유세계의 기관이다.

즉 KCAC는 UNCACK의 업무를 그대로 수행했지만 KCAC는 수송, 통신, 전력, 공공사업, 공중위생과 농업과 복구사업에 중점을 두었다. 아래 지역 팀 회의에서도 구호물자 배급과 전후 복구 문제를 다루고 있다.

1954년 7월, 한국 민사원조 사령부의 각 지역 팀 사령관들은 헤이든 준장의 초청으로 당지에 집합하여 2일간 각 도의 구호 및 복구 사업 촉진을 토의하게 되었다. 이 회합은 정기적으로 소집되고 있으며 (…) 회의에서 농민 복귀,

농민 원조, 보건후생 및 구호물자 배급 문제 등을 언급할 것이며 또한 1954년 FOA 계획에 관한 보고와 한국에 대한 미군 원조 계획 상황을 청취하고 인사 및 보급 문제를 토의할 것이다.[23]

1955년 3월, 한국 민사원조 사령부 사령관 월터(Mercer C. Walter)는 10개 지부를 5개의 북부 지방 팀(서울, 경기, 강원), 중서부 지방 팀(충남, 충북, 전북), 동남부 지방 팀(경남, 제주도), 서남부 지방 팀(전남), 중동 지방 팀(경북)으로 개편 계획을 발표했다. 9월 30일에 KCAC 사령관은 5개 지방 팀의 해체를 알리면서 그 성과를 지적했다. "한국 국민의 존재의 단 하나의 성분이라도 이 지방 팀 활동에 포함되어 있지 않을 것은 없고 보건위생 후생, 정착, 농업과 모든 한국인의 생활 분야의 명확한 진보는 이 팀의 노력의 성공을 증명하는 것이다."[24] 지방 팀 해체는 극동사령부의 인력 감축에 따른 것이다. 1955년 10월, 지금까지 한국 각 도청 직원에게 조언을 하여온 25명의 미국 민간인 및 군 기술자들은 서울에 있는 CAC 본부로 전속되었다. 월터는 1955년 11월 30일 사업을 마치면서 감사의 인사를 전했다.

오스트리아, 캐나다, 덴마크, 프랑스, 희랍, 인도, 멕시코, 화란, 노르웨이, 포르투갈, 스위스, 태국, 영국, 미국으로부터 파견된 유엔 국민들이 국제연합 한국재건위원단에 의하여 당 CAC 사령부에 배치되었던 것이다. 대부분이 전문적 기술직인 의사, 간호원, 사회사업가, 기술자 등 민간 전문가들은 서울에 있는 사령부를 위시하여 각 도에 분산되어 있는 CAC 지방 팀에서 봉공하여 왔다.[25]

그리고 KCAC 사무는 1955년 10월에 경제조정관실(OEC)로 이관되었다. "농업, 보건후생 등 각 분야의 75명의 기사도 이 이관에 포함되어 경제원조 기관의 원조 계획 사무에 전심하도록 되었다." KCAC 사무부장이었던 메츠카(Tomas L. Metsker)는 OEC의 사무를 담당했다. 이 밖에 교육, 행정, 계획, 지원, 보건사회 및 공안 등의 중요한 부서가 포함되었고, 담당자들은 계속해서 OEC에서 업무를 수행했다.[26] KCAC에서 일했던 일부의 인원은 한미재단으로 전임됐다. KCAC 위생과장으로 복무한 파퍼스(James P. Pappas) 대령은 한미재단 고문단에서 일했다.

즉 UNCACK(1950-1953)에서 KCAC(1953-1955)로 그리고 OEC(1953-1958)로 그 업무와 구성원이 이어졌다.

3장

전쟁과 전염병

“1951년 3월 7일부터 14일까지 일주일 동안 두창 2325명, 장티푸스 2435명, 발진티푸스 1368명이 발병했다. 모두 울산과 삼천포의 국민방위군 교육대에서 발생했다.”_「UNCACK 공중보건부 참모부 보고서」

“1915년 발진티푸스가 세르비아에서 발생했다. 인구의 50명 중 1명꼴인 15만 건이 발생했고 다른 발칸 국가로 퍼졌다. 러시아에서는 1차 대전 동안 500만 건의 발진티푸스가 보고되었고 약 200만 명이 사망했다.

2차 대전 동안 비슷한 재난이 북아프리카, 시실리, 이태리, 독일에서 발생했고 극동에서 약간 발생했다. 가장 심각한 질병은 네팔에서 1943-44년 겨울에 일어났는데 미군정의 노력으로 통제되었다. 1945년 독일에서 약 1만 7000건의 발진티푸스가 발생했다.”_「군정/민정에서의 의료 업무」

1

급성전염병

전염병 관리를 위한 근대국가의 통제 방안은 전염병을 법률로 제정하여 국가적 차원에서 질병 보고 체계를 확립하는 것이다.[1] 국가에 신고해야 할 질병을 밝혀 이들 질병 발생 지역을 통제하며 환자를 격리하도록 하는 법정전염병은 대개 급성전염병이다.[2]

한국에서 근대 보건위생이 자리 잡은 때는 개항을 전후로 한 대한제국기이다. 1898년 위생국이 설치되었고, 보건위생, 의약에 관한 제반 법령과 함께 전염병 예방 법규도 마련되었다. 이 시기 법정 전염병은 콜레라를 비롯한 장티푸스, 이질, 디프테리아, 발진티푸스, 두창 등 6종이다.[3] 일제강점기에는 여기에 파라티푸스, 페스트, 성홍열이 추가되었다.

한국전쟁 때 전염병 예방령에 적용된 법정 전염병은 콜레라, 이질, 장질부사, 파라티푸스, 두창, 발진티푸스, 성홍열, 디프테리아, 유행성 수뇌배수막염, 페스트, 유행성뇌염, 재귀열 등 12종이었다.[4] 이 법정 전염병과 관련해 호주 세대주는 전염병 환자가 가족 내에서 발생하였을 때 곧바로 위생 관청에 신고하고 방역상의 지시를 따라야 하며, 의사도 곧바로 위생 관청에 신고하도록 규정되어 있다.[5] 법정 전염병은 제1종으로 분류되었으며, 제2종 전염병은 소아마비·백일해·홍역·유행성 이하선염 등이며,

제3종 전염병은 결핵·성병·한센병 등이다.[6]

UNCACK이 가장 신경 썼던 전염병은 발진티푸스였다. 다른 전염병과 비교해 발진티푸스는 전쟁 동안 군인들을 죽음에 이르게 하는 대표적 전염병이었다. 그리고 발진티푸스가 국민방위군에서 발생했기 때문이다. 그렇다면 발진티푸스를 비롯한 급성전염병이 한국에 어느 정도 얼마나 지배적이었는지 대한제국, 일제강점기부터 1950년대까지 발생 건수를 살펴보자. 〈표 6〉은 일제강점기 전염병 환자 수를 표시한 것이다.

〈표 6〉에 따르면 연도별 가장 높게 나타난 전염병은 1908년에 두창 69%, 1909년에 두창 64,1%, 1912년에 두창 44.4%, 1916년에 콜레라 44.2%, 1917년에 장티푸스 54.5%, 1919년에 콜레라 65.8%, 1920년에 콜레라 61.4%, 1922년에 장티푸스 35.1%와 두창 33.9%, 1927년에 장티푸

<표 6> 대한제국, 일제강점기 전염병 환자[7]

년도	콜레라	장티푸스	이질	디프테리아	두창	성홍열	발진티푸스	파라티푸스
1908	58	310	220	7	1,443	12		
1909	1,594	343	424	22	4,260	15	1	
1912	72	617	546	49	1,095	7	8	74
1916	1,680	1,282	417	142	34	26	31	188
1917	-	1,560	784	140	25	68	81	204
1919	16,991	3,239	1,521	276	2,179	125	841	650
1920	24,213	2,132	979	263	11,180	369	76	222
1922	40	3,801	1,932	265	3,676	585	63	472
1927		4,762	3,291	607	627	904	952	461
1932	70	6,306	2,339	1,276	2,787	2,223	1,166	516
1937	1	5,417	4,329	2,361	205	937	890	389
1939		7,000	6,714	2,738	629	720	1,276	537

스 41.0%와 이질 28.4%, 1932년에 장티푸스 37.8%와 두창 16.7%, 1937년에 장티푸스 37.3%와 이질 29.8%, 1939년에 장티푸스 35.7%와 이질 34.2%이다. 특정 시기 콜레라를 제외하면 조선인이 가장 많이 걸린 전염병은 장티푸스, 이질, 두창이었다. 그 이외의 전염병들은 대개 10% 미만이다.

장티푸스는 조선에서 발생한 가장 일반적인 전염병이었다. 1919년부터 1939년까지 2132명부터 7000명까지 매년 발병했다. 사망률은 대략 17%였다. 이질 또한 조선에서 장염을 일으키는 질병이었다. 1922년부터 1939년까지 이질은 1932명에서 6714명으로 보고되었다. 치사율은 13-21%였다. 두창은 1920년 1만 1180명이, 1909년에 4260명이 걸렸다. 두창은 매년 꾸준하게 발병해 1908년, 1912년, 1922년, 1932년에는 1000명이 넘었다.

콜레라는 외부와의 접촉과 인구 이동이 많은 특정 시기에 발생했다. 1909년에 1594명, 1916년에 1680명, 1919년에 1만 6991명, 1920년에 2만 4213명이 콜레라에 걸렸다. 즉 1919-1920년에 4만 명 이상이 발병했고 2만 4600명이 사망했다. 치사율은 60%였다. 콜레라는 빠르게 전파되고 치사율도 높은 치명적 전염병이다.

발진티푸스는 1932년에 1166명이 1939년에 1276명이 걸렸다. 그 이외에는 1000건 미만으로 흔한 질병은 아니었다. 치사율은 10.6-13.5%였다.

이런 경향은 미군정기에도 크게 다르지 않는다. 〈표 7〉은 1946년부터 1958년까지 급성전염병 발생 건수이고 〈표 8〉은 사망자 수이다.

1946년에 콜레라, 장티푸스 그리고 두창은 각각 27.7%, 20.2%, 37.3%를, 1947년에 장티푸스가 66.8%를, 1948년에 장티푸스가 49.4%를, 1949년에 두창이 41.5%와 장티푸스가 23.4%를, 1950년에도 장티푸스가

<표 7> 연도별 급성전염병 환자 수[8]

년도	콜레라	이질	장티프스	파라티프스	두창	발진티프스	성홍열	재귀열	수막염	뇌염
1946	15,464	2,388	11,278	65	20,810	4,754	400	136	446	
1947		1,161	8,250	97	402	1,831	89	314	207	
1948		1,318	5,062	385	1,197	1,806	39	260	164	
1949		876	5,691	159	10,085	1,322	12	380	139	5,616
1950		322	8,810	140	2,845	2,523	3	606	155	5
1951		9,004	81,575	886	43,213	32,211	84	2,728	224	27
1952		1,506	3,769	64	1,313	923	5	645	64	1,221
1953		1,139	1,352	58	3,349	410	2	21	43	280
1954		477	617	51	790	293		11	17	316
1955		319	353	38	2	77	1	1	23	2,056
1956		40	351	12	9	92	2		10	269
1957		106	619	15	10	187	5		16	129
1958		46	1,411	39	6	161	7		76	6,859

57.1%를 차지하고 있다. 1952년에 장티푸스, 1953년 두창이, 1954년에 두창이, 1955년에 뇌염이, 1956년에 장티푸스가, 1957년에 장티푸스가, 1958년에 뇌염이 가장 많이 발병했다. 1954년부터 뇌염과 장티푸스를 제외하고 다른 급성전염병의 발병 건수는 1000건 이하이다. 미군정기와 1950년대에도 가장 빈번하게 발생한 전염병은 장티푸스와 이질이다.

장티푸스는 1946년에 1만 1278명, 1947년에는 8250명, 1948년에는 5062명이 남한에서 발생했다. 이질에 걸린 인원은 1946년에 2388명, 1947년 1161명, 1948년 1318명이다. 최제창은 1947년에 줄어든 이질 발생 인원은 실제적 발병 수가 줄어든 것이 아니라 보고 체계가 열악했기 때문이라고 지적했다.

<표 8> 연도별 급성전염병 사망자 수[9]

년도	콜레라	이질	장티프스	파라티프스	두창	발진티프스	성홍열	재귀열	수막염	뇌염
1946	10,181	1,239	1,921	31	4,234	442	225	44	79	
1947		598	1,371	8	220	184	71	31	108	
1948					202					
1949		110	515	11	2,168	120	2	21	37	2,729
1950		54	1,270	11	517	459		44	47	1
1951		824	14,051	180	11,530	6,154	14	246	14	13
1952		64	30	3	277	81		24	6	526
1953		17	70	2	571	24		1	10	112
1954		28	21	1	127	14			5	148
1955		11	28	1		4			6	837
1956			17	1		3			5	124
1957		5	33		1	11			5	52
1958		1	71	2		9			17	2,166

두창은 1946년에 남한에만 2만 810명이 걸렸으며 서울을 제외한 모든 지방에서 발생했다. 1948년 11월과 12월에 서울에서만 569명이 발병해 202명이 사망했다. 사망률이 35.6%이다.

발진티푸스는 1946년에 4754명, 1947년에 1831명, 1948년에 1806명이 발생했다.

1920년부터 1946년까지 발생하지 않았던 콜레라는 1946년 12월에 1만 5464명이 걸렸다. 이로 인해 1만 181명이 사망해서 치사율 66%였다.[10]

급성전염병으로 사망한 자는 1946년 1만 8396명, 1947년 2393명, 1948년 202명, 1949년 5713명, 1950년 2403명, 1951년 3만 3026명이었

다. 그런데 1952년 이후 사망자 수는 1000명 이하로 떨어졌다. 1952년에 1011명, 1953년에 807명, 1954년에 344명, 1955년에 887명, 1956년에 150명, 1957년에 107명이었다. 주요 사망자가 나왔던 두창과 장티푸스는 현저하게 줄어들었고 두창은 완벽에 가까운 방역을 나타냈다.

그렇지만 만성전염병으로 분류된 결핵으로 인한 사망자 수는 1948년 8869명이었다. 일제강점기에도 크게 다르지 않았다. 결핵은 일제강점기부터 젊은이들을 위협했던 질병이었지만 이에 대한 특별한 대책은 없었다. 급성전염병과 다르게 결핵은 사회적 질병이 아닌 개인의 질병으로 간주되었다.

최제창은 「한국의 보건 상태」에서 "미국과 한국의 사망 원인을 비교하면 흥미롭다. 폐렴, 소화관에 의한 질병, 인플루엔자, 결핵, 수막염과 같은 한국에서 '사망 원인'은 치료법 혹은 예방의학으로 통제할 수 있다. 그러나 미국에서 사망 원인인 암, 심장병, 신염 같은 것은 쉽게 통제할 수 없다."라고 평가한다.[11] 그는 미군정기 록펠러재단의 후원을 받아 존스홉킨스대학에서 보건행정을 연구했으며 1949년 보건부 차관을 역임했다. 급성전염병의 경우 콜레라를 제외하고 장티푸스나 이질, 두창, 발진티푸스는 크게 한국인의 생명을 위협하지는 않았다. 반면 만성전염병으로 분류되는 결핵은 한국인의 생명을 위협했던 대표적 질병이었다.

일제강점기 식민지 지배 도구로서 기능한 위생행정은 결핵에는 적용되지 않았다.[12] 해방 직전까지 결핵 환자의 치료와 조사가 광범위하게 이루어지지 않았다. 해방과 한국전쟁으로 결핵에 대한 공포는 더욱 심화되었다.

2

1951년 시도별, 월별 전염병 발생

〈표 7〉에 따르면, 1951년 전염병 환자 총수는 16만 9952명이었고 그중 장티푸스는 8만 1575명, 두창은 4만 3213명, 발진티푸스는 3만 2211명이다. 이 수를 1939년과 비교하면 두창, 장티푸스, 발진티푸스는 무려 8-13배에 달했다. 전쟁 전인 1949년과 비교해도 크게 다르지 않다. 1951년 급성 전염병 발생 건수는 대한제국 이래로 가장 많았다. 아무튼 한국전쟁으로 전염병이 급속하게 퍼졌다.

G-5(민사참모)는 군사(軍史) 편찬 보고서에서 전염병 발생 계기를 아래와 같이 서술했다.[13]

> 심각한 질병이 원산 소개 때까지 발생하지 않았다. 원산 소개로 접종받지 않은 수많은 피난민들이 남쪽 지방의 여러 곳으로 이동했다. 1950년 12월 초에 두창은 남쪽 곳곳에서 발생했다고 한다. 그들은 지방 거주민이다. 전염병이 1951년 1, 2월에 전국적으로 퍼졌고 38선 경계선을 따라 이들 지방에서 봄 동안에 계속 퍼져갔다. 적 점령지였기 때문에 효과적인 프로그램이 시행되지 않았다.[14]

이 보고서에 따르면 38선을 경계로 북에서 피난민이 내려오면서 전염병이 남쪽으로 퍼지게 되었고, 접종을 받지 않은 원주민이 그 피해를 당했다고 기술되어 있다. 이러한 기술은 그 뒤에도 이어진다. 한국전쟁 때 남쪽에서 전염병이 퍼진 주요한 이유가 북에서 내려온 피난민이라는 것이다. 종합 보고서나 군사(軍史)를 작성하는 문건들에는 전염병 발생을 이렇게 서술한다.

도별 팀을 운영했던 UNCACK의 지역 팀 주간 보고서, 반월간 보고서, 월간 보고서에서는 어떻게 전염병 발생을 기술하고 있는지 도별, 월별로 살펴보자.

1951.2.13: 영동 북쪽 5-20마일 작은 마을에서 두창 27건, 장티푸스 12건이 발생했다. 전염병이 충청북도 충주와 청주 사이 고속도로를 따라 발생했다.[15]

1951.3.7: 충북에 두창이 1682건 발생했는데 그중 청원군에서 1500건이 발생했다. 장티푸스는 충북 2050건 중에 영동군에서 1024건이 발생했다. 경남에서는 두창이 152건, 발진티푸스 131건이 발생했다. 발진티푸스 환자 131명 가운데 126명이, 제주의 232명이 모두 국민방위군이다.[16]

1951.3.7-14: 두창이 2325, 장티푸스 2435건, 발진티푸스 1368건이 발생했다. 모두 울산과 삼천포의 국민방위군 교육대였다.[17]

1951.4.14: 강원도에서 현재까지 발생한 장티푸스는 6812명이다. 보건 장교는 현지 조사에서 "원주군 용암리에 대한 조사는 3월에 몇 개 장티푸스가 발

생했음이 밝혀졌다. 약 200명이 거주하는데 30명이 사망했다. 모든 집을 조사해 4건의 장티푸스가 탐지되었다. 환자를 격리시킬 가능성은 없고 아직까지 물을 염소로 소독할 재료가 없다."고 보고했다.[18]

1951.6.23: 정읍군 산내면에서 장티푸스가 발생했다는 보고가 있어 조사가 이루어졌다. 총 89명이다. 면 여기저기에 분산되어 있다. 지방정부 초기 보고는 3000명이라고 했다. 모든 우물을 소독했고 지금까지 어떤 것도 발생했다는 보고는 없다.[19]

1951.7.15: 최근 북쪽에서 25만 명이 경기도로 왔다. 그들은 대개 영양실조이다. 새로 들어온 피난민에게 발진티푸스와 장티푸스가 광범하게 퍼져 있다.[20]

위의 보고서에 따르면 1월부터 일부 지역에서 전염병이 발생했다. 그리고 전염병은 2월부터 급속하게 퍼졌다. 〈표 9〉과 〈표 10〉에서 1951년 전염병 발생 흐름을 확인할 수 있다. 〈표 9〉는 1951년 12월 31일자 반월간 보고서에 보고된 1951년도 전염병 발생과 사망건수이다. 〈표 10〉은 월별 전염병 발생 상황을 나타낸 것이다.

〈표 9〉에 따르면 경기, 충북, 강원에서 두창, 장티푸스, 발진티푸스 등의 전염병이 급증했다. 두창은 경기에서 1만 8132건, 충북에서 1만 2911건, 강원에서 5510건, 전남에서 4939건이 발생했다. 장티푸스는 강원에서 2만 8963건, 경기에서 2만 4267건, 충북에서 2만 3567건이 발생했다. 발진티푸스는 경기에서 1만 7849건, 충북에서 1만 234건, 강원에서 6842건이 발생했다.

<표 9> 1951년 전염병 총 발생과 사망[21]

지방	두창			장티푸스			발진티푸스		
	발생	비율	사망	발생	비율	사망	발생	비율	사망
서울	9	0.02	1	84	0.09	14	1		0
경기	18,132	39.1	5,637	24,267	26.9	4,950	17,849	46.1	3,419
충북	12,911	27.8	3,198	23,567	26.1	3,839	10,234	26.4	1,217
충남	851	1.8	133	3,800	4.2	300	1,176	3.0	110
전북	1,438	3.1	267	3,111	3.5	261	177	0.5	20
전남	4,939	10.6	1,151	1,345	1.5	104	47	0.1	2
경북	688	1.5	157	2,321	2.6	165	394	1.0	31
경남	1,490	3.2	235	2,429	2.7	164	678	1.8	29
강원	5,510	11.9	1,558	28,963	32.1	5,230	6,842	17.7	773
제주	210	0.5	19	287	0.3	5	1,169	3.0	62
거제	188	0.4	32	28	0.03	0	124	0.3	4
총계	**46,366**	**100**	**12,388**	**90,202**	**100**	**15,032**	**38,691**	**100**	**5,667**

* <표 7>과 <표 8>의 통계는 보건사회부 자료이고, <표 9>의 통계는 UNCACK 자료이다. 통계를 낸 주체에 따라 환자 수와 사망자 수가 다르다.

<표 10> 1951년도 월별 발생 통계[22]

질병	1월	2월	3월	4월	5월	6월
장티푸스	17	1,439	14,219	31,963	10,480	9,289
두창	868	1,459	13,061	12,253	4,100	3,293
발진티푸스	76	1,567	14,390	14,390	3,460	2,117

질병	7월	8월	9월	10월	11월	12월
장티푸스	4,419	1,400	1,896	243	103	169
두창	459	311	189	57	-	-
발진티푸스	1,029	409	1,903	69	57	32

경기 지역은 서울에서 내려온 피난민이 몰려 있는 곳이고 충북은 국민방위군을 비롯한 주요 피난민의 이동로였다. 강원은 대부분 소개가 이루어졌거나 전투 지역이었다. 일종의 격리가 일어난 지역이다.

경기도, 강원도, 충청북도 세 지역에서 1951년 6개월 동안 두창의 79%, 발진티푸스 85%, 장티푸스의 90%가 발생했다.

〈표 10〉에 따르면 장티푸스, 두창, 발진티푸스 모두 2월 말부터 7월까지 이어졌다. 그리고 3월, 4월과 5월에 집중 발생했다. 특히 4월에 장티푸스 3만 1963명, 두창 1만 2253명, 발진티푸스 1만 4390명으로 절정에 달했다.[23]

3

특정 지역과 특정 시기에 급성전염병 유행

〈표 9〉과 〈표 10〉에 따르면 특정 지역인 경기, 충북, 강원 그리고 특정 시기인 3-6월에 장티푸스, 두창, 발진티푸스가 퍼졌다. 그런데 1952년도 급성전염병의 발생 유형은 전쟁 전과 비슷하다.

그렇다면 1951년에 특정 지역, 특정 시기에 왜 전염병이 확산되었는가. 이는 국민방위군과 피난민의 이동과 관련되어 있다. 왜 경기와 충북과 강원이었는지 확인해보자.

전쟁 초기 대다수의 서울 시민은 피난을 가지 못했다. 그러나 1951년에 서울은 텅 비었다. 전쟁 동안 서울의 인구 변화는 〈표 11〉과 같다.

전쟁 초기 서울 시민은 140만 명 또는 120만 명 정도였다. 서울 철수령으로 1951년도에는 45만 명 정도로 유지되었다. 심지어 1951년 6월 10일 경찰국 산하 경찰서 조사에 따르면 29만 명 정도였다. 이때 서울시 인구가 가장 적었던 까닭은 5월 말 서울 재철수에 따른 것이다. 5월 30일 기자회견에서 서울시장 이기붕은 "27일까지 시민, 시 직원을 전부 철수시키고 나왔다. 경찰은 내가 나올 때까지도 시내에 머무르고 있었으며 시민 철수는 45만 중 잔류 시민이 25만 명가량 있었다. 그리고 이번 철수는 시간적

<표 11> 전쟁 동안 서울의 인구 변화(단위: 명)[24]

지역	1950년 10월 7일	1951년 4월 15일	1951년 6월 10일
중구	170,139	23,558	11,545
종로	212,523	30,847	10(?)
동대문	134,999	24,632	37,034
성동	170,278	91,519	40,779
서대문	194,997	39,146	29,186
마포	157,342	59,144	23,266
용산	147,926	22,537	11,728
영등포	144,680	113,661	120,482
성북	134,685	40,435	24,417
총계	**1,467,569**	**445,479**	**298,437**

으로 여유가 있었던 관계로 나올 수 있는 시민은 전부가 나왔다"고 말했다.[25] 일방적인 철수령에 따라 생활 터전에서 나온 서울 시민들은 한강 이남과 인천, 수원 등지에 모여 복귀령을 기다렸다. "6월 10일 현재로 영등포구에만 집결되고 있는 피난민만 하여도 무려 20만 명이나 된다. 이뿐만 아니라 인천, 수원 등지에 모여 역시 복귀령을 기다리고 있는 서울 피난민 수효는 거의 5·60만으로 추상하고 있다"[26]

서울과 비슷하게 경기도 일부 지역도 민간인의 출입이 자유롭지 않았다. 그런 까닭에 한강 이남과 경기도 남쪽은 서울 피난민과 북한에서 온 피난민(월남민) 그리고 경기도 내 피난민이 몰려 가장 유동인구가 많았다.

UNCACK 경기도 팀은 '현 인구'를 원주민과 피난민으로 구분했다. 1951년 3월 24일 보고에 따르면 피난민이 많은 지역은 화성, 평택, 시흥이다. 5월 27일 보고에 피난민은 88만 1370명에서 162만 5849명인 2배로 증가했고 화성, 이천, 광주, 평택으로 몰렸다.[27] 5월에 피난민이 2배로 증가한 까닭은 서울 철수령에 따른 서울 피난민 때문이다. 화성은 원주민 17만 7272명과 피난민 36만 4709명을 합한 54만 1981명으로 많은 사람들이 몰렸다. 6월 15일 보고에서 화성, 광주, 인천, 김포, 평택, 용인 지역의 피난민 수는 10만 명이 넘었다.

강원도의 경우, 춘천, 춘성, 홍천의 거주민은 모두 소개되었다. 울진(3만 1111명), 삼척(2만 516명), 강릉(1만 4393명)에 피난민이 몰렸지만 모두 3만 명 이하이다. 피난민 수용소가 많이 설치된 원주에는 제10군단 지령으로 강원도 일부 지역에서 소개된 피난민이 약 6만여 명 몰렸다.[28]

이상과 같이 서울과 경기 일부, 강원도 일부 지역에서 피난민은 전선의 변동에 따라 생활하는 공간에서 소개되었으며 그 기간은 1-2개월이 아닌 1년이 넘어서기도 했다.

<표 12> 1951년 3, 4월 충북 주간 보고서[29]

지역명	3월 17일		3월 31일		4월 14일	
	거주인	피난민	거주인	피난민	거주인	피난민
청주	115,980	58,920	16,687	56,290	64,041	33,182
청원군	199,990	71,680	123,139	64,370	185,737	35,815
보은군	88,240	43,050	56,219	29,500	84,734	16,570
옥천군	43,140	28,140	71,172	14,960	86,822	10,862
영동군	61,200	41,690	83,997	18,680	108,602	13,338
신천군	106,980	50,880	15,833	49,750	66,314	19,120
괴산군	161,340	63,040	78,873	53,180	132,169	26,530
음성군	144,790	72,090	37,737	59,480	97,668	28,325
충주군	151,270	65,870	79,859	57,870	143,177	30,085
제천군	59,000	29,000	44,242	24,800	78,353	9,977
담양군	41,000	21,300	23,406	19,100	50,617	7,850
총계	**1,172,930**	**545,660**	**631,164**	**447,980**	**1,098,234**	**231,654**

<표 13> 1951년 피난민의 동태 [30]

도별	2월	5월	6-9월
경기도	308,110	1,625,849	1,280,873
충청북도	763,830	147,755	177,736
충청남도	515,702	935,270	479,524
전라북도	391,568	414,103	552,534
전라남도	286,235	583,373	566,652
경상북도	1,368,586	762,854	454,703
경상남도	530,708	514,270	461,558
강원도	192,785		

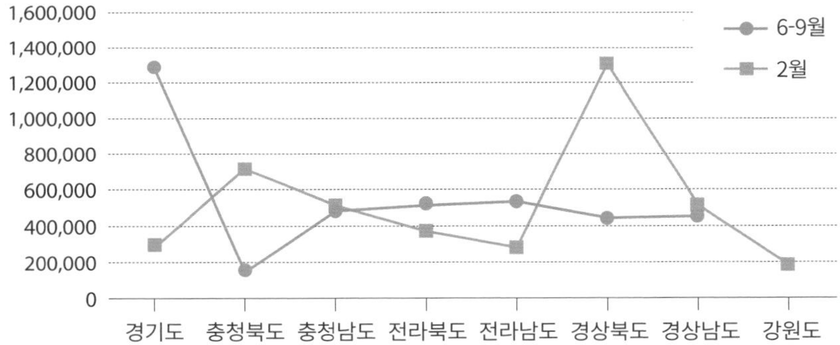

도내 피난과 인근지역에서 온 피난민이 많은 지역은 충청북도였다. 충북은 1951년 초기에는 도내 피난보다 다른 지역에서 온 피난민이 많았다. 충북 팀의 3월 17일 보고에 따르면, 피난민은 음성 7만 2090명, 청원 7만 1680명, 제천 2만 9000명, 괴산 6만 3040명, 청주시 5만 8920명으로 이들 지역에 몰렸다. 3월 31일 보고에도 큰 변화는 없다. 그런데 4월 14일 보고의 피난민은 23만 1654명으로 청원군 3만 5815명, 청주시 3만 3182명, 충주 3만 85명, 음성과 괴산이 각각 2만 8325명과 2만 6530명으로 감소했

다. 〈표 12〉는 3월과 4월 충북 피난민 동태이다.

1월에서 3월까지 충청북도에 피난민이 많았던 까닭은 강원도와 경기도, 서울 등지에서 온 피난민 때문이다. 4-5월에 점차 피난민이 줄어든 까닭은 경기도와 강원도로 피난민이 이동했고, 피난민의 "충청북도 도로의 유입"을 금지했기 때문이다.[31] 이러한 정책은 전쟁 동안 유지되었고 충청북도의 인구는 크게 변동이 없었다.

〈표 13〉은 1951년 2월부터 9월까지 도별 피난민의 이동을 기록한 것이다. 2월에 피난민은 경상북도에 136만 명, 충청북도에 76만 명, 경남에 53만 명, 충남에 51만 명이 몰렸다. 5월에 피난민은 경기도에 162만 명, 충남에 93만 명, 경북에 76만 명, 6월에 경기도로 128만 명, 전북과 전남에 각각 55만 명 정도 몰렸다. 이 인원은 1951년 내내 유지되었다. 2월-4월까지 피난민 이동로였던 충북의 피난민은 5월부터 14만 명 정도로 유지되었다. 따라서 피난민 밀집 지역이던 경기도, 피난민과 국민방위군의 이동로였던 충북, 소개지가 많았던 강원도에서 급성전염병이 발생했던 것이다.

4

사회적 질병, 발진티푸스

한국전쟁 동안 급성전염병 발병은 〈표 7〉에 따르면 1950년 1만 5409건, 1951년 16만 9952건, 1952년 9510건, 1953년 6654건이다. 주요 전염병은 장티푸스, 두창, 발진티푸스이다. 이질과 뇌염이 그 뒤를 이었다.

장에서 발생하는 전염병, 예를 들면 콜레라, 장티푸스, 이질 등은 오염된 물, 음식, 기구들이나 환자에 의해 옮겨진다. 또한 디프테리아, 성홍열, 두창은 일반적으로 구강에서 나온 비말에 의해 사람끼리 전파된다.[32] 많은 종류의 벼룩과 '이'와 진드기는 리케차를 옮기는데 이 균은 바이러스처럼 너무나 작아서 숙주의 세포 속이라기보다는 세포 사이에 산다. 이 균은 풍토성의 발진티푸스를 일으킨다.[33]

장티푸스는 주로 물로 발생하는 전염병이고 발진티푸스는 '이'를 매개로 발생했다. 전쟁 때 이들 질병이 퍼진 것은 당연하다. 생활 터전이 파괴돼 식수 해결이 어렵고, 피난으로 인한 이동은 영양실조를 비롯한 몸의 불균형 상태를 가져왔다. 그리고 피난민 수용소를 비롯한 군집 생활은 당연하게 전염병에 걸릴 위험에 빠트린 것은 분명하다.

그런데 이들 질병이 특정 시기에 특정 지역에 많이 발생한 까닭은 두 가지 이유를 생각하게 한다. 피난민 정책과 국민방위군의 강제 동원과 남

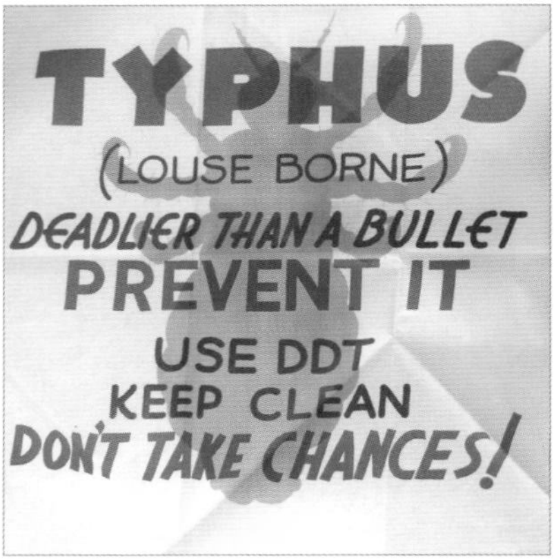

사진 3-1 **발진티푸스 방지 포스터**

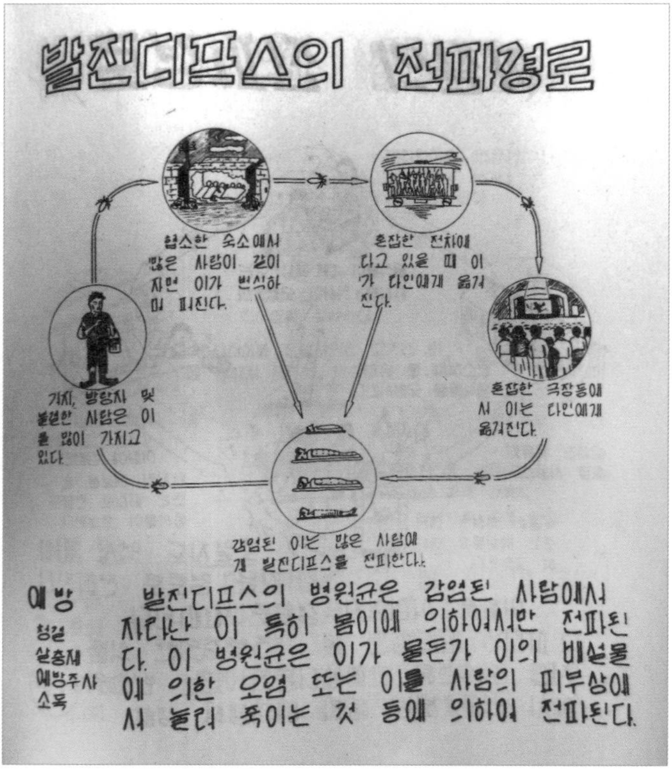

사진 3-2 **발진티푸스의 전파 경로**

하이다. 그런 측면에서 1951년도 10만 명이 넘는 발진티푸스와 장티푸스 그리고 두창의 발병은 사회적 요인의 결과였다.

"이가 생기는 원인은 목욕을 오랫동안 안 하면 피부에서 나오는 피지와 땀 그 위에 부착된 오염물이 체온의 작용과 의복의 마찰로 생긴다. 이가 생기는 것을 예방하자면 무엇보다도 목욕을 자주하여 피부를 청결하게 해야 한다."[34]

발진티푸스 발생 주요 통로는 국민방위군이었다. 〈사진 3-2〉에서 밝힌 바와 같이 발진티푸스는 수용 생활에서 발생하며 몸을 청결하게 하지 않은 데서 발생했다. 국민방위군은 남쪽으로 내려가는 동안 또는 교육대에 도착한 뒤에도 60여 일 동안 단 한 번도 옷을 갈아입지 않았다. 그들은 내려갈 때 입은 옷을 교육대에서도 그대로 착용했다. 목욕은 고사하고 세수도 하루 한 번 제대로 하지 못했다. 손과 얼굴을 제대로 씻지 못한 상황을 국민방위군들은 누런 때가 꾀죄죄할 정도로 비참한 모습으로 기억했다. 국민방위군으로 동원된 청장년들은 모두 교육대에 도착하면 군복을 배급받으리라 예상했다. 그 때문에 여분의 옷을 챙기지 않았다. 그리고 이동할 때나 교육대에서도 그들은 작은 공간에서 20-30명씩 함께 지냈다. 국민방위군 교육대는 '이'가 퍼질 가장 좋은 조건을 갖추었던 것이다.

교육대에서 국민방위군은 운동장에 나가 겉옷을 벗고 털어내며 '이'를 잡는 데서 하루 일과를 시작했다. 국민방위군에서 퍼진 발진티푸스는 그들이 머물었던 교육대를 넘어 이동하기 시작했다. 왜냐하면 3월 초부터 국민방위군 불합격자들이 다시 고향으로 돌아가기 시작했기 때문이다. 그들은 경북이나 경남의 교육대에서 출발해 충청남북도를 거쳐 경기도로 향했다. 이들 대부분 영양실조에 갖가지 질병을 몸에 갖고 돌아다녔다. 그들이 귀향하면서 온갖 전염병을 퍼트릴 가능성이 있었다.

<표 14> 1952년 전염병 발생과 비율[35]

지방	두창		장티푸스		발진티푸스	
	발생	비율	발생	비율	발생	비율
서울	36	3.2	17	8.5	33	4.1
경기	64	5.7	147	4.3	110	13.6
충북	0	-	172	5.1	98	12.1
충남	31	2.7	632	18.7	132	16.3
전북	559	49.5	908	26.9	149	18.4
전남	223	19.7	771	22.8	28	3.5
경북	147	13.0	248	7.3	30	3.7
경남	125	11.1	285	8.4	159	19.6
강원	44	3.9	194	5.7	68	8.4
제주	0	-	6	0.2	4	4.9
총계	**1,229**	**100**	**3,380**	**100**	**811**	**100**

* <표 7>의 통계는 보건사회부 자료이고, <표 14>의 통계는 UNCACK 자료로 그 수치가 차이가 있다.

전염병 발생 보고가 UNCACK으로 올라오기 전, 불합격 판정을 받은 국민방위군은 귀향하기 시작했다. 그리고 일부 교육대는 UNCACK 조사가 시작된 시기에 이미 폐쇄되었다. 1951년도 전염병이 특정 시기에, 특정 지역에서 발생했던 사실은 1952년도 도별 전염병 발생과 비교하면 확인할 수 있다. 〈표 14〉는 1952년도 급성전염병 도별 발생 건수이다.

〈표 14〉에 따르면 두창은 전북이 49.5%, 전남이 19.7%이며 장티푸스는 전남이 22.8%, 전북이 26.9%, 충남이 18.7%이고 발진티푸스는 경남이 19.6%, 전북이 18.4%, 충남이 16.3%이다. 1951년도 전염병 주요 발생 지역이던 경기, 충북, 강원 지역의 발생률은 10% 미만이다. 경기도는 두창 5.7%, 장티푸스 4.3%, 발진티푸스 13.6%이고 충북은 두창 발생이 없

<그림 3> 1951년도

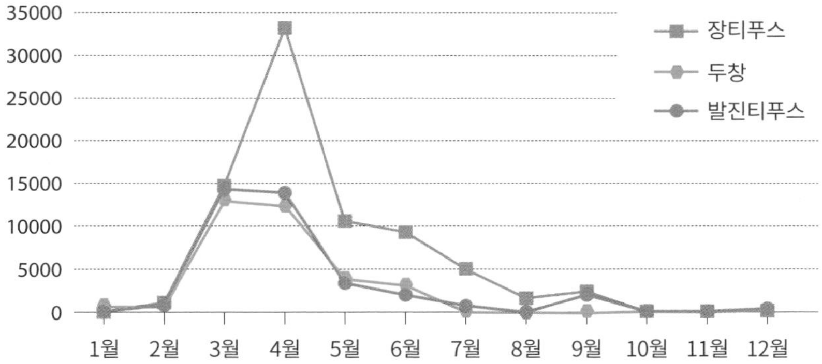

<그림 4> 1952년도

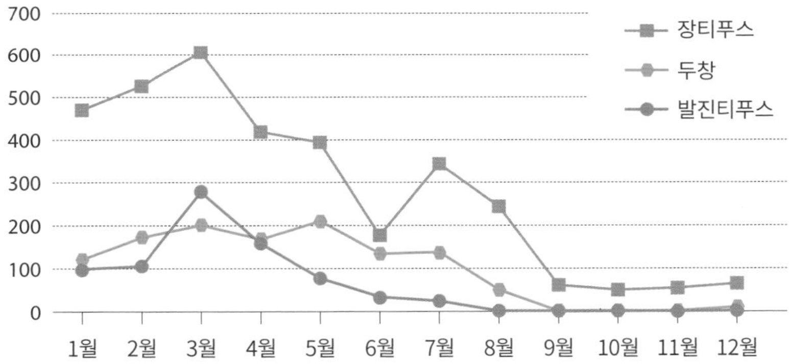

고 장티푸스 5.1%, 발진티푸스 12.1%이고 강원은 두창 3.9%, 장티푸스 5.7%, 발진티푸스 8.4%로 나타났다. 그리고 월별 발생 건수를 그래프로 보여주는 〈그림 3〉과 〈그림 4〉에서 1951년도와 1952년도의 차이를 확인할 수 있다. 즉 1951년에는 3월부터 7월까지라면 1952년에는 1월부터 4월까지 가장 높게 나타났다.

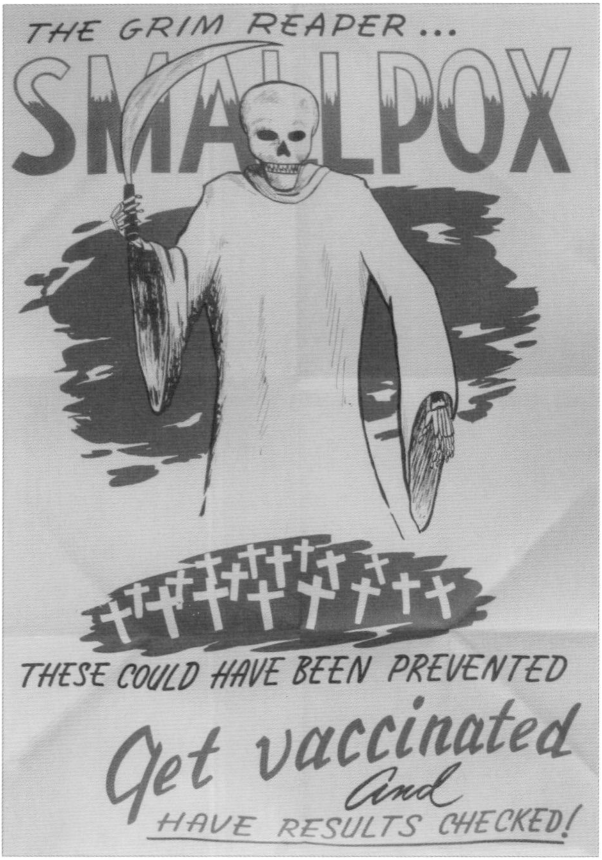

사진 3-3 **두창 포스터**

사실 전전에도 전후에도 한국인을 괴롭힌 전염병은 두창과 장티푸스였다. UNCACK 일부 장교는 발진티푸스보다 장티푸스가 더 일반적이고, 발생 비율이 높다는 한국인 의사를 믿을 수 없다고 판단하기도 했다. UNCACK은 두창과 장티푸스보다 유독 발진티푸스에 민감하게 반응했다. 왜냐하면 합격 판정을 받은 국민방위군이 군인으로 충원되었기 때문이다. 그러면 한국군에 퍼질 위험이 있었기 때문이다. 장티푸스는 군인들을 위협하지 않았다. 주로 물로 매개되는 장티푸스는 한국군뿐만 아니라 미군에게 위협적이지 않았다. 미군이 먹는 식재료는 모두 미군이 검수했고 마시는 물 또한 마찬가지였다. 따라서 미군 내에 장티푸스가 퍼질 확률은 드물었다.

미군은 부대 근처의 주위 환경이 문제라면 즉각 그것을 제거했다. 그 한 사례로 한국병참사령부(KCOMZ)가 UNCACK에게 보낸 '한국 마을의 제거'라는 문서에서 확인할 수 있다.

제7운송부대는 부두 급수장 인근 한국인 거주지를 제거해달라고 한국병참사령부에게 요구했다. 부대 외과 장교는 "아주 더러운 한국인 정착지는 사령부의 보건을 위험하게 만든다. 이 정착지는 원시적 판잣집, 개방된 변소, 돼지우리로 가득 차 있다. 이 지역을 관통하는 배수관으로 이들 지역의 물이 흐르고 급수장 지면을 오염시킨다. 물 저장 탱크의 배수관이 즉시 오염된 물로 덮인다. 오염된 물이 배수관에 압력을 넣어 물 공급을 오염시킬 것이다."라며 "보건을 위태롭게 하는 마을 제거"를 요구했다.[36] UNCACK은 한국인 마을에는 78명이 살고 있다며 날씨가 추운 관계로 4월에 대리인과 접촉할 계획이라고 일단 대답했다. 그리고 1953년 6월 18일에 UNCACK은 "민간인 이전 제안이 지체되지는 않을 것이다."라고 대답했다. 그리고 두창도 접종받은 미군을 위협하지 않았다.

이런 측면에서 특정 시기, 특정 지역에서 급속도로 퍼진 전염병은 사회적 질병이라 할 수 있다. 질병은 생물학적 사실이기도 하지만 사회적 사실이기도 하다. 질병은 생물학적 사실이라는 점에서는 보편적으로 존재할지언정 사회적 사실이라는 점에서는 특정한 사회 기제와 맞물린다.[37]

4장

전인구에 백신 접종을!

From CINCFE(극동사령관)
To 요코하마 병참사령부, 도쿄 CG HQ & SV GP, 도쿄 5공군, 도쿄 BCOF
출발하기 6개월 안에 두창 백신을 놓을 것
출발하기 6개월 안에 장티푸스 기본 혹은 추가 접종을 할 것
출발하기 1년 안에 파상풍 기본 접종과 4년 안에 추가 접종을 할 것
출발하기 6개월 안에 발진티푸스 기본 혹은 추가 접종
출발하기 6개월 안에 콜레라 기본 혹은 추가 접종을 할 것
모든 인원이 위의 사항을 완전하게 마쳤는지 한국으로 출발하기 전에 접종 카드를 검사한다. _ 1950년 8월 29일 한국으로 출발하기 전 접종

군대에서 '이'의 감염과 발진티푸스를 예방하기 위해서는,
① 공중보건 복지 집단과 연계해 모든 곳에서 발진티푸스 발생에 대해 조사하고 정보를 교환한다.
② 군 시설에 고용된 모든 민간 한국인은 군 지역에 들어오기 전에 '이'로부터 자유로워야 한다.
③ 포로들은 '이'로부터 자유롭고 감염되지 않아야 한다
④ '이'에 감염된 환자복이자 개인 의복은 살충제를 완벽하게 뿌린다.
⑤ 만약 '이'에 감염되었거나 발진티푸스가 민간인들 사이에 퍼져 있다면 원주민 건물 지역 또는 마을은 군인들의 출입을 제한(off limit)한다. _ 1950년 10월 17일 이의 감염과 발진티푸스

❶

인도적 무기, 간이의료소(BMU)와 간이병원(HU)

UNCACK은 미8군이 새로운 무기라고 일컬었던 간이의료소(BMU, Basic Medical Unit)와 간이병원(HU, Hospital Unit)을 적극적으로 이용했다. BMU는 인구 10만 명이 1개월 동안 쓸 수 있는 약품과 내·외과용 의료품 세트이다. 이 약품과 의료품 세트로 간이의료소를 운영할 수 있다. HU는 500명 이상의 환자를 치료할 기능을 갖춘 침대 40개를 설비할 수 있는 외과병원을 운영할 수 있다. 이 병원설비로 전선에서 후송해온 부상자의 적절한 치료가 가능했다. 이 밖에도 각 군단 민사원조 장교들은 병자와 부상자들을 후송하기 전에 응급처치를 하는 이동 병원을 운용했다. UNCACK은 이를 '인도적 무기'라고 했다.

BMU는 한국전쟁 때 처음 도입된 것은 아니고 미군정기에도 미국으로부터 360개 BMU를 들여왔다. 이에 대한 설명을 들어보자.

> 1유니트 (…) 속에는 설파약제와 의료기구와 아메바성 이질 치료 약, 마취용 펜토탈소디움을 포함한 각종 약품과 붕대 등이 들어 있다. 이 의료품은 짐을 푸는 대로 곧 각 도청과 일반 약품상에게 각 도별로 배급할 터인데 각 도청

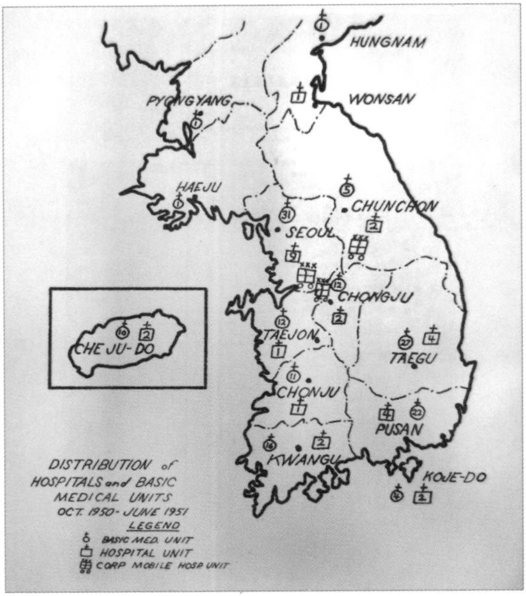

사진 4-1 **간이의료소와 간이병원**

사진 4-2 **의료품 공급**

에서 지정한 도매상은 배당될 유니트 대금의 3할 5부를 선금으로 지불하여야 되며 서울로부터 운반한다. 그리고 이 의료품은 병원과 의사에 한하여 판매를 허락한다.[1]

1951년 9월 30일 현재 BMU는 238개(190만 4000$), HU는 32개(22만 4000$)가 들어왔다. 그리고 각 지역에 배분되었다. 〈표 15〉는 BMU와 HU의 분배를 도별로 표시한 것이다. 1952년에 HU 50개, BMU 913개가 도입되었다.[2]

BMU는 각종 의약품, 의료기구, 붕대 등이 있고, 병원, 진료소, 의료중대에 먼저 공급되었다. UNCACK 지역 팀은 BMU의 공급과 운송을 맡았다. 따라서 각 지역 팀은 매주 BMU와 HU뿐만 아니라 백신이나 DDT 등의 물품에 대해 '이 주에 받은 수량, 총량, 재고'를 확인해 보고했다. 〈표 16〉은 1951년 3월 18일 경상남도 주간 보고서에 보고된 의료 공급의 양식이다. 이 양식은 모든 지역 팀에 적용돼 의료품의 공급과 분배 상황이 보고됐다.

의료 공급과 재고 분량, 분실량 등의 목록을 만들어 매주 꼼꼼하게 체크해서 확인했다. HU와 BMU를 제외한 의약품은 급성전염병 백신, 성병치료제로 사용하는 페니실린, 항생제(오레오마이신), 소독약(칼슘하이포염소

<표 15> 1951년 9월 30일까지 보고[3]

	서울	경기	강원	충남	충북	전북	전남	경북	경남	제주	거제
간이의료소 (BMU)	15	28	20	18	10	16	19	34	28	11	6
간이병원 (HU)	4	4	4	1	2	1	2	5	5	2	2

<표 16> 의료 공급 상태[4]

구분	이 주 공급	공급 총량	재고
간이병원(Hospital Unit)		4	
간이의료소(Basic Medical Unit)	1	12	2
간이의료소 분실량	11		
오레오마이신		100	
페니실린(BMU 이외); 크리스탈(200,000 u.) / 진(gin) 기름(300,000 u)			
디프테리아 항독소	100	100	100
파상풍 항독소(20.000U)		230	20
콜레라 백신(cc)		100,000	99,400
두창 백신(dose)		1,284,400	7,650
장티푸스 백신(cc)		1,584,500	144,600
발진티푸스 백신(cc)		4,639,000	43,500
칼슘하이포염소산염 drum/50 1bs ea			
클로르 석회(1bs)			
크레졸 sol. 1ts	200 cans	200	200
액체 염소 M.T			
DDT 10% dust drum / 200 1bs ea		700	149
DDT 5% liq. drum/50 gals. ea		900	550
DDT 75% wettable 1bs			
손 분무기		1188	258
포그 동력기			
파워 분무기			
스프레이 액체		48	5

산염, 클로르 석회, 크레졸, 액체염소) 그리고 DDT와 DDT 사용 기구들이다.

지역 팀은 약간의 상자가 손상되기는 했지만 내용물에 대체로 만족했다. 그렇지만 "아스피린이 들어 있는 병은 모두 깨져 있고 밴드나 붕대는 젖어 있다. 다른 약들도 상태가 나쁘다. 다음부터는 검사를 해서 완전한 물품을 줘라"며 요구했다.[5] 강원도 지역 팀은 "이 BMU는 온전한 것

<표 17> 필요한 의료 공급(품)

항목		단위	양	항목		양
아스피린	0.5GM	1000 Tabs	250	붕대, 가제	4x4	500
아타브린	0.1GM	20Tabs	250	붕대 가제 롤러	2x4	500
황산 제일철	0.324GM	1000 Tabs	50	붕대 가제 롤러	4x10	500
설파디아진	0.5GM	500 Tabs	200	붕대 무명 삼각자		50
설파다이어졸		500 Tabs	50	붕대 석고		100
설파디아진 정제	0.5GM	1000 Tabs	100	압저기		50
종합 비타민		100	200	가제	36x25	100

이 하나도 없다. 대부분의 상자는 10군단의 민간 담당부에 의해 열려 있었다. 제거된 항목의 목록을 여기에서 받았는데 제거된 물품 가운데 모르핀 20상자라는 사실에 주의를 요청했다."[6] "BMU의 구성은 아스피린, 설파디아진, 설파히아졸, 붕대와 다른 항목과 같이 확실히 부족하다. 병원과 진료소에서 BMU의 할당은 많은 도움을 주지 않는다. 그들이 필요한 항목이 부족하기 때문이며. 긴급하게 필요한 항목을 보낸다."[7] 〈표 17〉은 1951년 10월 강원도 팀이 요구한 필요한 의료 물품이다.

〈표 17〉에 따르면 지역 팀은 진통 소염제인 아스피린, 항말라리아제인 아타브린, 철분제, 그리고 세균성 감염 치료제인 설파제를 요구했다. 설파제는 이질, 폐렴, 화농성 질환에 사용되었다. 그리고 비타민제와 다양한 형태의 붕대를 요구했다. UNCACK 본부는 접종 백신과 DDT 공급에만 중점을 둔 데 반해 지역 팀은 영양실조와 철분 부족 보충제, 이질 등의 치료제와 진통제를 요구했다. 이는 실제적인 현장의 요구와 맞물렸기 때문이다.

여하튼 지방 곳곳 병원과 진료소에 BMU 항목이 상당히 넘쳐났다. 특정 약품은 사용하지 않아 먼지가 앉을 정도였다. 이들 물품은 개인회사나 의사에게 판매됐다.[8] 제주도 주간 보고서에 따르면, "BMU의 모든 항목

<표 18> BMU 판매 가격[9]

항목	단위	시장가격(원)	공정가격(원)
설파구아니딘	1,000	70,000	88,000
설파다이어졸	1,000	35,000	66,000
크레졸	5 gal	40,000	80,000
아스피린	1,000	15,000	19,000

은 공중보건부 관리자에 의해 약 100명의 의사와 약사들에게 할당된다. 공중보건 자문가들이 항목의 값과 구매를 정한다. 판매는 곧바로 시작될 것이다."[10]

민간 판매를 결정했던 일부 BMU는 활용하기에 힘든 필요 없는 물품들이라며 개업의들은 이 정책을 비판했다. 그리고 BMU의 물품은 시장가격에 비해 지나치게 높게 책정되었다. 1951년 9월 경기도 팀은 BMU 판매가 부진한 까닭은 공정가격이 높기 때문이라고 분석했다. 〈표 18〉에 따르면 크레졸과 설파디아졸은 공정가격이 시장가격의 2배이다.

"최근에 수원의 공중 시장에서 BMU의 약이 판매되는 것을 발견했다. 우리가 그러한 재료의 원천을 추적하는 것은 불가능하다. 우리는 한 상인에게 물었다. '한 의사가' 그에게 약을 팔았다고 한다. 지방경찰에게 조사를 요청했다."[11] 분실된 BMU가 시장에서 팔렸을 것이다.

1951년 1월 10일부터 9월 30일에 이르는 동안 175만 2512명의 입원환자와 527만 7677명의 외래환자가 치료를 받았다. UNCACK은 민사 구제와 경제원조로 인해 9개월 동안 병원 치료를 받은 인원수는 보스턴, 볼티모어, 루이스, 시카고와 샌프란시스코의 합계보다 더 많다며 BMU와 HU의 기능을 강조했다.[12]

2

피난민의 이동과 규제

"피난민들을 될 수 있는 한 그 집중지역에서 인접한 도시 또는 부락에 배치하는 데 갖은 노력을 다하였고 이것은 지금도 원칙으로 되어 있는데 이 피난민 문제 대책은 두 가지의 목적을 가지고 있으니 그 하나는 난민에게 보다 나은 편의를 주자는 것이고 다른 하나는 난민이 밀집한 지역에서 발생되어 한국 전역에 만연하여 일반 민중뿐만 아니라 군무자에게도 위험을 끼칠 염려가 있는 전염병의 위협을 최저한으로 막아내자는 것이다. 피난민 수용소를 설치하지 않으면 안 될 지구에서는 엄격한 위생규율이 시행되었다."_『국련군 한국 민간구제 및 경제원조』

1) 피난민의 가시화

1950년 11월, 중국의 참전으로 피난민의 대이동이 예상되었다. 유엔군사령부는 피난민과 전재민 총수를 500만 명 정도로 예상했으며 제2차 세계대전 유럽에서도 겪은 적 없는 상황으로 판단했다. 이에 유엔군사령부는 북쪽에서 내려온 피난민을 거제도와 제주도 그리고 기타 섬들로 일단 이

송시켰다.

UNCACK은 피난민이 여기저기에 몰려다니며 적인지 아군인지를 구분할 수 없다고 불평했다. 그래서 UNCACK은 피난민들을 가시화했다. 1951년 4월, 미8군 사령부는 UNCACK에게 "1951년 5월 13일까지 남한의 모든 도내에서 인구통계 집계를 완료해서 보내라"고 요구했다.

> 도의 인구는 도시와 시골로 구분하고 이를 다시 원주민과 피난민으로 구분한다. 각 지방 피난민 수용소의 위치와 그 수용 인원을 파악하고, 각 도의 도시와 임시적인 도시 그리고 기타 큰 도시의 인구 등을 보고하라.[13]

UNCACK은 전쟁 동안 인구를 원주민과 피난민으로 구분하고 피난민을 "전쟁으로 집에서 추방된 사람들"로, 한국 정부는 "승리를 위한 일선의

사진 4-3 **피난민 이동**

희생자"로 규정했다.[14] 피난민들은 원주민이 아니기 때문에 자신들이 어디에서 왔는지, 사상이 온건한 자임을 증명해야 했다. 피난민을 분류, 심사하는 과정은 다음과 같은 형태로 이루어졌다.

① **기재** - 도시나 농촌의 기간도로 연락지나 지방으로 들어가는 항구, 철도의 종착지

② **처리소** - 경찰의 심사를 받고 신분증을 발급받는다. 신분증을 발급받으면 예방주사나 DDT의 살포를 받고 할당된 집으로 이동

③ **지방 숙소** - 처리소 근처나 친지의 집

④ **(영구) 피난민 수용소** - 지방 숙소를 이용할 수 없는 지역은 피난민 수용소에 머문다.

⑤ **(임시) 피난민 수용소** - 할당된 집을 기다리는 동안 짧은 시간 동안 머문다.[15]

"사상이 온건한 피난민에 한하여 피난민 증명서를 교부"하고 피난민 수용소에 수용되는 이들은 "피난민 증명서 소지자를 원칙으로 하며 사상 온건 여부를 항상 심사, 감시"했다.[16] "그 신분이 분명치" 않다면 임시 장소에서 억류당했다.[17]

따라서 피난민들은 자유롭게 이동할 수 없었다. 피난민의 가시화는 먼저 월남민과 다른 지역에서 온 피난민을 구분했고 그다음 피난민들은 '일반'과 '기타'(군인, 경찰, 공무원)로 분류되었다. 1950년 12월 사회부에서는 38 이북의 피난민은 충청남도와 전라남북도, 서울과 경기도 지구의 피난민의 경우, '일반 시민'으로 분류된 피난민은 전라남북도로, '기타'로 분류된 피난민은 경상남북도로 이동시켰다.[18]

2) 점령지역 접근 금지와 안전지대 밖으로의 소개

1·4 후퇴로 한국 정부가 부산으로 수도를 옮긴 뒤 서울, 경기도 일부, 강원도 일부는 UNCACK의 통제 아래 있었다. 이들 점령지역은 1953년 또는 「수복지구 임시행정조치법」(1954년 11월 17일)이 시행된 1954년에 이르러서야 민간인 출입이 가능했다.

서울 철수령에 따라 1951년 서울 인구는 45만 명 정도였다. 다른 곳에서 생활을 유지할 수 없었던 서울 시민들은 한강 남쪽에 머물러 있다가 강을 건너 생계터로 돌아가려 했다. 이에 치안국장은 "경기·충남북·강원 철경본대에서는 각 중요 도로 및 철도 요소에 검문검색소를 증설한다. 금후 군용도로 및 철로 등에는 일반인 통행을 일체 엄금한다. 군용도로 이외에서는 왕래자를 철저 검문검색하여 시·도민증과 주거 증명서와 대조

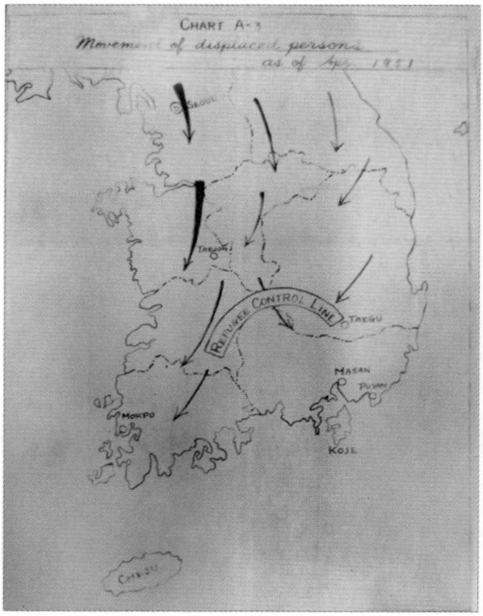

사진 4-4 **피난민 이동 제한(1951년 4월)**

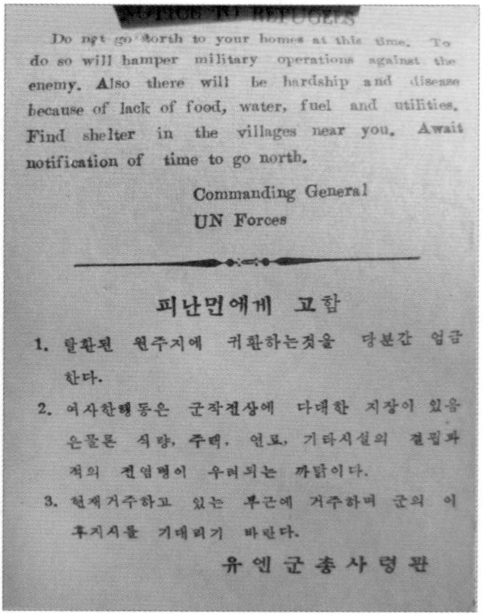

Do not go north to your homes at this time. To do so will hamper military operations against the enemy. Also there will be hardship and disease because of lack of food, water, fuel and utilities. Find shelter in the villages near you. Await notification of time to go north.

Commanding General
UN Forces

피난민에게 고함

1. 탈환된 원주지에 귀환하는것을 당분간 엄금한다.
2. 여사한행동은 군작전상에 다대한 지장이 있음은물론 식량, 주택, 연료, 기타시설의 결핍과 적의 전염병이 우려되는 까닭이다.
3. 현재거주하고 있는 부근에 거주하며 군의 이후지시를 기대리기 바란다.

유엔군총사령관

사진 4-5 **피난민 이동을 금지하는 삐라**

및 조사하여 서울 시민일 때에는 각자의 피난 거주지에서 일체 이동을 금지한다. 서울시 및 수원·천안·조치원·청주·충주 등 연선 도시에서는 금후 복귀자를 철저 단속함과 동시 금후 서울 복귀를 목표하여 동 지역에서 체재하는 자 등에 대하여서는 식량 배급을 하지 않을 방법을 취한다." 라는 담화를 발표했다.[19] 이러한 조치는 UNCACK의 요구로 이 상태는 1952년 초까지 지속되었다.

UNCACK 서울·경기도 팀 사령관은 1952년 7월 26일부터 "시 직원 이외의 일부 시민의 복귀도 허용한다"는 통첩을 서울시장에게 전달했다.[20]

충청북도는 1951년 2-3월까지 피난민이 몰렸다. 주요 운송도로(MSR)로 지정되면서 충청북도 피난민은 1951년 5월 이후에 안정되었다. 강원도는 피난민이 몰리기보다 군 점령지역의 인구는 모두 소개되었다. 〈표 13〉에서 살펴봤듯이 경기도, 충청남도, 전라남북도는 5월부터 피난민들로 넘쳐났다.

경상남북도는 전쟁 동안 최후의 보루로 여겨진 만큼 피난민에게 '안전지대'였다. 1951년 2월과 3월에는 서울과 다른 지역에서 밀려오는 피난민들로 피난민 수가 가장 많았다. 피난민 때문에 '안전지대'를 불안에 빠트릴 수는 없었다. 따라서 UNCACK 경상북도 팀은 다른 도에 비해 일찍부터 피난민 출입을 통제했고 매월 피난민의 추이를 면밀하게 조사했다. 특히 〈표 19〉 1951년 경상북도 피난민 출입 통계에 따르면 밀려오는 피난민을 어떻게 통제했는지 잘 보여준다.

1951년 2월에 경상북도로 유입된 피난민은 경상북도 인구수를 넘는 460만 명 정도였다. 의성, 금릉, 선산, 상주, 김천, 문경, 봉화에는 30만에서 60만 명에 달하는 피난민이 몰려들었다. 5만 1000명 정도 인구수를 가

<표 19> 1951년 경상북도 피난민 출입 통계(단위: 명)[21]

	2월 5일 인구	3월 3일 피난민 출입			4월 14일	5월 5일	7월 1일	10월 16일
		유입	유출	현재				
대구	313,705	194,195	14,045	180,150	175,821	175,666	177,286	169,921
포항	50,681	50,234	10,120	40,114	40,064	6,904	6,720	4,115
김천	51,328	373,253	344,937	28,316	29,347	14,601	7,595	7.053
달성	134,388	35,891	12,160	23,731	19,680	16,641	13,874	11,951
군위	70,533	23,034	10,464	12,570	5,803	3,750	3,210	2,409
의성	174,883	504,968	317,583	187,385	15,543	15,514	12,432	7,603
안동	205,757	171,954	123,876	48,078	46,857	28,792	30,579	30,485
청송	65,148	12,590	7,360	5,230	6,226	4,817	2,425	1,331
영강	50,417	1,137	311	826	1,198	11,204	1,281	1,230
영덕	92,124	116,002	190,156	35,846	38,907	39,302	23,050	18,140
영일	175,262	77,459	62,898	14,561	16,413	12,144	9,558	7,679
경주	236,316	104,068	59,127	44,941	47,781	47,781	26,592	10,611
영동	156,654	55,544	14,741	40,803	44,728	30,601	20,270	18,376
경산	125,830	17,971	5,020	12,591	13,447	11,755	11,902	9,666
청도	107,756	8,363	2,064	6,299	6,594	5,542	5,390	4,135
고령	66,415	354,884	346,052	8,832	8,924	8,565	15,312	10,017
성주	103,529	69,881	56,762	13,119	5,651	5,772	6,227	4,535
칠곡	93,594	198,858	116,801	82,057	29,826	20,069	9,128	6,734
금릉	137,440	685,558	638,428	47,130	19,872	13,797	12,221	9,099
선산	99,738	425,981	344,109	81,872	38,154	37,452	25,600	9,788
상주	220,970	366,615	214,508	152,107	69,820	69,820	40,488	39,824
문경	116,751	322,081	106,743	215,338	78,623	83,333	63,800	24,865
예천	135,405	82,274	214,508	26,748	39,642	35,345	13,897	8,375
영주	112,680	33,175	8,652	24,523	30,301	28,562	23,930	21,506
봉화	94,205	378,630	63,583	315,047	56,919	35,305	26,066	14,958
울릉	14,688	520	225	295			424	297
총계	**3,206,197**	**4,665,120**	**3,285,233**	**1,648,509**	**886,141**	**763,034**	**589,257**	**447,657**

진 김천에 피난민은 6배에 달하는 37만 명이 몰려들었다. 1·4 후퇴로 경북 지역으로 몰려든 피난민은 재빨리 도 밖으로 유출되어 2월 말에는 300만 명이 도 밖으로 나갔다. 이러한 피난민의 유입과 유출은 매월 줄어들어 10월에는 46만 명 정도였다.

경상남도 지역은 경상북도나 다른 지역에 비해 전쟁 동안 50만 명 내외의 수를 유지했다. 비교적 안정적으로 피난민 수를 유지했던 까닭은 "모든 조건을 갖추고 있는 기지였던" 부산과 대구를 중심으로 한 지역에 더 이상 피난민이 몰려드는 것을 금지했기 때문이다.

> 먼저 유엔군은 피난민을 통해 적이 침투할 것을 우려하여 남부 전선 내로의 진입을 더 이상 허용하지 않을 것이다. (…) 어쨌든 피난민은 더 이상 유엔군 남부 전선으로 건너가지 않고 있다. 그 결과 서울-인천 및 춘천 지역에서 유엔군이 갑자기 퇴각함으로 이곳에서 40-50만가량의 피난민이 추가로 발생할 것으로 보인다. 위에서 언급한바 현 상황에서 이러한 피난민들은 전선을 넘어서 유엔군 후방에 안착할 수 없다.[22]

부산에 온 피난민들은 대개 '일반 시민'이 아닌 '기타'로 구분된 자들이었다. 부산시에 있었던 상당한 수의 피난민들은 제주도, 밀양, 마산, 김해 지역으로 소개되었다. 분산 계획은 라디오와 신문 등으로 알렸다. 우선적으로 자원자에 한하지만 효과적이지 않으면 강제적으로 집행한다고 강조했다.[23] 경상남북도는 군인, 경찰, 공무원, 교원, 언론계 종사자 등의 '기타'로 분리된 피난민들을 수용하는 곳으로 대구와 부산에서는 이런 분류가 분명하게 실현됐다.

3) 피난민, 의학적 검사와 대상자들

피난민 통제와 구호는 UNCACK의 책임이었다. 그리고 이들의 보건과 위생도 감독했다. 피난민의 보건위생 매뉴얼은 아래와 같다.

① 가능한 한 난민의 의료, 간호 그리고 치과치료는 이들 집단 안에서 수행한다. 그러한 전문가를 활용할 수 없으면 의료, 간호, 치과치료는 군정의 감독 아래 민간인 원주민이 수행한다.
② 간호원, 의원, 병원은 피난민 집단에 세운다.
③ 점령지에 도착한 피난민은 전염병과 다른 질병을 막기 위한 검사를 한다. 그들은 적어도 2주 동안 방역을 위해 특별 공공 수용소에서 수용한다. 전염병이 없다면 피난민은 적당한 수용소나 다른 유형의 천막에 맡긴다.
④ 도착과 출발 전에 언제든 필요하다면 모든 피난민은 소독한다. DDT를 뿌린다.
⑤ 피난민은 두창과 다른 접종을 받는다.
⑥ 피난민 수용소는 안전한 물을 공급받고, 요리, 목욕탕 그리고 세탁실. 화장실, 하수 그리고 쓰레기의 제거. 쉼터는 위생적 방법으로 유지한다.
⑦ 피난민은 영양과 만족스러운 식사를 제공받고 특히 어머니와 아동을 보호한다.
⑧ 모든 피난민은 적어도 한 달에 한 번 의료 검사를 받는다.[24]

피난민은 한 달에 한 번 의료 검사를 받아야 한다고 규정되어 있다. 그러나 이 규정이 모든 수용소에 반드시 적용되지는 않았다. 피난민 수용소가 위의 매뉴얼처럼 위생적이고 안전한 공간은 아니었다. 그러나 처음 수용소에 들어온 피난민들은 검사를 받았다.

1951.3.26: 군산에 있는 7개 피난민 수용소를 방문했다. 8515명이 수용되어 있다. 결핵을 일으키는 인플루엔자와 폐렴이 있지만 다른 질병은 없다. 위생 상태는 나쁘다.[25]

1951.4.30: 1950년 12월 전남 화순군 이서면의 26개 마을이 파괴되었다. 이는 경찰이 반게릴라 작전으로 이행했다. 이 지역의 주민들은 1만 8000명 정도로, 볏단으로 만든 임시 거주지에서 생활한다. 환경이 너무나 열악하다. 식수는 연못을 이용하고 화장실도 없다. 많은 수가 이미 이질에 걸려 있다. 현재 사망률은 하루에 5명 정도이다. 약 100명으로 추정된다.[26]

1951.6.23: LST로 6월 16일에 군산에 도착한 4410명 가운데 3000명은 임시로 군산 K8 길가의 폭격을 맞아 폐허가 된 창고에 거주한다. 가장 큰 문제는 물 공급이다. 그리고 화장실이 없다. 전주에 도착한 피난민도 한국군의 명령으로 사용하지 않는 모직 공장에 수용되었다. 물과 화장시설이 부족하다.[27]

1951.8.11: 정봉 피난민 수용소에서 의료 구호를 요구했다. 8월 7일에 317명을 검사했는데 비타민 결핍이 가장 많았다.[28]

1951.9.23: 경기도 오천면과 대광면 수용소는 아직까지 문제가 많다. 피난민들은 드물게 가루우유로 하루에 한 끼를 해결한다. 두 수용소에 약 2만 9000명이 있다. 장티푸스 21, 발진티푸스 1, 두창 5, 이질 27, 결핵 56, 다른 질병(대개 영양실조) 597명으로 총계 653명이 병원에 있다.[29]

아래 내용은 전라북도와 전라남도 팀이 피난민 수용소를 방문하고 수용소의 상태를 보고한 것이다. 수용소 방문은 의료 보고와 함께 이루어졌다. 1951년 7월에 조사된 화순군과 장성군 그리고 8월 담양군 피난민 수용소의 의료 보고서이다.

화순군 수용소: 발진티푸스 12, 장티푸스 7, 회귀열 13, 이질 320, 급성위염 37, 가슴앓이 18, 위하수체 13, 위팽창 11, 위궤양 11, 위염 25, 결핵성 복막염 16, 장산통 33, 회충 70, 촌충 25, 십이지장충 30, 말라리아 30, 폐결핵 197, 급성기관지염 40, 폐렴 18, 인플루엔자 20, 감기 27, 늑막염 19, 심장병 20, 지라결핵 4, 각기병 97, 만성결막염 98, 트라코마 17, 급성편도염 13, 코와 귓병 18, 입병 23, 인후염 17, 혀의 병 20, 임질 2, 매독 3, 피부병 27, 총상 25, 헤르니아 9, 급성유방염 13, 화상 13, 종기 13, 종창 12, 단독(丹毒) 9, 관절결핵 5, 신장염 9, 한센병 6, 만성 맹장염 3, 비장종양 39, 치핵 8, 항문역류 18.[30]

장성군 수용소: 장티푸스 9, 발진티푸스 7, 회귀열 11, 이질 491, 급성위염 59, 급성기관지염 80, 만성 맹장염 12, 월경불순 9, 가슴앓이 27, 결핵성 복막염 24, 폐렴 19, 감기 31, 늑막염 32, 백일해 37, 직장탈 21, 위하수체 23, 위팽창 22, 위궤양 19, 장산통 52, 회충 207, 십이지장충 90, 촌충 60, 말라리아 70, 폐결핵 231, 인플루엔자 23, 만성 기관지염 37, 경변성 간염 13, 폐기종 3, 급성 심내막염 39, 카타르성 황달 28, 폐부종 1, 심장병 39, 지라결핵 8, 각기병 239, 만성결막염 93, 백내장 38, 트라코마(눈병) 30, 급성편도염 26, 부비동 19, 만성 화농성 중이염 36, 코와 귓병 21, 고막 파열 21, 입병 25, 혀의 병 19, 목병 13, 임질 4, 매독 4, 피부병 49, 소화불량 30, 총상 116, 탈장 16, 급성 유선염 25, 화상 18, 종기 15, 관절결핵 17, 종창 13, 신장염 12, 한센병 9, 비장종양 39, 급성 고환염 8, 대퇴부 탈구 2, 간질 1, 편두통 18, 좌골신경통 26, 신경쇠약 115, 막양월결곤란 6, 급성 자궁염 3[31]

담양군 수용소: 발진티푸스 3, 장티푸스 5, 회귀열 6 폐결핵 142, 급성기관지염 18, 폐렴 6, 인플루엔자 9, 감기 14, 늑막염 31, 만성 기관지염 29, 경변성 간염 7, 폐기종 2, 급성 심내막염 15, 카타르성 황달 27, 심장병 33, 부종 3, 이질 324, 급성위염 57, 가슴앓이 25, 위하수체 23, 위팽창 39, 위궤양 42, 복막강 결핵 32, 장산통 19, 회충 42, 십이지장충 92, 촌충 37, 말라리아 45, 지라의 혹 9, 각기병 127, 만성결막염 224, 백내장 37 트라코마(눈병) 21, 급성편도염 13, 부비동(위턱골 기종) 9, 만성 화농성 중이염 45, 고막 파열 27, 눈, 귀의 병 29, 입의 병 33, 혀의 병 26, 인후통 21, 임질 7, 매독 5, 옴 132, 피부병 151, 소화불량 26, 백일해 43, 탈장 12, 총상 37, 만성 유선염(유방염) 18, 화상 21, 종기 24, 종창 28, 난소결핵 4, 결핵성 고관절염 2, 신장염 5, 한센병 7, 직장탈장 26, 비장 종양 24, 급성 맹장염 1, 만성 맹장염 9, 급성 고환염 14, 대퇴부 탈구 2, 간질 1, 편두통 26, 좌골신경통 12, 막양월결곤란 9, 월경불순 5, 급성 자궁염 12, 급성 화농성 근육염 17, 피하농양 38, 정강이뼈 골절 1, 아래팔뼈 골절 1, 외상후 스트레스 장애 12, 곤충에 물림 19, 피부 결핵 11, 빗장뼈 골절 1, 레이노증후군(추위로 인함) 3, 자발성 탈저 2 공장궤양 6, 간 농양 2, 매독성 골막염 5, 상피병 3, 종아리궤양 11, 농흉 1, 결핵성 척추염 3, 소아마비 5, 위암 4, 혹 7, 간암 1, 밴티증후군(비장의 이상에 따른 질병) 2, 성병의 일종으로 kierte 4, 천식성 기관지염 40[32]

화순군 수용소는 이질 320명, 폐결핵 197명, 만성결막염 98명, 각기병 87명, 회충 70명 순으로, 장성군 수용소는 이질 491명, 각기병 239명, 폐결핵 231명, 회충 207명, 총상 116명, 만성결막염 93명 순으로, 담양군 수용소는 이질 324명, 만성결막염 224명, 각기병 127명, 폐결핵 142명, 옴 132명, 피부병 151명 순으로 높게 나타났다. 세 곳 수용소 모두 이질이 가장 많다. 폐결핵, 각기병, 만성결막염이 그 뒤를 잇는다. 회충과 위생적이지 않은 환경에서 오는 옴이나 피부병도 중요 질병 중 하나였다. 장성군 수용소에는 총상 환자가 많았다. 그 뒤에 이어진 피난민 수용소의 의료 보고서에도 크게 다르지 않다.

아무튼 피난민 수용소에는 장티푸스, 발진티푸스, 두창이 아닌 이질이 가장 많이 퍼져 있었다. 지역 팀 의료장교가 설파제를 요구한 것은 이런 이유에서였다. 이질은 오염된 물에서 발생한다. 우물이 없는 수용소는 연못이나 고인 물을 사용했다. 1951년 6월 4일 화순군 북면에서 현지 조사한 공중보건 장교 스미스(Smith)는 "넓게 퍼진 질병은 이질이다. 주로 어린아이들과 노인이 감염되었다. 대다수의 아이들은 창백하고 쇠약하다. 창백하고 아픈 유아의 대다수는 모유를 충분히 먹지 못하는 것이 분명하다."고 진단했다. 그리고 그는 "방문은 상당히 흥미로웠다. 게릴라와 (연락한다는) 의심을 받으며 살아가는 공동체의 상태를 확인할 수 있었다. 그들은 월산 피난민 수용소에 있는 것보다 집으로 돌아가고 싶어 한다."고 끝맺었다.[33]

1951년 6월 23일 전라남도 주간 보고서에 따르면 이들 피난민 수용소의 상황을 짐작할 수 있다.[34] "최근 피난민의 집중으로 가장 중요한 두 가지 질병이 조사되었는데 젊은이에게 폐결핵과 이질이 가장 많다. 이들 집단에서 펠라그라와 각기병도 뚜렷하다."

이질 다음으로 피난민 수용소에 많은 전염병은 결핵이었다. 제3종 전염병인 결핵은 국민 건강과 관련된 가장 중요한 전염병이었다. 결핵은 전쟁 전부터 보건의료를 위협했다. 1948년 결핵으로 인한 사망자 수는 공식적으로 8869명이었다. 그러나 실제는 연간 6만 명을 초과해 10만 명당 300명 이상이 결핵으로 인해 사망한 것으로 추정되었고 전쟁 전에는 총

인구의 3.5%(70만 명)가 결핵환자였고 이 가운데 전염이 가능한 활동성 결핵환자는 42만 명으로 추산되었다.[35] 전쟁으로 수용소 생활을 하거나 소개로 집단생활을 하면서 결핵은 급속도로 증가했다. 전쟁 때 결핵환자는 130만 명으로 증가했는데 병원에 수용된 환자는 겨우 1200여 명에 불과했다.[36] 부산에 있는 적기(赤崎) 수용소에 수용 중인 피난민의 약 50%가 폐결핵 환자이라는 것이 판명되었다고 한다.[37]

1951년 4월, UNCACK에 제출한 보고서에서 보건부 장관 오한영도 "결핵은 젊은이를 주로 공격하는 만성병이다. 최근 비정기적 조사에 따르면 치료가 필요한 사람이 90만 명으로 추정"했다.[38] 국립중앙보건소 소장은 1950년대에 "한국 국민이 결핵균으로 사망하는 자가 매년 평균 5만 5000명으로 매일 150명이 (…) 평균 매시간 6명이 10분에 1명(이) 사망한다"고 밝혔다.[39] 급성전염병 못지않게 결핵은 오랫동안 한국 사회에서 심각한 전염병이었으며 특히 젊은이들의 목숨을 위태롭게 했다.

이처럼 급성전염병만큼이나 국민의 생명을 위협했던 것은 결핵이었지만 이에 대한 치료 약은 항상 부족했다.

❸

전인구의 백신 접종

"힐 대령: 접종과 살포에 대한 요구는 남한의 2000만 인구를 위한 것인가, 당신의 의향은?
샘스 준장: 그렇다. 프로그램은 지리적 기초로 이루어져야 한다. 모든 사람들을 포함해야 한다. 전염병에는 모든 사람에게 3개월마다 보조제를 투여해야 한다. 지금 우리는 전염병과 마주하고 있다. 지난 여름에 주사를 맞았던 모든 사람들에게 다시 접종이 진행되어야 한다. 선택적 근거가 없다. 오히려 지역 의사들을 혼란스럽게 할 뿐이다. 노인이나 아기, 난민이나 주민, 마을과 도시 지역에서 시행해야 한다. 우리는 전국에 있는 모든 사람들에게 발진티푸스를 1회 주사하면 다시 시작할 수 있다." _ 1951년 2월 회의에서 미8군 군의(軍醫) 힐과 샘스 준장의 대화

1) 1951, 1952년 접종 현황

1950년 12월 현재 예방접종과 DDT 살포는 일부 지역에서 소규모로 진행됐다. 그리고 경기도, 전라남도, 강원도, 제주도의 기록은 아예 없다.

<표 20> 1950년 12월 현재 예방접종 현황[40]

구분	두창	장티푸스	발진티푸스	콜레라
서울	1,197,766	1,082,629	507,381	968,307
충북	214,670	418,910	343,200	
충남	440,000	528,130		
전북	110,000	57,000	12,000	
경북	939,200	450,000	109,000	206,000
경남	1,468,247	1,395,171	429,590	612,670
총계	**4,369,883**	**3,931,840**	**1,401,171**	**1,786,977**

〈표 20〉은 1950년 12월 현재 예방접종 현황이다.

1950년 12월 현재 두창은 430만 명, 장티푸스는 390만 명, 발진티푸스는 140만 명이 접종을 받았다. 총인구의 10-15% 정도가 접종을 받은 것이다. 1951년에 이 수치는 완전히 달라진다.

유엔군사령부 공중보건 복지부의 초기 대응은 유엔군이 있는 대구와 부산를 거점으로 해 인근 지역에 거대한 전염병 방지 방어막의 설치였다. 방어막은 "접종"과 "DDT 살포"이다. 이 방어막은 "프로그램의 성공은 4대 질병(전염병)이 발생하지 않았다는 사실로 증명된다. 두창, 장티푸스, 발진티푸스의 발생은 접종 프로그램 단계에서 거의 떨어졌다."라고 평가해 성공한 듯했다.[41] 민간인 접종 프로그램은 부산 인근의 모든 사람들에게 접종과 DDT를 살포해 유엔이 통제하는 지역을 보호할 때까지 집중적으로 진행되었다. 또한 피난민이 온 주요 길을 따라 검역소를 설치해 접종과 DDT를 살포했다. 1950년 이들 지역에서 장티푸스, 발진티푸스, 두창의 발생은 점차 사라졌다. 그러나 2월이 되자 곳곳에서 급성전염병이 발생했다는 소식이 들려왔다.

이 기간 동안 모든 지방 정보 매체를 활용해서 두창, 발진티푸스 그리고 장티푸스의 예방과 DDT 살포를 알렸다. 대구시 라디오 방송, 미 공보원 거리방송, 지방 신문에 총 49개 기사가 실렸고, 예방접종과 DDT의 살포가 질병을 예방한다는 내용의 16만 5000장 삐라가 뿌려졌다.[42]

그런데도 장티푸스, 발진티푸스, 두창 환자는 증가했다. 한 주 동안 발생한 환자가 1년에 발생했던 환자보다 더 많다는 보고가 지속적으로 들어왔다. 국민방위군 교육대에서의 발진티푸스 발병은 유엔군사령부를 충격에 빠뜨렸다. 그들은 한국군의 충원 대상이었다.

이미 미군은 일본을 떠나 한국으로 출발하기 전에 전염병 접종을 받았다. 그러나 모든 한국군이 접종을 받은 것은 아니다. 그래서 군인들이 가장 먼저 접종을 받고 미군에 고용된 한국인은 고용되기 전에 접종을 완료했다. 그리고 피난민도 접종을 받아야 수용소로 이동할 수 있었다.

〈표 21〉은 1951년 4월과 8월 현재 두창, 장티푸스, 발진티푸스, 콜레라의 접종 수와 인구에 따른 접종 비율이다. 1951년 4월 현재 두창은 400만 명, 장티푸스는 500만 명, 발진티푸스는 460만 명이 접종을 받았다. 총인구의 17-19%에 해당한다. 강원과 서울은 보고를 받지 못했다. 거제와 제주를 제외하면 두창, 장티푸스, 발진티푸스는 경북이 36%, 31%, 50%를 차지하고, 경남이 24%, 31%, 30%로 경상남북도에 집중되어 있다.

1951년 8월 31일 현재 두창은 1400만 명, 장티푸스 1800만 명, 발진티푸스 1400만 명으로 총인구의 70%, 87%, 67% 접종률을 나타냈다. 두창 접종이 70%가 넘는 지역은 충북, 충남, 전북, 전남, 경북, 경남이다. 장티푸스는 경기와 전북이 100%, 경북과 경남이 89%, 충남북, 제주가 70%를 넘어섰다. 발진티푸스는 경북이 87%로 가장 많고 대개 50-60%에 머물러 있다. 콜레라는 주로 항구도시에서 실시되어 평균 79%의 비율을 나타냈다.

<표 21> 1951년도 전염병 접종 인원(단위: 명, %)[43]

1951년 4월 18일						
지역	두창		장티푸스		발진티푸스	
	접종 수	비율 %	접종 수	비율 %	접종 수	비율 %
서울	보고 없음		38,087	13	38,087	13
경기	121,059	7	160,522	8	124,840	8
충북	81,000	7	148,000	12	157,300	13
충남	523,020	18	292,754	10	102,100	4
전북	366,450	16	261,690	11	315,835	14
전남	200,000	7	347,250	11	229,000	8
경북	1,636,963	36	1,113,267	31	2,267,737	50
경남	811,393	24	2,334,187	31	1,055,532	30
강원	보고 없음		보고 없음		보고 없음	
제주	77,914	32	93,027	27	107,431	27
거제	253,347	100	218,943	100	274,921	100
총계	**4,071,146**	**18**	**5,007,727**	**17**	**4,672,783**	**19**

1951년 8월 31일						
지역	두창		장티푸스		발진티푸스	
	접종 수	비율 %	접종 수	비율 %	접종 수	비율 %
서울						
경기	1,025,548	51	2,110,990	100	1,725,141	86
충북	932,100	70	981,000	74	897,580	68
충남	2,106,528	76	1,945,054	70	1,433,700	52
전북	1,881,493	81	3,174,660	100	1,421,742	66
전남	2,318,900	75	2,170,550	70	1,634,660	53
경북	2,980,092	74	3,585,138	89	3,510,550	87
경남	2,691,611	73	2,990,633	89	2,526,803	68
강원	217,741	16	497,049	37	503,563	38
제주	258,188	70	281,484	77	271,698	74
거제	284,735	100	267,335	100	320,889	100
총계	**14,696,936**	**70**	**18,003,893**	**87**	**14,246,326**	**67**

1951년 8월 24일 종합 반월간 활동 보고서에 그때 상황이 기술되어 있다.

> 예방접종이 완료되었다고 보고받았다. 두창, 장티푸스, 발진티푸스와 관련해 남한 인구의 70% 이상을 접종했다는 뛰어난 결과이다. 두창, 디프테리

사진 4-6 / 4-7 / 4-8 **예방접종**

아, 발진티푸스와 관련된 새로운 접종이 10월에 다시 시작된다. 장티푸스와 콜레라는 봄에 이행한다.[44]

UNCACK의 장티푸스, 두창, 발진티푸스, 콜레라 접종은 1951년 4월부터 급속도로 진행되었다. 1952년, 1953년 그리고 전후에도 이어졌다.

UNCACK은 1952년 4월 30일 반월간 종합 보고서에서 이 성과를 아래와 같이 평가했다.

남한의 종합적 보건 상태는 상당히 좋아졌다. 전염병은 점점 감소하고 있다. 1951년 1월-4월과 1952년 1-4월의 발생 건수를 비교해라. 두창과 발진티푸스 프로그램은 몇몇 지역을 제외하고 완료되었다. 이는 접종과 위생 프로그램이 효과적임을 알려준다.

종류	1951 1. 1-4. 31	1952. 1. 1-4. 15
두창	26,000	576
장티푸스	48,000	1,847
발진티푸스	23,500	543

접종받은 총수는 접종을 한 사람들의 총수가 아닌 2차 프로그램의 중복이긴 하지만 1950년 이래 1953년 12월까지 두창은 3526만 1427건이, 발진티푸스는 2834만 9023건이, 장티푸스는 2748만 566건의 접종이 이루어졌다.

접종 강박증은 이렇게 드러나기도 했다. "10군단 지역에서 KSC(노무단) 노동자들 중에서 발진티푸스가 발생했다. 발진티푸스 백신과 DDT를 곧장 10군단과 민간원조 팀에게 보냈다. 조사 결과 오직 2건이었다. 그

<표 22> 전쟁 전후 백신 생산량과 공급량[45]

백신 유형	단위	1946년	1947년	1948년	1952년
콜레라	cc	32,567,650	21,987,700	1,675,350	10,126,000
장티푸스	cc	6,660,600	9,017,400	6,675,350	37,057,000
두창	dose	128,628,300	5,922,000	9,203,980	36,705,000
발진티푸스	cc	9,305	133,440	137,970	29,160,000

러나 3300명의 노동자는 발진티푸스 백신의 접종과 DDT 살포를 받았다."[46]

이러한 예방접종을 달성하기 위해 어느 정도 백신을 생산하고 준비해 두었는지 〈표 22〉가 알려준다. 1946년부터 1948년 백신 생산량은 국립백신실험실, 국립화학연구실(서울) 그리고 부산과 안양에 있는 가축연구실에서 생산한 것이다. 1952년 백신 공급량은 유엔군사령부에서의 백신 사용량이다.

모든 백신은 일본 혹은 미국에서 이송되었다. 장티푸스는 1948년 전전의 5.5배, 두창은 4배, 발진티푸스는 무려 21.3배가 공급되었다. 1946년 두창 접종 백신은 동아시아 최대 생산지였던 부산 가축연구실에서 생산된 것이다. 그러나 해방 뒤 부산 가축연구소가 폐쇄되면서 연구원 20명이 해고되었고 생산된 두창 백신도 모두 폐기되었다. 이 때문에 1948년 백신이 없어 두창이 급속도로 퍼지기도 했다. 여하튼 생산량이 모두 사용량은 아니므로 1952년 백신 사용량이 어느 정도였는지 짐작 가능하다.

2) 방역증은 생명증

〈표 20〉에 따르면 1950년 12월 현재 발진티푸스 예방접종을 받은 사람들은 140만 명이다. 그런데 8개월 뒤 발진티푸스 백신을 맞은 사람들은 1400만 명이었다. 이는 발진티푸스만이 아니다. 장티푸스와 두창도 마찬가지다. 어떻게 이러한 접종이 가능했는가.

대구와 부산에서 1951년 2월에 실시된 예방접종의 상황을 알린 기사이다.

> 대구 시내에서 1월 1일 이래 발병환자는 날이 갈수록 확대되어 작 3일 현재로 시내 발병자 누계는 25명에 달하였다고 한다. 그런데 이렇게 만연 일로를 걷고 있던 두창을 방지하기 위하여 이번 대구시 보건당국에서는 시내 거리마다 동별로 의사를 출동시켜 전 시민에게 한 사람도 빠짐없이 예방주사를 맞도록 하기 위하여 금일부터 48일간에 걸쳐서 동 단위로 무료 주사를 실시하기로 되었는데 이에서 빠지는 반민(班民)에게는 배급을 일시 보류할 것이라고 한다.[47]

> 부산시에서는 오는 3월 1일부터는 거리마다에서 예방주사 실시증 유무를 조사하여 그 증명을 가지지 않은 시민은 통행을 금지시키는 한편 각 극장에 출입하는 시민에게도 무조건 예방주사를 실시할 것이라는바 당국의 이러한 비상조치가 있기 전에 여러 시민들은 몸소 예방주사를 맞아 전염병의 만연을 시민들끼리 막아야 될 것이 크게 요청되고 있다.[48]

> 1951.3.24 경기도: DDT는 영등포에서부터 시의 중심가로 배포했다. 그러나

트럭의 부족으로 살포하지 못했고 살포 계획이 늦춰졌다. 3월 24일 살포가 시작됐다. 살포는 쌀 배급과 동시에 이루어졌고 사람들에게 그들이 이동할 때 혹은 시장에 갈 때 사용해야 하는 검역증을 나누어 주었다. 영등포를 포함해 쌀 배급소인 9곳에 검역소를 두었고 역에 검역소를 세웠다. 살포 팀은 6명의 남성으로 구성됐고 1명은 사회국의 대표, 5명은 민간인으로 각 지역의 복지 조직에서 선발했다. 1명은 DDT와 살포를 담당하고 3명은 시장과 연결된 이동 팀에 배당됐다. 앞으로의 계획은 피난민이 들어오는 북쪽과 동쪽의 주요 도로에서 살포할 것이다.[49]

도시에서는 쌀이나 우유 배급소, 영화관 앞에서 접종과 DDT 살포가 이루어졌다. 그리고 역이나 도시로 들어오는 교통의 요지에 검역소가 설치되었다. 방역증을 나누어주어 이동할 때 반드시 방역증을 들고 다니도록 했다. 경남 지구 계엄 민사부장 김종원은 2월 14일 전염병의 방지에 일반의 협조를 바란다며 경고문을 발표했다.

一. 전 시민은 2월 말일까지 전염병(천연두, 장질부사, 발진지푸스) 예방주사를 맞아야 함.

二. 3월 1일부터 전염병 면역증명서(傳染病免疫證明書)를 소지하지 않은 자는 일체 외출을 엄금함.[50]

1951년 2월에는 예방주사증이나 방역증, 예방조사 실시증 따위로 불리는 증명서를 갖고 예방접종 여부를 가렸다. 〈사진 4-9〉에서 보여지는 예방주사증의 내용은 간단하게 발진티푸스, 장티푸스와 파라티푸스, 두 창의 접종 여부를 묻는 '증'이었다.

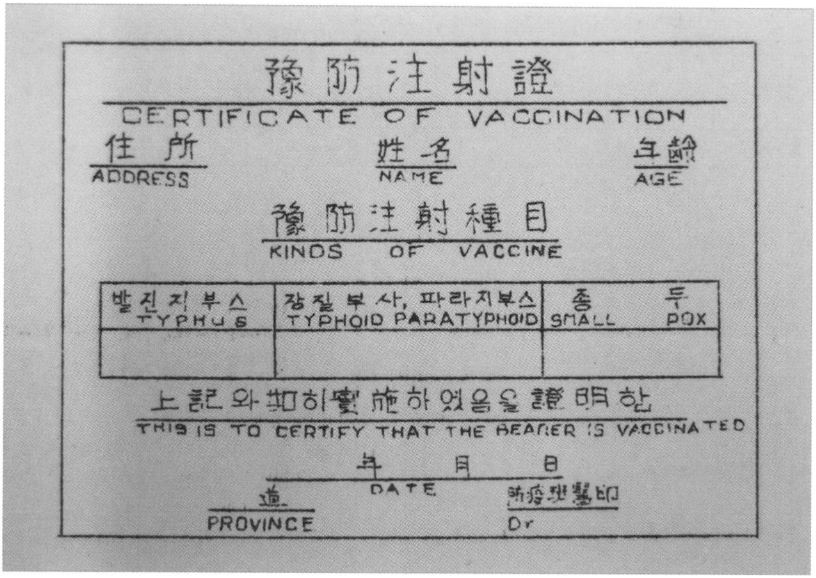

豫防注射證

CERTIFICATE OF VACCINATION

住所 ADDRESS　姓名 NAME　年齡 AGE

豫防注射種目

KINDS OF VACCINE

발진지부스 TYPHUS	장질부사, 파라지부스 TYPHOID PARATYPHOID	종두 SMALL POX

上記와如히實施하엿음을證明함

THIS IS TO CERTIFY THAT THE BEARER IS VACCINATED

年 月 日

DATE

道

PROVINCE

防疫班醫印

Dr

사진 4-9 **예방주사증**

사실 전염병은 근대 이전에도 국가의 중요한 관리 대상이었지만 근대 국가에서는 더욱 철저하게 관리되기 시작했다. 국가의 개입은 그전보다 더 일상화되었고 더욱 폭력적인 특성을 띠었다.[51] 접종의 확인은 방역증 발급과 검사로 이어졌고 통행금지 또는 외출금지 따위로 진행되었다. 가장 폭력적인 것은 바로 식량을 배급하지 않는 행위였다. 방역증이 없으면 배급을 받지 못했다. 방역증은 시민들을 통제한 도구였다.

> 부산시에서는 전염병의 만연을 방지하기 위하여 3월 1일부터는 방역증을 가지지 않은 시민에게는 식량 배급을 비롯한 일체의 배급을 중지할 것이라고 하며 아직까지도 예방주사를 맞지 않은 시민들에게 경고하고 있다.[52]

<그림 5> 구호물자 및 방역 증명서 [53]

월/일	종두	호열자	발진 티푸스	장질 부사	물자				책임자
					식량	부식물	의료	기타	

1. 이중 수배자는 본증을 회수함
2. 군 경관의 지시에 불응하는 자는 배급을 정지함.

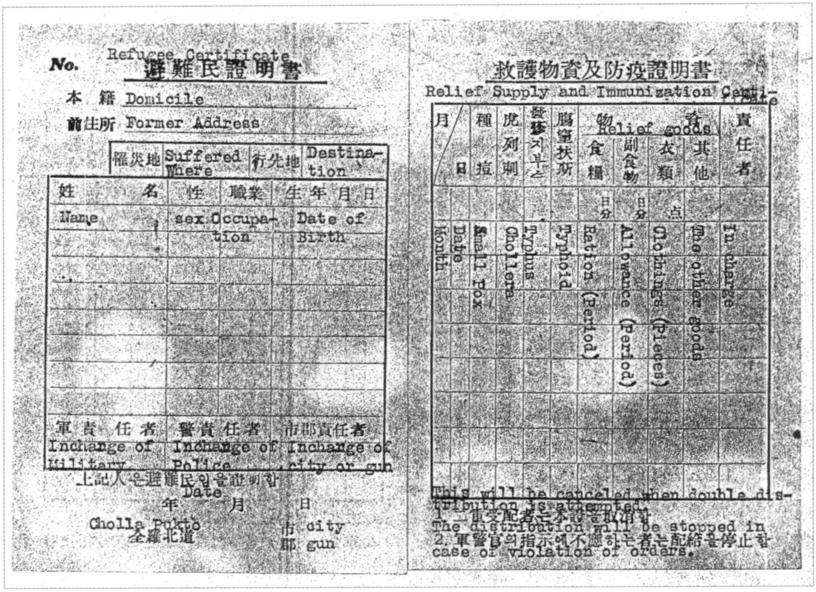

No. Refugee Certificate
避難民證明書

本籍 Domicile
前住所 Former Address

罹災地	Suffered Where	行先地	Destination

姓名 Name	性 sex	職業 Occupation	生年月日 Date of Birth

軍責任者 Inchange of Military	警責任者 Inchange of Police	市郡責任者 Inchange of city or gun

上記人은避難民임을證明함
Date 年 月 日
Cholla Pukto 全羅北道 市 city 郡 gun

救護物資及防疫證明書
Relief Supply and Immunization Certificate

月 日 Date Month	種痘 Small Pox	虎列剌 Cholera	發疹지부스 Typhus	腸窒扶斯 Typhoid	食糧 Ration (Period) 日分	副食物 Allowance (Period) 日分	衣類 Clothings (Pieces) 点	其他 The other goods	責任者 In charge

(物資 Relief goods)

This will be canceled when double distribution is attempted.
1. 重复配者는本證을取消함
The distribution will be stopped in case of violation of orders.
2. 軍警官의指示에不應하는者는配給을停止함

사진 4-10 **피난민 증명서**

1951년 2월에 교부된 예방주사증은 1951년 10월에 〈그림 5〉와 같은 방역 증명서로 바뀐다. 방역증과 식량, 부식물, 의료, 기타 여러 물자 배급증을 함께 기록했다. 식량 배급을 받으려면 반드시 예방주사를 맞아야 했다. 이렇게 강압적 방식으로 진행된 까닭은 그만큼 사람들이 예방주사 맞기를 꺼렸기 때문이리라. 사실 영화를 보러 갔는데, 길을 걷고 있는데, 식량 배급을 받으러 갔는데 갑자기 주사를 맞고 싶은 사람은 별로 없을 것이다. 피난과 이동으로, 전쟁의 공포와 두려움으로 사람들은 대개 영양실조에 걸려 있었고 마음도, 몸도 모두 지쳐 있던 때이다. 개인의 건강 상태에 따라 주사가 어떻게 작용할지도 모른다. 몸이 어떻게 받아들일지 모른다. 그런 상황들이 사람들로 하여금 예방주사를 꺼리게 했으리라.

계엄 민사부장은 "당 민사부는 물론 각 방역 당국에서 예방에 대하여 강력하게 주의를 환기한 바 있으나 피난민을 중심으로 한 일부 비협력자층에 있어서는 의연 이를 기피하고 있음은 실로 매국노인 공산당 이상 악독한 자라 단정 않을 수 없다."라며 접종을 하지 않는 행위는 공산당보다 악독한 매국적 행위라고 단정했다.[54] 접종하지 않는 자는 이제 공산당 또는 매국노로 취급당했다.

도시를 DDT로 목욕시킨다는 정책이나 1-2명의 환자가 발생하면 모든 시민에게 전염병 예방주사를 실시하는 정책 그리고 이를 따르지 않는 시민에게 배급을 주지 않겠다고 위협하는 정책의 목적은 분명했다. 방역을 기피한 자는 '공산당'보다 악독한 자라는 계엄사령관의 위협은 방역이 국민의 건강을 보호하는 데에 있다기보다는 군사적 목적이 앞서 있음을 짐작하게 한다. 이러한 규정은 UNCACK의 성격에도 잘 드러나 있다. UNCACK의 "사명은 첫째로 군사 목적 완수에 편리를 도모함에 필요한 건설 혹은 재건설을 위한" 필수품과 시설품을 공급하고 "둘째로 시시각각으로 변화되어 가는 (전장) 실정을 국련위원단 총사령관에게 보고"하고 "셋째 필수품 배급의 감독을 지휘"한다는 것이다.[55] 위생의 관리는 "일반 민중"의 건강을 보호하기보다 "군사 목적 완수"에 있었다.

5장

전 한반도의 DDT화

"유기합성 살충제는 생물계와 무생물계를 가리지 않고 어디에나 스며들고 있다. 12년 전 살포된 화학물질이 지금까지 토양 속에 남아 있거나 물고기, 새, 파충류, 가축, 야생동물들의 몸속에 들어가 축적된 일도 있다. 화학물질은 멀리 떨어진 산속 호수에 사는 물고기, 땅속의 지렁이, 새가 낳은 알과 인간에게서 발견된다. 또 연령에 상관없이 대다수 사람들의 몸속에서도 화학물질을 찾아볼 수 있는데, 모유에서는 물론 태아의 조직에서도 발견될 정도다." _『침묵의 봄』, 39-40쪽

❶

UNCACK '공보 3'

발진티푸스는 리케차균 때문에 발생하는 질병인데 벼룩과 '이'와 진드기가 리케차를 옮긴다. 따라서 집단생활을 하는 곳에서 발진티푸스는 그 힘을 발휘한다. 제1차 세계대전이 터질 당시 발진티푸스는 동부 전선에서 발발했다. 어떤 곳에서는 감염자의 70%가 죽었다.[1]

제2차 세계대전이 발발한 무렵에 비누와 살충제로 발진티푸스를 막을 수 있음이 알려졌다. 그리고 이 병을 예방하는 백신과 치료용 항생제가 등장했다. 1943년 나폴리에서의 유행은 점령군이 '이'를 없애기 위해 DDT를 사용하자 멈추었다.[2] DDT는 디클로로 디페닐 트리클로레탄(Dichloro-Diphenyl-trichlorthane)의 줄임말이다. 이 화학 화합물은 안정적이고 거의 무색이며 냄새가 없는 결정체 고형분이다. 물에 녹지 않지만 등유와 여러 가지 다른 기름들을 포함한 유기 용매에 녹는다. 이것은 곤충을 죽이는 가장 강력한 독 중 하나로, 곤충의 신경계에 영향을 미친다. 처음엔 경련을 일으키며, 그 뒤에 마비가 오고 나중에는 죽음에 이르게 된다.

유엔군사령부는 1951년 2월 초 「한국에서의 발진티푸스 통제」 회의를 열고 2월 말에 발진티푸스 통제 방안을 마련했다. 이 건의안은 3월 말

UNCACK '공보 3'으로 정리되어 매뉴얼로 만들어졌다. UNCACK은 이 매뉴얼에 따라 운영했다. 3월부터 '공보 3'을 내려 발진티푸스 통제를 각 지방 팀에 지시했다.

1. 관련 도시의 지도를 준비하라. 가능한 한 지역의 가장 큰 지도를 구하라.
2. 주요 거리와 운하의 경계에 따라 지역을 나누어라.
3. 1951년 1월 1일 이래 발진티푸스가 발생했거나 의심되는 지역부터 출발해라.
4. 할당된 팀은 각 지역에서 다음을 수행하라.
   1) 발병 원인 찾기 - 친척, 이웃, 방문자 등 모든 인접 지역에서 발병 원인을 찾아라.
   2) 접종과 살포 - 발생자와 접촉한 모든 가족을 접종한다.
      ① 발생 또는 의심 지역의 반경 150-200 미터에 '이'를 제거하고 사람들에게 접종한다. 방역원은 집안에서도 작업한다. 가족, 친척, 친구들을 포함해 집 안에 있는 모든 사람들에게도 시행한다. 사람이 없다면 저녁에라도 방역원을 보낸다.
      ② 모든 인접 지역에 살포하고 예방접종을 실시한다.
      ③ 개인의 의복뿐만 아니라 여분의 옷과 이불과 담요까지도 살포한다.
      ④ 7-10일 뒤 다시 살포하고 예방접종을 반복한다. 필요하다면 3번에 걸쳐 시행한다.
      ⑤ 항구를 포함해 도시의 전략적 지역에는 살포와 접종 검역소를 3곳 이상 설치하라. 동장은 동에 사는 모든 사람들을 관찰할 책임이 있다. 각 동의 정거장에 예방접종과 살포 계획표를 준비한다.

⑥ 모든 사람에게 접종 카드(방역증)를 발급한다.

⑦ 두창과 장티푸스 접종은 가능한 한 동시에 행한다. 이들 백신을 동시에 행할 수 없더라도 발진티푸스 접종은 곧바로 수행한다.

⑧ 모든 발병과 의심되는 경우는 병원에 격리시킨다.

⑨ 보고 체계는 '의심' 문서와 '확정' 문서를 포함해 작성한다.

⑩ 특히 5000명 혹은 그 이상의 도시에서 '이'를 제거하는 데 우선적으로 적용하라. 현재 공중보건 복지부장의 책임자인 샘스 장군 지휘 아래 모든 사람들이 진행한다.

⑪ 수용소의 모든 사람들을 살포하고 접종한다. 발생 혹은 의심되는 사람은 격리한다. 수용소는 검역한다. 검역은 마지막 발생의 12-14일 동안 유지시킨다.

⑫ 기타

DDT 가루나 액체는 개인 혹은 가족들에게 분배하지 마라. - 활용하기에 힘들다.

살포기 총은 청소한다.

DDT 가루 30-50 그램은 개인의 머리나 의복에 뿌린다.

살포할 때 훈련과 이미 재훈련 받은 이들을 고용한다.

살포와 예방접종 중심지는 발병 혹은 의심되는 질병의 징후를 곧바로 끝낸다.[3]

2

1951년, DDT 살포 상황

1950년 12월 현재 DDT 살포를 받은 인원은 500만 명, 건물은 20만 채, 우물은 3만 2000개 정도였다. 〈표 23〉에서 나타난 바와 같이 서울, 경기, 전남의 통계는 없다. 이 수는 1951년 2배 이상 늘어난다.

1951년에는 접종과 함께 DDT가 살포되었다. DDT는 사람과 건물, 배수관 등에 뿌려졌다.

> 1951년 1월 7일부터 13일까지 수행했다. 병원, 피난민 수용소, 형무소와 다른 공공건물에도 이 기간 동안 살포한다. 피난민이 들어온 길이나 기찻길도

<표 23> 1950년 12월 현재 DDT 방역 실시 현황 [4]

구분	소독인 수	건물 소독	우물 소독
충북	492,830	4,097	3,467
충남	1,089,130	8,315	
전북	207,616	1,797	
경북	1,476,000		
경남	1,933,260	186,686	29,405
총계	**5,198,836**	**200,895**	**32,872**

살포한다. 대도시로 들어가는 모든 피난민에게 DDT를 뿌린다.[5]

DDT는 동회를 통하여 매호당 약 1합(合)씩으로 각 세대에 무상 배급될 것이다.[6]

동을 단위로 대전시 모든 사람에게 살포했던 DDT 살포 운동은 지금 완료됐다. 액체 DDT의 공급이 이뤄지면 각 가정 내에 살포 운동을 조직할 계획이다.[7]

도시에는 들어오는 입구마다 검역소를 두어 피난민들은 DDT 살포를 받았다. 그리고 동 단위로 DDT 살포가 이루어졌다. 군과 면 단위 지방에서의 살포는 다음과 방식으로 진행되었다.

보은군에 모든 집들을 살포했고 지금도 진행 중이다. 이 작업은 5월 20일에 시작되었고 대략 11일 걸렸다. 팀 지도자들은 DDT 수화제 지침서, 장비의 조절, 곤충 통제법을 숙지하고 11개의 면으로 이동했다. 그리고 분무기를 갖고 있는 한 사람이 각 면에 도착했다. 면은 훈련된 지도자에게 훈련받은 4명의 조수를 공급한다. 지도자들은 4일 동안 감독했고 그 뒤 철수했다. 면 소속 방역원들은 모든 집에 DDT가 살포될 때까지 작업을 수행했다. 보은군 실행 결과, 아래와 같은 결론을 내렸다.

① 이동의 문제를 완화시키기 위해 접종-분무 팀과 독립적으로 분무 팀을 운영하는 것이 좋다.

② 한 사람이 일일 평균 50곳의 집과 외벽을 분무할 수 있다.

③ 1개 분무기는 2/3 정도 채우고 혹은 고리 위쪽까지 표시하고, 약 8가구

와 외벽을 분무한다.

④ 군 팀 지도자는 전 기간 동안 조수를 감독하고 모든 장비와 공급을 책임진다.

⑤ 분무기는 매번 팀 지도자에게 할당받고, 그는 청소와 유지를 책임진다.[8]

〈표 24〉는 1951년 DDT 살포를 받은 인원과 가옥과 수로에 뿌려진 살포량이다. 1951년 5월 DDT 살포를 받은 인원은 700만 명 정도이다. 그런데 5개월 뒤인 1951년 10월 31일 현재 DDT 살포받은 인원은 1541만 6758명이다. 그야말로 DDT로 목욕을 했을 정도이다. 그리고 DDT는 청결제로도 이용됐다.

<표 24> 1951년 DDT 살포 수 [9]

지역	인구	5월 11일		10월 31일		가옥	지역 hectare	수로 meterers
		총 살포 수	비율	총 살포 수	비율			
서울				397,140		3,881	49.16	30,000
경기	2,007,016	541,859	27	2,116,390	100	22,726	2.57	135,645
충북	1,329,703	292,237	22	865,961	65	51,564	123.0	12,195
충남	2,762,404	768,771	28	1,282,971	46	39,968	93.6	986,000
전북	2,316,621	481,175	21	1,680,338	73	17,997		
전남	3,080,000	493,500	16	1,697,600	55	62,325	400.0	63,000
경북	4,037,382	3,120,655	77	4,279,950	100	1,079		
경남	3,699,509	855,528	23	1,637,145	44	104,295	647.82	1,029,570
강원	1,331,000	26,471	2	548,143	41	9,293	22.00	14,300
제주	367,381	138,051	38	228,832	62	40,570	45.00	10,150
거제	179,000	454,235	100	682,288	100	55,359	264.0	155,615
총계	**21,110,016**	**7,172,482**	**34**	**15,416,758**	**73**	**409,057**	**1647.15**	**2,436,475**

도 경찰국에서는 전염병의 만연을 예방하기 위하여 오는 3월 1일부터 시내에 있는 목욕탕과 입탕하는 손님의 의류 등에도 일체 DDT 분말을 살포하기로 되었다는바 일반 시민의 협조 있기를 크게 기대하고 있다.[10]

〈표 24〉에 따르면 경기와 경북 그리고 거제에 거주하는 모든 사람이 DDT를 살포받았다. 전북도 73%가 살포받았다. 그리고 가옥도 1950년에는 20만 채였던 것이 40만 채로, 우물을 포함한 수로에도 뿌려졌다.

3

1952년, DDT 살포의 정착

1952년 9월 현재 보건부 방역국은 여름철 뇌염 예방 정책을 마련했다. 방역원은 "요원증을 소지케 하고 활동의 자유를 보장하기 위하여 야간 통행증과 임시 군복 착용증을" 허용받았다. 이들은 어깨에 방역원임을 알리는 휘장을 부착했다. 보건부 방역국이 밝힌 DDT 살포 계획은 아래와 같다.

> 미8군 군의부 도빌리 대위와의 협의해서 금일 오후 6시-7시간에 공중 DDT 살포함을 확인하다. (…) 공중살포 계획 내용을 후일 중앙방역본부에 통지하기로 하고 매 7-10일 간격으로 살포함이 그 요지임 (…)
> 미8군 및 UNCACK 측에서도 주물학적 기상학적 및 지리적 견지에서 남한 중요 도시에 주기적으로 대소형 특수 DDT 수행 비행기로 실시하고 일편 지상에서는 발동식 DDT 분무기로서 모기의 서식처를 취사 선발하면서 소독 구충 작업을 실시하다.
> 그리고 다시 축도화하여 휴대식 분무기로 환자 앞 부근 지역, 공중 집회소, 모기의 서식처, 하수구, 피난민 수용소 등을 취사선택하여 중점주의와 효율적으로 실시함[11]

위 문건에 따르면 DDT 살포는 3단계에 걸쳐 실시되었다. 먼저 비행기로 공중에서 DDT를 살포한다. 그다음 지상에서는 발동식 DDT 분무기로 곤충의 서식지에 살포한다. 마지막 단계는 휴대용 분무기로 하수구, 피난민 수용소, 공공장소에 살포한다.

〈표 25〉는 1953년도 DDT 항공살포를 나타낸 것이다.

<표 25> 1953년 항공살포 [12]

C-46						
월	임무	목표	총 살포 갤론	총 에이커	총시간	총 살포 시간
5월	5	5	850	12,825	5 10	3 05
6월	23	23	16,110	55,345	48 05	21 35
7월	33	33	22,335	71,620	79 40	32 10
8월	46	46	32,200	112,700	132 25	56 10
9월	41	41	27,825	98,360	120 15	55 05
10월	34	34	26,700	94,805	95 25	44 10
총계	**182**	**182**	**128,020**	**445,655**	**483 00**	**212 15**
T-6						
5월	11	11	1,055	3,284	16 30	7 25
6월	23	23	2,420	7,934	38 45	19 20
7월	27	27	3,040	8,765	38 20	21 10
8월	27	27	2,950	10,235	42 40	21 20
9월	31	31	3,400	10,570	42 10	23 35
10월	10	10	1,100	2,990	11 40	7 25
총계	**129**	**129**	**14,065**	**43,778**	**188 25**	**100 15**
C-46, T-6						
	311	311	142,085	489,433	670 25	312 30

사진 5-1 **'이, 벼룩, 진드기를 없애자' 포스터**

1953년 5월부터 10월까지 C-46과 T-6 항공기는 주요 도시와 군기지에 DDT를 살포했다. C-46은 부산에 1주일에 두 번씩, 대구와 인천은 7일 동안, K-2·K-9·K-1·K-10·K-16·K-14·K-13·K-4·K-55·K-3·K-

8·K-18·K-46·K-47·대전·완주·K-6, 논산 한국군 훈련 캠프, 군산, 영등포, 주문진 속초리. k-3과 K-6의 해병기지 등에는 14일 동안 DDT가 살포되었다. 그리고 부산, 논산, 거제도, 대전 그리고 K-39, K-40, 제주도에 있는 포로수용소에도 14일 동안 살포되었다.

DDT 항공살포 프로그램은 심리적으로 상당한 효과를 가져왔다고 미8군 사령부는 평가했다. "한반도 곳곳에서 사람들은 자신들의 건강이 이 프로그램으로 인해 안전하다고 깨달았고 어떤 사람은 이 작업은 정신

사진 5-2 **말라리아 예방 포스터**

적 치료와 일치한다"라며 도덕적 측면에서 가치가 있는 작업이라고 강조했다.

그런데 미국에서 가장 문제가 된 지점은 바로 DDT의 항공살포였다. 하늘에서 하얀 가루 비가 내렸던 항공살포였다. 그리고 생태계를 변화시켰던 것도 항공살포였다. 거의 10년 동안 사용되던 DDT는 1에이커당 1파운드만으로도 수많은 새와 물고기를 죽였다.[13] 48만 9433에이커에 14만 2085갤런의 DDT를 살포했으니 1에이커당 0.29갤런이 뿌려진 격이다. 미국에서는 DDT 분말가루와 등유를 섞어서 살포하지 않았지만 한국에서는 DDT 분말가루를 등유와 섞어서 살포되었다. 그 결과 한국의 생태계에 어떻게 작용했는지 이에 대한 보고는 없다.

항공살포는 미 제5공군과 협력해야 했고, 비용이 많이 드는 작업이었다. 따라서 발동기 분무기와 핸드용 분무기의 사용이 좀 더 권장되었다. 『모기는 하기 뇌염 등 여러 가지 질병을 전파한다』라는 책자에는 지방자치단체에서 모기를 없애기 위해 꾸준하게 DDT를 뿌릴 것을 아래와 같이 제시하고 있다.

> 지방자치단체에서,
> 살충 효과가 오랫동안 있도록 석 달에 한 번씩 가옥 및 오양깐 안팎 벽에 DDT나 린덴 액체를 뿌린다.
> 집 근처에 있는 큰 연못이나 논밭에는 일주일에 한 번씩 DDT, 린덴 액체를 뿌린다.

1957년 위생 검침원 지침에도 이어졌다. "변소나 집안에서 파리나 모기를 없애려면 살충제를 분무기로 벽과 천정에 골고루 뿌리는 것이 가장 좋다. 한번 뿌려놓고 닦아내지 않으면 DDT는 그 잔류 효과를 몇 달 동안이나 지속하게 된다." "겨울철에는 대개 발진지브스가 많이 유행한다. 이 병은 '이'와 벼룩으로서 전염됨으로 린덴(lindane)가루를 옷 솔기 속에 뿌려 이것들을 죽여 없앨 수가 있다." 제시했다. 그리고 한국에서는 오랫동안 DDT가 소독제나 살충제로 뿌려졌다.

④ '소독약' DDT 살포 방법

분무 팀은 구성되었지만 분무기 사용법을 전혀 알지 못해 DDT 살포 작업이 어려웠다. 위생장교는 곤충과 해충을 없애는 DDT 사용 제안서를 만들었다. 이는 「기술통첩 제3호 발진티푸스 방지에 관한 건」으로 만들어져 각 팀에 배포되었다. 그리고 한국어로 번역되었다. 기술통첩에는 '소독약' 즉 DDT 혼합액을 만드는 방법, 사용 시간, 분무기 뿌리는 법 등의 내용이 소개되어 있다. 이를 기반으로 해서 「로웰분무기 사용법 및 부분 설명」, 「DDT 분말 사용법」 등으로 전단 또는 책자로 만들어 배포되었다. 그리고 DDT는 살충제가 아니라 '소독약'이라고 번역되었다.

그리고 「기술통첩 제3호」에는 DDT 혼합액 만드는 법을 "DDT 50갤런(gallon)에 1갤런의 크레졸(cresol)을 혼합하라"고 소개하고 있다.[14] 크레졸은 페놀의 한 종류인 유기화합물로 무색의 약산성 액체이다. 액체 DDT는 주로 기차역, 거리, 버스, 가옥, 공공장소, 병원, 화장실, 곤충 서식지 등 주로 건물과 도로에 뿌려졌다. 사람에게 뿌리는 DDT는 액체가 아니라 분말이다. 아래는 소독약이라는 DDT 사용법 그리고 발진티푸스 방지법으로 소개된 분말의 사용법을 소개한다.

DDT(소독약) 분말 사용법(발진티푸스 방지법)

1. 발진티푸스는 '이'로서 건너가는 병이올시다.
2. 발진티푸스를 억제하기 위하여서는 사람들로부터 '이'를 없애는 것이 필요합니다.
3. 운전 차의 피난민중 그리고 세탁과 청소가 충분치 못한 전재민 수용소, 00한 피난민들이 옷을 많이 입고서 같이 거닌다는 것은 사람들이 '이'로서 병을 옮긴다는 것을 의미합니다.
4. 소독약(DDT)을 많은 사람들에게 사용하여 왔지만 그것은 항상 효과적인 것이 아니었고 그래서 병의 재침투의 기회가 많았든 것입니다.
5. 소독에 종사하시는 제위는 다음과 같이 해주시면 좋겠습니다.

① 처음에 소독기에 DDT 분말을 충분히 넣으세요.

② 그래서 머리로부터 특히 긴 머리카락 속에 기구를 깊숙이 쳐주시요.

③ 모자에도 쳐주시요.

④ 다음에는 목에서 옷 밑으로 기구를 반입하여 앞면부터 (가슴 쪽) 하는데 각 세 번씩 왼편, 중부, 오른편의 순서로 쳐주시요.

⑤ 그리고 뒷면에 돌리서 역시 각각 세 번씩 쳐주시요.

⑥ 그다음에는 왼편 팔목에 가서 소매 끝 밑으로 해서 옷과 살갗 사이에 기구를 넣어 쳐주시요.

⑦ 오른편 팔목도 똑같이 하는데 옷을 많이 입은 경우에는 옷과 옷 사이에도 쳐주시요.

⑧ 그다음에는 바지에 하는데 허리에서부터 옷 밑으로 기구를 반입하여 왼편, 중부, 오른편의 순서로 쳐주시요.

⑨ 뒷면에도 앞면과 같이 하세요.

⑩ 부인이 소독을 받을 경우에는 상기 항목 중의 ⑧과 ⑨를 취소하고 다

음과 같이 하세요. 치마 밑으로 기구를 위로 해서 넣고 양쪽 다리(바지 밑으로)에 각 측면, 후면에 치시요.

만약에 시간이 허용한다면 일반적으로 침구와 의류에도 쳐주시요.

다 하신 뒤에는 사람들에게 머리카락과 의복에서 DDT 분말을 털지 않도록, 그리고 24시간 내에는 목욕을 하지 않도록 가르쳐주세요.[15]

이 사용 설명에 따르면 가슴과 등을 오른쪽 중앙 왼쪽으로 세 부분으로 나누어 살포하고 팔목에서 어깨로 분무하고 바지나 치마 속으로 아래 위로 세 부분으로 나누어 살포하라는 지시이다.

또 다른 설명서에도 이와 다르지 않다. 그리고 몸의 털이 있는 부분

사진 5-3 **살포 방법**

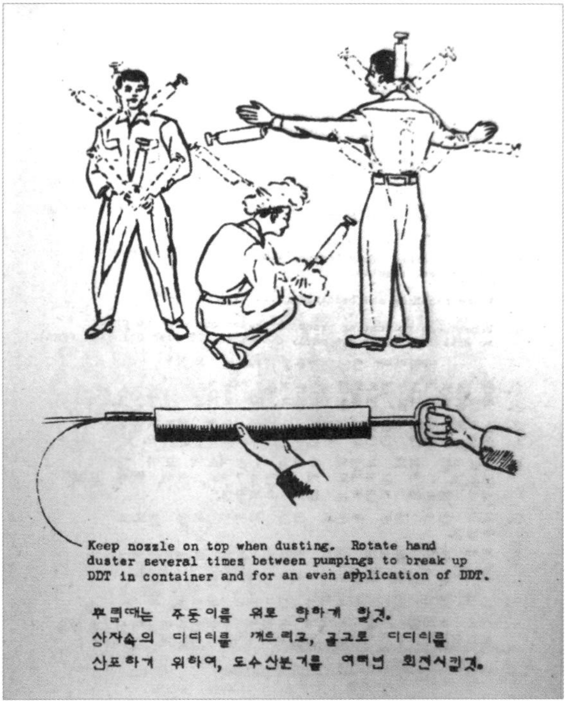

사진 5-4 **살포 방법**

은 하얗게 덮일 정도, 여성에게는 더 많이 뿌리라는 지시도 있다. "이 팜푸렛은 위생 사무에 종사하는 사람, 학교 교재용 그리고 일반 사람들에 대한 실제 지침으로 만들었다"고 서문에 밝힌 『구충과 구서 적절한 구제법』이라는 책자에는 '분무용 DDT 액의 처방과 실시' 'DDT와 린덴을 뿌리는 법' 'DDT 분무기의 사용 실시' 등으로 더 자세하게 소개되어 있다. DDT와 린덴을 뿌리는 법에 〈사진 5-4〉에서처럼 "사람들로 하여금 칼라를 푸르고 또 모자를 벗게 할 것, 산분기를 위의 그림에 표시된 16개소에 모두 집어넣을 것(한 곳이라도 빼지 말 것) 경부, 어깨, 허리 등과 같이 의복의 접합부는 특히 유의할 것, 몸의 털이 있는 부분은 약간 하얗게 보일 정도로 뿌릴 것, 여자 옷은 솔기가 많기 때문에 좋은 효과를 얻기 위해서는 남자 의복보다 더 많이 뿌릴 것, 입지 않고 있는 의복이나 침구에도 뿌릴 것" 등으로 방법을 소개하고 있다.[16]

근대적 위생이 의식주와 관련한 생활과 규칙을 바꾸었던 것처럼 DDT는 모든 한국인을 변화시켰다. DDT 살포를 받은 모든 한국인은 저항 없이 몸을 내주었다. 살포는 머리카락, 저고리와 바지, 치마 속 심지어는 속옷까지 들치게 했다. 아마도 이렇게 몸을 내준 역사는 DDT 살포가 처음인 듯하다. 그리고 '소독약'이었던 DDT로 목욕하기는 근대적 의료를 맛보는 순간이기도 했다. 『구충과 구서 적절한 구제법』에서 청결을 유지하는 첫 번째 방법은 비누로 손을 씻는 행위이고, 그다음에 하얀 가루인 DDT 분말로 몸을 소독하는 것이었다.

"방역의 중요성은 국방에 직결되고 있는 것이다. 우리나라 국민들의 보건 사상이란 한심스러운 상태에 있느니 만치 국방력에 대한 영향을 우려치 않을 수 없는 현상이니 당사자들은 일층 각성이 필요한 것이다."[17] 방역을 하지 않으면 매국노 또는 '빨갱이'로 몰리는 현실에서 대중들은 "자신의 생명과 건강 유지라는 측면에서 국가권력을 느끼게 되었으며 새로운 전염병 예방책을 좇아 자신의 생활양식을 변화시켰다."[18] "국가는 건강한 국민을 만들기 위해 의학의 시선으로 국민을 살폈고 국가의 관점을 내면화한 국민들 역시 의학의 시선으로 자기 몸을 살피는 방법을 배웠다. 더불어 미국이 가르친 한국 현대 의학도 현대 한국인을 만드는 핵심 지식이 되었다."[19]

접종과 살포는 모든 행위를 바꾸어놓았다. 국가는 개인의 몸을 점령했고 개인의 의식수준을 지배하게 되었다.

5

'전쟁' 실험실과 실험 대상

"1950년-1951년 겨울, 한국에서 실시된 방제는 놀랄 만한 결과를 보여 주었다. 한국 군인들에게 DDT 가루를 뿌렸는데 오히려 '이'가 더 많이 퍼진 것이다. '이'를 잡아 분석한 결과 5% 농도의 DDT로는 아무런 영향을 미치지 않은 것으로 나타났다." _『침묵의 봄』

현대전의 특징 가운데 하나는 공중보건 의사들 즉 군의가 가장 먼저 전투 현장에 도착하는 것이다. 왜냐하면 주둔하거나 전투하는 병사들의 전염병 또는 풍토병 예방이 중요했기 때문이다. 그런데 여기에서 멈추지 않는다. 후방은 거대한 전쟁 실험실로, 후방 사람들은 실험 대상이 되곤 했다. 한국전쟁도 크게 다르지 않았을 것이다. 이 실험은 인도주의적 차원에서 '인간의 질병을 예방하고 치료한다'는 목적으로 치러진다. 그러나 그 실험 대상들의 위험은 거의 보고되지 않는다.

한국전쟁과 관련한 실험들은 잘 모르겠다. 미군 의료부대 관련 자료가 있는 문서들을 신청했지만 대개 서류 상자가 비어 있거나 열람을 거절당했다. 그런데 접근이 힘들었던 것은 의학적 지식이 없는 내가 그 문서를 이해하고 해석해낼 수 없는 점이 가장 컸다. 한국전쟁 때 처음으로 알려진 유행성 출혈열의 원인인 '한탄 바이러스', 풍토병이라 알려진 여러 질병이 미군 의료부대 안에서 어떻게 보고, 실험 또는 치료되었는지는 알 수 없다.

아무튼 가장 낮은 수위의 실험은 DDT 효능 실험이다. 미군은 한국인에게 발진티푸스를 비롯한 질병을 일으키는 각종 곤충을 없애는 데 유용한 약이 DDT라고 설득해야 했다. 한국인은 타인에게 쉽게 몸을 보이지 않았다. 특히 여성들의 경우는 더욱 심했다. 그리고 믿을 수 없는 하얀 가루를 온몸에 뒤집어쓰는 일도 처음에는 거부했으리라. 따라서 하얀 가루를 뒤집어써야 '이'가 박멸된다는 점을 증명해야 했다. 하얀 가루가 '이'의 박멸과 발진티푸스 예방이 가능하다는 점을 가시화해야 했다. 1970년

사진 5-5 **포로수용소에서의 DDT 살포**

대 약장사들이 장터에서 소화제나 기생충 약을 팔 때 어린아이에게 약을 먹인 뒤 대변에서 회충이 나오는 장면을 연출했듯이 말이다. 가시화의 한 과정은 사람에게 실험해 그 결과를 밝혀 설득해야 하고 믿도록 전시하는 것이다. 그래서 자발적으로 하얀 가루를 몸에 뒤집어쓰도록 해야 한다.

레이첼 카슨은 『침묵의 봄』에서 한국 군인에게 사용한 5% DDT가 아무런 효과가 없었다고 지적했다. 한국전쟁 때 DDT 효능 실험은 5%가 아닌 10% DDT였다. 그리고 제품 생산 시간에 따른 효능 실험이었다. 미8군 사령부 보고서는 모두 10% DDT로 실험을 수행했다.

미8군 사령부는 전쟁포로들에게 한 「곤충과 쥐의 통제」라는 DDT 실험 보고서를 제출했다. 제37예방의학중대는 부산의 전쟁포로들에게 10% DDT 적용 실험을 했다. 이는 'Albany' 계획이다. 1950년 12월 말에 DDT를 살포했다. 포로들의 대다수는 '이'에 엄청나게 감염되어 있었다. 1950년 12월 29일 최근에 잡힌 257명의 포로에게 미국에서 생산된 10% DDT를 뿌렸다. 살포한 뒤 14시간, 38시간, 86시간 뒤의 '이'의 감염을 검사했다. 이 실험에 대한 결과는 〈표 26〉과 같다. 시간에 따라 감염 비율이 96.7%에서 73.7%로 감소했다.

1951년 3월, 전쟁포로 5000-1만 명 중에서 7개 집단이 선정되었다. 각 집단은 평균 200명 정도로 평균 감염률은 0-75.7%에 이른다. 1951년 4

<표 26> 1950년 12월 실험 결과

시간	포로 수	이를 가진 포로 수	감염 비율 %
14	185	179	96.7
38	181	178	98.3
86	213	157	73.7

월 10일 오후 1시와 5시 30분에 한 집단의 모든 포로들에게 1945년 맥코논(McConnon) 회사에서 생산된 10% DDT의 1025파운드를 살포했다. 각 집단은 50명씩 잘 수 있게 같은 크기의 텐트를 만들어 7개 대대로 나누었다. 이 포로들은 건강하고 대부분 속옷에 바지와 모 함유의 재킷을 입고 있었다. 게다가 그들은 비옷과 판초, 모자를 갖고 있고 2개의 담요와 다른 종류의 겉옷을 갖고 있다. 살포 전 모든 포로들은 자기 물건을 선택하도록 했다. 그런 다음 도로로 나와 이동해 살포하고 접근 금지의 다른 곳으로 옮겨졌다. 온몸과 옷가지들은 철저하게 10% DDT로 뿌렸다.

1951년 4월 12일 오후 2시에 포로들을 조사했다. 각 대대에서 무작위적으로 포로 100명이 선택되었다. 실험 결과는 〈표 27〉과 같다.

감염 비율은 제7대대 65%에서부터 제3대대 80%까지 나타났으며 평균 감염 비율은 74.4%였다. 감염률은 1950년 12월의 실험과 크게 다르지 않았다. 실험 결과 다음과 같은 내용의 결론이 내려졌다.

"이 자료는 한국의 '이'가 DDT로 100% 제어할 수 없을 정도로 DDT

<표 27> 48시간 후 감염 비율

시간	포로 수	이를 가진 포로 수	감염 비율 %
1	100	70	70
2	100	79	79
3	100	81	81
4	100	75	75
5	100	76	76
6	100	75	75
7	100	65	65
총계	**700**	**521**	**74.4**

에 저항력이 있다고 추정할 수 있다. DDT로 24시간 노출시켜도 '이'는 영향을 받지 않는다는 것을 입증했다. '이'는 100% 제거할 수 없으며 감염이 증가하지 않도록 지속적 살포가 필요하다. 이 실험에서 집모기 유충과 성충 파리의 유충에게는 충분한 살충 효과가 있었다."[20] 그리고 "1945년 미국에서 생산된 전량의 DDT를 폐기하고 새로 생산된 것으로 대체하고, 일본에서 새롭게 출시된 새로운 살충제로 같은 실험을 하고, 한국의 '이'를 알기 위해 현지에서 실험하고 자료를 축적하라"는 권고안이 내려졌다.

1951년 10월 30일에 실험한 한 집단에서 1300명의 전쟁포로에게 DDT를 살포했다. 살포하기 전 200명을 조사했는데 116명인 58%가 몸에 '이'가 11-20마리 정도 있었고 11월 2일 다시 살포하고 점검했다. 그랬더니 3명인 1.5%가 1-10마리 정도로 가볍게 오염되어 있었다. 11월 6일에 200명 중 1명만이 가벼운 오염이 있었다. 그 뒤에도 오염 비율이 높아지지는 않았다. 〈표 28〉은 지속적 살포 결과이다.[21]

<표 28> 1951년 11월 지속적 살포 결과

검사일	살포일	검사 인원	오염 인원	오염 비율	오염 정도
10월 3일	10월 3일	200	116	58	중간(11-20)
11월 2일	11월 2일	200	3	1.5	가벼움(0-10)
11월 6일		200	1	0.5	가벼움(0-10)
11월 8일		200	1	0.5	가벼움(0-10)
11월 13일	11월 13일	200	4	0.2	가벼운 애벌레
11월 16일	11월 17일	200	5	2.5	가벼운 애벌레
11월 20일		200	1	0.5	가벼운 애벌레
11월 23일		200	1	0.5	가벼움(0-10)
11월 27일		200	3	0.5	가벼움(0-10)

미8군 사령부는 1950년 12월, 1951년 3월부터 11월까지 전쟁포로들에게 10% DDT의 효능 검사를 했다. 5% DDT와 마찬가지로 10% DDT도 '이'로부터 자유롭지 않았다. 그리고 감염 비율을 낮추지 못했다. 1951년 10월과 11월에 주기적으로 10% DDT를 살포했고 그 결과 '이'가 효과적으로 사라졌다. 즉 미8군 사령부는 'DDT는 1-2회 정도가 아니라 지속적 살포해야 효과를 가져온다'고 결론 내렸다.

이 실험은 포로수용소가 아닌 민간인에게도 적용되었다. 미8군 사령부 의무부대의 권고안 중 하나가 '현지에서 확인하고 자료를 축적하라'는 내용이다. 현지는 바로 각 지방 팀을 갖추고 있는 UNCACK에서 작업하는 것이다. 1951년 11월 실험은 민간인에게 서식하는 이를 잡아 직접 살충제를 뿌려 조사하는 것과 일정 지역의 부랑아들에게 DDT를 뿌려 그 감염을 확인하는 방식으로 진행되었다.

1952년도 UNCACK 보고서에 DDT 효능 실험과 결과물이 제시되어 있다. 경기도와 서울 팀이 DDT 효능을 시험한 결과를 보냈다. 1951년 12월 수원의 피난민들로부터 40마리의 '이'를 모집해 얻은 결과이

<표 29> 1951년 12월 검사 결과 [22]

시간	BHC(린덴)	10% DDT(일본)	10% DDT(미국)
30분	균형 상실	효과 없음	효과 없음
1시간	균형 상실	효과 없음	효과 없음
3시간	6마리 죽음	9마리 균형 상실	7마리 균형 상실
5시간	10마리 죽음	9마리 균형 상실	10마리 균형 상실
16시간	38마리 죽음 2마리 균형 상실	12마리 죽음	11마리 죽음
24시간	모두 죽음	35마리 죽음	28마리 죽음

다. 실험에 사용된 살충제는 BHC(린덴), 1944년과 1945년에 생산된 미국산 10% DDT, 최근에 생산된 일본산 10% DDT이다. BHC는 Benzene Hexachloride인 유기합성 살충제이다. 실험 결과는 〈표 29〉와 같다.

결과는 린덴이 DDT보다 훨씬 독성이 강한 점을 확인할 수 있고, 생산된 시간에 따라 DDT 효능이 달라졌다. BHC나 DDT는 모두 무색, 무취로 유기합성 살충제이다. BHC는 독성은 강하지만 지속성은 DDT보다 약하다. 그 밖에도 다양한 방식으로 실험된 결과가 '피난민 수용소에서 사용하는 10% DDT를 미리 스며들게 한 담요에 '이'를 넣었는데 10시간 뒤에 100%의 치사율을 보였다', '4개월 전에 10% DDT를 뿌린 나무상자에 '이'를 넣었는데 18시간 만에 '이'가 모두 죽었다', 'DDT에 저항하는 곤충은 거의 없다' 등의 결과가 지방 팀에서 올라왔다.

경기도 팀은 '이' 100마리를 유리로 덮은 통조림통에 넣어두었다. 4월 28일 '이'에 10% DDT를 뿌렸다. 4월 28일 8시부터 2시간 단위로 검사를 했는데 12시까지 DDT의 영향이 있었다. 오후 2시에 12마리, 4시에 39마리, 6시에 53마리, 8시에 53마리 죽었고 4월 29일 오전 8시에 모든 '이'들이 죽었다. 이 결과는 DDT 가루약의 효능을 보여준다고 수원시청에 그 결과를 알려야 한다고 보고했다.[23]

그 뒤에도 DDT 효능에 대한 실험이 이어졌다. 경기도 팀은 고아, 부랑자들에게 1953년 2월, 3월, 4월에 DDT 살포와 이의 감염 상태를 조사했다. 〈표 30〉은 1952년 경기도 월간 보고서에 제시된 내용이다.

살포 과정과 경과가 아닌 결과만 보고했기 때문에 상황을 알 수 없다. 그런데 살포 후 감염 비율이 상당히 감소한 결과를 보였다. 이는 전쟁포로 살포 실험에서 나타났듯이 일회성 살포가 아닌 지속적인 DDT 살포 때 나온 결과이다. 아마도 고아원이나 피난민 수용소는 거주지나 화장실

<표 30> 1953 경기도 월간 보고서 [24]

2월 월간 보고서							
부랑자 수	인천시	수원시	고양군	안성군	시흥군	김포군	파주군
거지	37	278	8	22	55	67	24
고아(시설 X)	16	135	2	7	34	32	28
부랑한센병자	4,269	23,479	800	222	167	2,533	37
'이'의 조사							
최소	6	15	5	2	2	15	45
최대	41	55	44	62	50	71	90
평균	24	35	24	32	26	46	68
감염 비율	100	100	100	100	100	100	100
살포 수	4,322	23,892	810	251	256	2,632	89
살포 후 감염	5%						

3월 월간 보고서							
부랑자 수	인천시	광주군	안성군	양평군	여주군	용인군	화성군
거지	118	255	22	21	48	77	203
고아(시설 X)	78	423	17	13	33	27	246
부랑한센병자	2,390	2,830	26	240	111	75	1,076
'이'의 조사							
최소	24	1	50	10	5	50	4
최대	54	250	70	38	150	100	300
평균	39	126	60	24	77	77	152
감염 비율	100	100	100	100	100	100	100
살포 수	2,586	3,508	65	274	192	179	1,525
살포 후 감염	5%	10%		14%	38%	20%	19%

4월 월간 보고서							
부랑자 수	광주군	양평군	여구군	이천군	용인군	화성군	김포군
거지	205	29	103	22	79	195	45
고아(시설 X)	450	16	89	253	26	265	5

부랑한센병자	2570	102	218	15	110	1162	39
			'이'의 조사				
최소	5	2	15	7	18	2	64
최대	150	147	37	33	67	300	98
평균	77	75	26	20	42	151	81
감염 비율	60	84	70	100	40	41	80
살포 수	3,225	147	410	290	215	1,622	89
살포 후 감염	10%	60%	30%		20%	19%	

등의 건물에 주기적으로 DDT를 살포했던 영향을 받은 듯하다. 왜냐하면 앞의 실험들에서 DDT를 몇 개월 전에 뿌려놓은 곳에서 '이'는 100% 치사율을 가져왔기 때문이다.

6

DDT의 확산과 레이첼 카슨, DDT와의 싸움

DDT가 빠른 시간에 전 세계에 퍼진 까닭은 미 육군의 공훈이다. 1942년 가을 소량의 게사롤(Gesarol)이 콜로라도 감자풍뎅이의 침입으로부터 감자 수확물을 구했다는 보고서가 본사 스위스로부터 뉴욕 지사에 입수되었다.[25] 마침 미 육군은 제2차 세계대전 동안 새로운 살충제를 찾고 있었다.

농무부 전문가들은 게사롤 샘플을 검사했는데, 게사롤에 DDT가 포함되어 있었다. 과학자들은 곧바로 DDT가 여러 곤충들에게 미치는 영향을 연구하기 시작했다. 결과는 놀라웠다.

"이 연구들은 DDT가 신경계 독 물질로 작용하며 곤충이 DDT를 삼키거나 접촉했을 때 곤충을 죽인다는 사실을 알려주었다. 예를 들어, 모기가 DDT의 기름진 용액에 닿았을 때, 그들은 약 20분 동안 독에 중독된 징후를 보이지 않는다. 그 뒤 초조하고 동요하여 갑자기 이륙하고 불규칙하고 술 취한 원을 그리며 날아다니다가 마침내 5분에서 20분 정도의 폭음 끝에 바닥에 쓰러진다. 마비되어 다시 날 수 없어, 그들은 몇 시간 후에 죽는다. DDT의 녹다운 효과는 피레트럼(pyrethrum)에 비해 느리지만, 훨씬 더 오랜 시간 동안 치명적인 힘을 유지한다."[26]

DDT는 또한 '이'에도 매우 독성이 강하게 작용했다. DDT의 독성 작용이 강해서 DDT의 잔량은 새로 도입된 곤충들을 죽이기 충분했다. 그리고 DDT는 모기 살충제로서 매우 효과적이어서 기존 사용법을 대체했다. 연못 가장자리의 물에 소량의 기름 용액을 떨어뜨리면 전체 표면으로 빠르게 퍼져서 표면에 꿈틀거리는 모기를 모두 죽인다. 5에이커의 물에는 5%의 디젤 또는 연료 오일에 1파운드의 DDT가 충분하다. 저공 비행기로 예비 실험을 한 결과 성충 모기와 유충 모기가 모두 폐사했다.[27]

1943년 말, 최종 시험 결과 'DDT는 안전하다'고 발표되었다. 미 육군은 DDT를 의료 무기에 추가했다. 따라서 DDT는 미국 육군과 해군의 질병 방어체계의 중요한 연결고리이자 원거리 미군의 건강을 보호하는 프로그램으로 채택되었다. 제1차 대전 때 유럽에서 전투보다 발진티푸스로 죽은 병사들이 많았고 태평양 전쟁의 중심지인 남태평양 섬과 동아시아는 곤충으로 가득 찬 지역으로 인식되었기 때문에 미 정부는 DDT를 생산하도록 지시했다. 1944년까지 미국의 공장들은 한 달에 100만 파운드를 생산하고 있었고, 군 공중보건 팀은 DDT 가루 5%를 수백만 명의 군인과 민간인들에게 살포했다.[28]

그러나 DDT는 독성이 강해 오랫동안 사용할 경우 조건에 맞춰 소량의 사용이 권장되었다. 삼켜서도 안 되고 피부에 바르면 안 된다. 아래 내용은 DDT 사용에 따른 권장 사항, 주의사항이다.

1. 반드시 필요한 경우가 아니면 DDT를 사용하지 마십시오. 유익한 형태의 생명에 해를 끼칠 수 있는 해충에 대한 통제의 가치를 따져본 후에만 곤충 해충의 방제에 사용하도록 한다.
2. 항상 최소 복용량을 사용한다. 어류, 게, 가재 등의 피해를 방지하기 위해

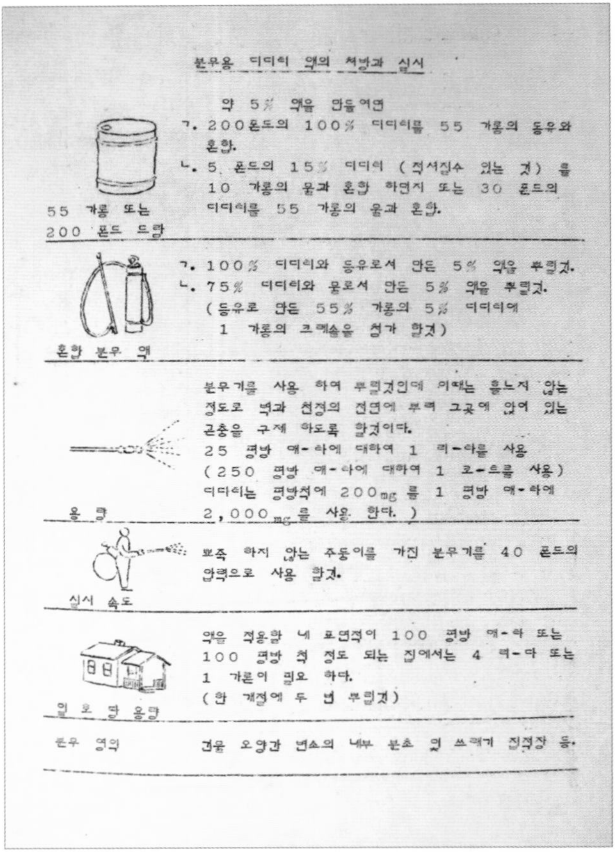

분무용 디디티 액의 처방과 실시

약 5% 액을 만들여면
ㄱ. 200폰드의 100% 디디티를 55 가롱의 등유와 혼합.
ㄴ. 5 폰드의 15% 디디티 (적서질수 있는 것) 를 10 가롱의 물과 혼합 하면지 또는 30 폰드의 디디티를 55 가롱의 물과 혼합.

55 가롱 또는 200 폰드 드람

ㄱ. 100% 디디티와 등유로서 만든 5% 액을 뿌릴것.
ㄴ. 75% 디디티와 물로서 만든 5% 액을 뿌릴것.
(등유로 만든 55% 가롱의 5% 디디티에 1 가롱의 크레솔을 첨가 할것)

혼합 분무 액

분무기를 사용 하여 뿌릴것인데 이때는 흘느지 않는 정도로 벽과 천정의 전면에 뿌려 그곳에 앉어 있는 곤충을 구제 하도록 할것이다.
25 평방 메-타에 대하여 1 리-타를 사용
(250 평방 메-타에 대하여 1 코-트를 사용)
디디티는 평방척에 200mg 를 1 평방 메-타에 2,000mg 를 사용 한다.)

용 량

뽀족 하지 않는 주둥이를 가진 분무기를 40 폰드의 압력으로 사용 할것.

실시 속도

액을 적용할 네 표면적이 100 평방 메-타 또는 100 평방 척 정도 되는 집에서는 4 리-다 또는 1 가론이 필요 하다.
(한 개절에 두 번 뿌릴것)

일 호 당 용량

분무 영역 — 건물 오양간 변소의 내부 분초 및 쓰레기 집적장 등.

사진 5-6 **『구충과 구서의 적절한 구제법』에 실린 분무용 DDT 액의 처방과 실시**

오일 용액에 에이커 당 0.5파운드 이하의 DDT를 사용하고, 산림지역의 조류, 양서류, 포유류 등의 피해를 피하기 위해 에이커 당 2파운드 이하의 양을 사용한다. 유화제를 사용하지 마십시오.

3. 조심해서 적용하라. DDT는 조용하고 건조한 날씨와 필요한 곳에만 사용하십시오. 항공기에 의해 적용되는 모든 곳에, 균일한 적용 범위를 보장

하고 과다 복용을 방지하기 위해 비행기간 제어를 신중하게 제공한다.

6. 물에 뿌리는 것을 피하라. DDT에 대한 물고기와 게의 민감성 때문에 하천, 호수, 해안에 직접 적용하지 마십시오.
7. 무슨 일이 일어나는지 지켜보라. DDT를 사용하는 모든 곳에서 포유류, 조류, 어류 및 기타 야생동물을 관찰하십시오.[29]

이런 권장 사항은 한국을 비롯한 동아시아에서는 거의 작동하지 않았다. 1951년부터 한국에서는 대량 살포가 시작되었다. 특히 DDT는 소독약으로 번역되면서 1952년부터 정기적으로 살포되었다. 『구충과 구서의 적절한 구제법』이라는 안내용 책자에는 DDT 사용의 주의사항은 없고, 아래 내용처럼 분무용 DDT를 만드는 방법과 살포하는 방법만 제시되어 있다.

55갤런 또는 200파운드 드럼

ㄱ. 약 5% 액을 만들려면 200파운드의 100% DDT를 55갤런의 등유와 혼합

ㄴ. 5파운드의 15% DDT를 10갤런의 물과 혼합하던지 또는 30파운드의 DDT를 55갤런의 물과 혼합

혼합 분무액

ㄱ. 100% DDT와 등유로서 만든 5% 액을 뿌릴 것

ㄴ. 75% DDT와 물로서 만든 5% 액을 뿌릴 것(등유로 만든 55% 갤런의 5% DDT에 1갤런의 크레졸을 첨가할 것)

용량

분무기를 사용하여 뿌릴 것인데 이때는 흐르지 않을 정도로 벽과 천정의 전면에 뿌려 그곳에 앉아 있는 곤충을 구제하도록 할 것이다. 25평방미터에

대하여 1리터를 사용(250 평방미터에 대하여 1코트를 사용) DDT는 평방척에 200mg를 1평방미터에 2000mg를 사용한다.

실시 속도

뾰족하지 않은 주둥이를 가진 분무기를 40파운드의 압력으로 사용할 것.

1호당 용량

액을 네 표면적이 100평방 메타 또는 100평방 척 정도 되는 집에서는 4리타 또는 1갤런이 필요하다(한 계절에 두 번 뿌릴 것).

분무 영역

건물, 외양간, 변소의 내부, 분초 및 쓰레기 집적장 등

한국전쟁 동안 한국인은 머리부터 발끝까지 하얀 가루를 뒤집어썼고 며칠 동안 하얀 가루를 묻힌 채 생활했다. 하얀 가루로 목욕을 해야만 건

사진 5-7 **피난민 수용소 칠성초등학교 어린이에게 DDT 살포**

사진 5-8 **고아원에서의 DDT 살포**

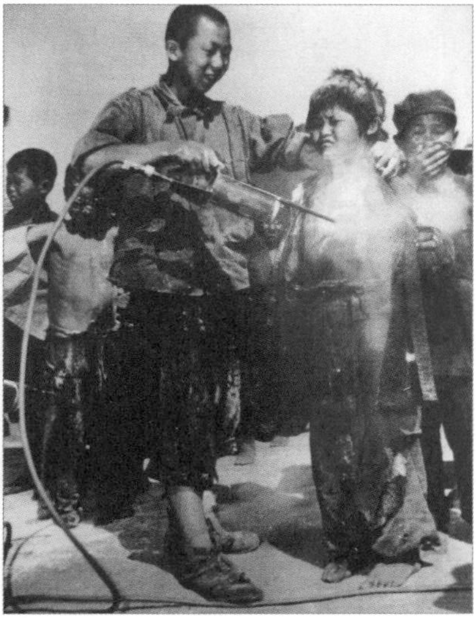

사진 5-9 **소년이 어린이에게 DDT 살포**

강을 지킨다고 보건부와 UNCACK은 말했다. 그리고 몸에 '이'가 사라졌다. 하얀 가루로 목욕하는 것만으로 공중보건을 유지하는 것은 아니다. 집안 구석구석 기름을 섞은 액체용 DDT가 뿌려졌다. 집 밖을 나가면 물웅덩이, 냇가, 수풀에도 DDT가 뿌려졌다. 그리고 가끔 하늘에서 끈적끈적한 하얀 비가 내렸다.

레이첼 카슨은 DDT에 처음 노출된 사례는 1942년 군인들이고 1954년에 일반인들이 노출되었으며, 그 밖에 화학 살충제가 광범위하게 사용된 것은 1950년대 초반 이후인 것으로 추정했다.[30] 미국에서 대량 살포가 시작되기 전 한국에서는 1951년, 1952년, 1953년에 이미 DDT로 목욕하기, DDT로 건물과 연못, 우물 청소하기, 항공살포 등으로 대량 살포되었다.

유기합성 살충제의 첫 번째 주자인 DDT는 주로 중추신경계에 영향을 미쳐서 소뇌와 대뇌운동피질을 손상시킨다. 이런 DDT의 위험성과 중독성은 일찍부터 제기되었다.

DDT 중독 증세를 처음 알린 것은 영국의 몇몇 연구자였다. 영국왕립해군생리학연구소에 일하는 과학자 두 명은 피부를 통한 직접적인 DDT 흡수에 관해 알아보기로 했다. "DDT 2%가 포함된 수성페인트를 칠한 벽에 얇은 기름 막을 입히고 몸을 밀착시켰다. 이들의 설명을 들으면 DDT가 신경계에 어떤 영향을 미치는지 확인할 수 있다. 피로감과 무기력함이 밀려왔고 팔다리가 쑤셨으며, 정신상태도 혼미해졌다. 심한 흥분을 느꼈고, 아무것도 하고 싶지 않았으며 가장 단순한 정신활동도 귀찮아졌다. 관절의 통증이 심해졌다."[31]

1949년 비스킨드(M S Biskind)는 DDT 사용의 위험 가능성을 『공중보건』 39호에 알렸다. 그는 "DDT는 상당수의 미국인을 특히 어린아이들을 천천히 중독시킬 것이다."라며 수백 건을 관찰했다고 주장했다. 그리고 그는 "바이러스 X"를 일으키는 감염이 실제로 DDT 중독일 수 있는데 이 증후군의 경우 200건이 넘는 가정에서 DDT 살포가 사용된 사람들 사이에서 발생했다고 가정했다.[32]

반면 보건부는 『보건과 의학』에서 「모기 구제를 위한 각종 살충제의 사용」에서 이렇게 강조했다. "1946년 봄에 DDT가 입수된 때부터 캘리포니아에 있어서의 모기 구제의 양식은 급변하였다. 이 물질은 매우 훌륭하고 안전한 유제를 형성하였으며 지상에서나 또는 항공기로부터 뿌림으로써 만족할 만한 요충 방역 효과를 나타냄이 증명되었다. 지상에서 또는 항공기에 의하야 가루를 그대로도 뿌려보고 유액으로도 뿌려보왔든바 경제상으로나 취급하기 용이한 점으로나 유제용 DDT가 지상용으로는 가장 양호하였으며 항공기편으로 뿌릴 때는 어느 곳에서는 유제가 만족하였으나 어느 곳에서는 유액이 더 만족할 만하였다."[33]

1949년에 DDT 독성과 내성을 가진 곤충이 알 수 없는 질병을 발병시킬 것이라는 지적도 있다. 반면 1952년 한국보건부 발표는 액체용 DDT가 유용하며 항공기로 뿌리를 때는 지역에 따라 가루 또는 액체로 만들어 사용할 것을 권고했다.

제2차 세계대전 전의 DDT는 주로 농업용 살충제로 사용되어왔다. 그래서 질병을 퍼트리는 곤충의 대항 효과는 분명하게 알려지지 않았다. 전쟁은 DDT의 의미를 바꿨다. "이것은 수백만 사람들의 삶을 구한 기적의 화합물이었다. 또한 미국에서 가장 큰 화학제품 제조업체들 중 일부는 국내 시장의 활기를 위해 상당한 양을 생산했던 미국의 살충제였다."[34] DDT의 생산량은 1945년 3600파운드에 달했고 1950년대 말에 1년에 1억 8000만 파운드에 달했다.[35]

잘 팔리던 DDT에 제동이 걸린 까닭은 아이러니하게도 1950년대 후반 DDT 대량 살포 때문이었다. 1959년 뉴잉글랜드에서 퍼져나가던 집시 나방을 막기 위해 롱아일랜드에 공중분무기를 뿌린 결과 자동차와 주택에 끈적끈적한 코팅이 생기면서 불평과 소송이 일어났다. 이로 인해 물고기와 새가 죽었다는 이유로 농부, 자연 애호가, 생물학자들, 사냥꾼들의 거센 반발을 불러일으켰다.[36]

생태학자들 그리고 야생 생물학자들은 DDT로 인한 생태계 파괴를 폭로했고, 화학물질의 위험을 지적했다. 레이첼 카슨은 1962년 『침묵의 봄』을 발간해 직접적으로 DDT의 독성과 위험을 대중에게 쉽게 전달했다. 『침묵의 봄』이 출판되자 조롱과 지지 등의 다양한 반응들이 빗발쳤다. 많은 미국인들은 카슨의 생각을 받아들이고, 그녀가 2차 세계대전 이후 세계의 보이지 않는 위험을 발표했다고 믿었다.[37]

6장

민주주의의 가시적 공간,
보건진료소

"당국은 한국인들이 밀집해 사는 동네에서 오물과 쓰레기가 몇 주 동안 쌓여 넘쳐나는데도 불구하고 이를 치우지 않고 있다. 파리 박멸에 대해서는 보상을 하겠다면서 파리의 온상은 손대지 않고 방치하는 정책을 가지고 이 세상을 우롱할 수 있다고 생각하나 보다." _ 윤치호 일기, 1921년 5월 28일[1]

"과거의 보건 법률은 이왕의 경찰이 보유하고 있는 명령과 제재만으로서 개인의 자유를 무시하고 억압하는 감을 주었다. 그러나 금일의 현대적 보건법은 교육적이고 인권을 옹호하면서 계몽에 주력하여 공중위생 도덕에 대한 이해와 자진 협조를 취하는 방향으로 민중을 끌고 나가는 것이다." _『보건소 행정과 활동』, 1959년

1

공중보건 행정기구

1910년 6월 대한제국의 경찰권을 완전히 이양받은 통감부는 서울의 경시청과 지방의 경무국을 합쳐 경무총감부를 두었다. 그리고 그 조직 안에 위생계를 경무과 아래 두어 서울과 지방의 경찰 위생 사무를 담당하도록 했다.[2] 식민지 조선에서 경찰은 모든 위생 사무를 장악했다. 위생경찰은 종두, 전염병, 지방병 예방 관련 사무, 아편 금지 업무, 음료수 및 도축 판매 영업에 대한 허가, 검사, 단속업무, 매음부 건강 검진, 광견병 예방, 행려병자와 정신병자 관리 등 광범위한 위생 관리 업무를 담당했다.[3] 이러한 위생행정을 최제창은 "한국인은 배제하고 일본인의 이익에만 두었다"고, 신동원은 "불안정하고 억압적이었다"라고 평가했다.

해방 뒤 미군정은 일본의 관료체계를 유지하면서 몇몇 부서를 신설하고 변형시켰다. 조선총독부 조직 정비는 1945년 9월 24일 군정법령 제1호 '위생국 설치에 관한 건'이 발포됨으로써 이루어졌다. 재조선 미국 육군사령부 군정청 법령 제1호는 식민지 시대 위생행정을 담당하던 경무국 위생과를 폐지하고 위생국을 신설하면서 경무국 위생과의 모든 자금과 문서를 신설 위생국에 이속하도록 했다.[4] 육군의 맥도널드가 임명사령 제1호로 위생국장에 임명되었다. 위생국은 1945년 10월 2일에 맥아더 사령부에 공중보건후생국이 설치됨에 따라 10월 27일 법령 제18호에 의하여 보건후생국으로 명칭과 조직이 변경되었다.[5] 1945년 11월 7일에는 각 도에 보건후생부를 설치하는 법령 제25호가 공포되었다. 1946년 10월 23일 법령 제114호에 의하여 기존의 중앙 보건후생국은 부로, 지방 보건후생부는 국으로 변경되었다.

보건후생부는 17개의 국을 거느린 최대 규모의 행정부서가 되었다. 의료인 및 병원 관리, 학교 및 모자보건, 위생 시설 감독, 수의와 방역, 인구통계, 실업자와 극빈자 부조에 이르기까지, 보건후생부의 손길이 닿지 않는 영역이 없었다.[6]

대한민국정부가 수립되자 사회부에 보건후생부를 흡수시켰다. 보건후생부가 사회부의 1개 국으로 격하됨으로써 지방의 보건행정기구도 바뀌었다. 각 도에 사회국이 설치되어 노동, 의약, 위생, 후생시설 구호 및 부녀에 관한 사항을 총괄했다. 1949년 3월 15일, 국회는 보건부 독립안을 가결했고 3월 31일에 대통령령 제33호로 보건부 직제가 공포되었다.

그러나 내무부와 보건부 사이에 업무를 두고 여러 차례 혼선을 빚었다. 1950년 10월에 내무부 장관 조병옥은 위생 사무를 내무부에서 맡게 된 경위를 아래와 같이 설명한다.

> 일반 민도의 저열로 또는 민중의 의식이 부족하여 소기의 성과를 거두지 못함에 비추어 정부는 위생 풍기 등의 보건행정에 있어서 당분간 경찰권을 발동하지 않으면 안 되겠다고 판단하고 이번 보건부로부터 접객 영업 및 청소에 관한 행정사무 일체를 당부에 이관하게 되었다. 따라서 본관은 영업 행정의 간소화를 도모하여 국민 각위의 허가에 대한 이중적 수속의 폐를 일소하고 강력한 위생행정의 실현을 위하여 이에 관한 행정사무 일체를 조속히 경

찰에 이관 실시토록 관하 각 시도에 시달하겠(다).[7]

보건 관계 소관이었던 위생행정사무가 내무부 장관의 통첩에 따라 경찰국 보안과에 이관케 되어 여기에 위생계가 신설되었다.[8] 그리고 위생사무, 분뇨 수거 등이 1950년 11월 22일부로 대통령령으로 경찰에 이관되었다. 이 업무들은 다시 1951년 8월에 보건부로 이관되었다.

단기 4284(1951)년 8월 24일 대통령령 제524호 및 제525호로 경찰행정의 통하여 오던 위생 사무를 이관하여 과거 경찰에서 행하던 모든 위생관계 취체규칙이 보건관리에 이관 시행되고 있으며 단기 4284(1951)년 11월 18일 공포된 전시생활 개선법 중 위생에 관한 사무는 보건관서 위생검찰 공무원에 의하여 시행되고 있으니 그 관계 법규에 의하여 사법경찰관 경찰 관리 직무 취급의 지명이 없이는 동법의 운행에 지장이 막심하며 위생행정 사무의 집행에 만전을 기할 수 없음.[9]

위생 사무가 다시 보건부에 이관되었지만 여전히 경찰의 소관 아래 있어 일처리가 진척되지 않는다는 지적이다. 이런 상황은 UNCACK 주간 보고서에도 지적되고 있다.

1947년까지 전염병 발생과 보건과 위생 상태에 관한 업무는 경찰의 일이었다. 지금은 이 일은 보건부로 이전되었다. 그러나 일을 수행하기 위한 체계를 세우지 못했다. 현재 (강원도) 각 군은 여전히 경찰서에서 전염병의 불규칙하고 비정기적인 수치만을 보고받고 있다. 확실한 체계 없이 이들 보고서가 수집된다. 정보의 출처는 각 면에 있는 지방 의사에게 나왔음이 틀림없다. 그는 면 경찰서에 전염병 발생을 보고한다. 나중에 이 정보는 군 경찰서로 보낸다. 마지막으로 군의 보건관리에게 제출한다. 공중보건 보고(서)를 수집하고 제출하는 실질적 체계의 마련이 권고되어야 한다. 군과 면에는 공중보건 관련 자료를 수집, 보고할 조직이 없다. 보건당국이 실행 가능한 행정체계가 나올 때까지 정보 수집은 경찰의 위생계에서 얻어야 한다.[10]

전에 경찰의 책임이었던 위생이 전적으로 보건부 통제 아래 있다고 믿는다. 행정적 변화가 기대된다고 군수가 말했지만 지금까지 중앙정부로부터 사무적 정보를 받지 못했다.[11]

위생부의 이전이 경찰에서 보건부로 이루어졌다. 불행하게도 부가된 임무를 수행하기 위해 새로운 인원을 고용하지 않았다. 자금이 없기 때문이다. 공중보건부 관리는 중앙정부로부터 기구는 받았다고 말했다. 증가된 인원 없이 증가된 업무만 있다.[12]

UNCACK 지역 팀은 위생 사무가 내무부에서 보건부로 이전되었지만 보건부로부터 지시를 받지 않은 지역도 있고, 군과 면 단위의 행정 체계가 마련되지 않았다. 특히 지방 보건기구는 인원 증가 없이 업무만 증가된 셈이다. 보건 관련 기구의 인원 감소가 어느 정도인지 〈표 31〉를 보면 드러난다.

〈표 31〉에 따르면, 보건행정관리는 미군정기 869명, 1948년 8월 정부수립 뒤 568명, 1951년 4월에 329명으로 감소되었다. 1951년 4월 현재, 10명 가운데 4명만 남아 있는 셈이다. 보건행정관리의 감소는 그 뒤에도 이어졌다. 중앙방역연구소는 일제강점기에 84명, 미군정기 126명, 정부수

<표 31> 보건 관련 행정관리[13]

조직명	미군정기	1948년 8월	1951년 4월
보건과	248	109	46
중앙화학연구소	74	48	27
중앙방역연구소	126	109	59
제1결핵억제 요양소	96	44	25
제2결핵억제 요양소		52	32
중앙나병원	175	82	51
국립보건 아동수용소		8	6
중앙성병원	21	16	9
중앙보건소	35	20	12
중앙진료소	8	22	13
해군 공군 검역소	86	58	49
총계	**869**	**568**	**329**

립 뒤인 1948년 8월 109명 그 뒤에 97명, 76명으로 감소되다가 1951년 4월 현재 59명이었다. 1953년에 공무원 처우 개선 명목으로 다시 52명으로 감원되었다. 중앙방역연구소는 사업은 가중되는데 독단적인 감원 실시는 도저히 이해하기 곤란하다고 지적했다.[14] 1953년 9월 충청남도 월간 보고서에서 그 점을 다음과 같이 지적하고 있다.

> 정부 관리의 감소는 공중보건 업무에서 지방과 군에 나쁜 영향을 주었다. 지방 공중보건부는 14명 중 5명이 감소되었고 그들 가운데 의사는 최근 BCG나 전염병 담당자로, 의사와 간호사는 이동 팀으로 이동시켰다. (…) 14개 군에 공중보건 기술자는 오직 8곳만 채워졌다. (…) 35%의 인원 감소는 (…) 대전병원의 경우 9명의 훈련받은 간호사는 200명의 입원환자를 돌봐야 한다.[15]

충남의 사례지만 다른 지방도 크게 다르지 않았다. 충남 공중보건부는 14개 군에 1/3이 감소되었고, 14개 군 가운데 절반의 군에 공중보건 위생기사가 없었다. 병원의 사정도 다르지 않았다. 1명의 간호사가 22명의 환자를 담당하는 상황이다. 여기에 보건 업무는 늘어났지만 인원이 감소되어 당연하게도 업무를 처리할 수 없었다. 업무를 처리할 수 없다면 '자원' 형식을 빌린 동원으로 채워갔다.

2

1개 면에 1개의 보건소를

전쟁은 많은 사람의 희생을 동반하면서 의학 특히 외과 부문에서의 기술적 혁신을 가져왔고 병원 업무나 간호 업무에도 개혁을 가져왔을 뿐만 아니라 국민건강에 관련된 많은 제도적 변화도 초래했다.[16] 한국전쟁도 크게 다르지 않았다.

1) 의료반과 보건진료소

일제강점기 자혜의원은 13개 도에 하나씩 설치되었던 국립병원이었다. 1910년 자혜의원이 전국 주요 도시에 설립되었다. 제국의 통치자들은 병원 공간이 제국의 경계선을 확장하는 데 기여한다고 분명하게 인식했다. 전국의 자혜의원은 위생의 경계초소로 기능함으로써 메이지 일본이 만들어가려는 조선에 대한 통치의 경계선과 정확하게 맞아떨어졌다.[17] 자혜의원에서 선전한 바와 같이 일본은 자신이 베푸는 시혜의 한 요소로 근대적 의료를 강조했으며 그것은 개인적 차원에서 일본인 의사, 한국인 환자라는 미시권력 관계를 통하여 실현되는 것이고, 식민지 통치의 정당화로 연결되었다.[18] 위생의 경계선이든 시혜적 의료기관이든 간에 자혜의원의 혜택을 받은 식민지인은 소수이다.

그러나 한국전쟁 때 수행된 예방접종은 모든 한국인을 대상으로 했다. 철도역, 주요 교통요지, 시장 등지에서 사람이 모이는 곳이면 어디든지, 지방의 경우 마을마다 찾아다니면서 접종이 이루어졌다. 어떻게 전인구에게 접종이 가능했는가. 이를 가능하게 한 것은 보건진료소이다.

해방 뒤, 미군정은 예방의학을 강조하고 서울에 2개, 각 도에 1개의 보건소 설립을 적극 추진했다. 그러나 미군정이 예상한 만큼 효과를 얻지 못했다. 그런데 한국전쟁을 계기로 보건소보다 작은 보건진료소가 전국에 설치되었다. 보건진료소가 세워진 토대는 UNCACK의 의료 팀(반)에서 출발한다. UNCACK 지방 팀이 초기에 어떻게 예방접종을 시행했는지 주간 보고서 기록을 살펴보자.

1951.1.12: 피난민에 의한 유행성 질병이 확산되는 것을 막기 위해 CA 팀의 충고를 지방 정부는 들어야 한다. 기찻길, 강가, 길가는 소독하고 검역소는 서울에서 남쪽으로 내려가는 길에 세워야 한다.[19]

1951.2.5: 의료반 회의가 있었다. 보멜(Van Bommel) 의사가 전염병 예방 방법을 조사했다. 1명의 의사, 간호원, 보조자로 이루어진 의료반이 지방 구석 구석 필요한 곳에 만들어질 것이다.[20]

1951.2.17: 우리는 오전 9시부터 오후 5시까지 7일 동안 3곳의 검역소에 DDT를 살포하고 백신을 공급했다. 두창, 발진티푸스, 장티푸스 백신으로 예방접종을 했다. 각 검역소에는 3명의 한국인 의사와 여러 명의 간호사가 있다. 각 검역소에는 20명의 보이스카우트가 명령을 듣고 백신과 살포 카드를 배포하고 있다.[21]

1951.2.24: 우리는 군과 면 책임자, 경찰, 의사 그리고 정보를 얻기 위해 백신과 DDT 살포 팀과 만났다. 기술적 결점을 교정하고 지침서를 팀원들에게 주었다. 이 팀의 정신은 아주 좋다. 의사와 군수는 병이 발병하는 즉시 전염병의 원인을 보고하겠다고 했다.[22]

1951.3.11: 군에 고용된 의사 1명을 제외하고 면과 군에는 전염병 예방 임무를 맡은 공중보건원이 없다. 군과 면에서 관리자를 돕기 위한 간단한 메모를 만들었다. 그 메모에는 발진티푸스 진단 내용이 상세하게 서술되었다.[23]

1951.4.14: 3개 의료반이 있다. 1951년 2월 1일에 고용되었고 임금은 많지 않다. 이들은 프로그램을 보조하는 데 정말로 필요하다. 임금을 지불하고 유지해야 한다. 그러나 지방 보건당국자들은 그들에 지불할 자금이 없다고 한다. 모든 반에는 의사 1명, 간호원 1명, 위생기사(또는 보조자) 1명으로 구성되어 있다. 또한 20명의 DDT 살포반이 있는데 지금 여기에서 자원으로 일하고 있고 어떠한 임금을 받지 않고 있다.[24]

1951.5.6: 탈출한 서울 시민은 피난민 길을 따라 설치된 의료구호소에서 접종을 받도록 했다. 피난민 수용소가 세워졌고 의료반은 이들 지점에 검역소를 두었다.[25]

1951.5.19: 9개의 면에 9개 접종반이 있다. 그들은 UNCACK이 제공한 차를 타고 이동했다. 모든 백신이 사용되었다. 같은 형태의 프로그램이 보은군에 다음 주에 이행될 것이다.[26]

UNCACK은 전인구에게 예방접종을 실시하기 위해서 의료반이 필요했다. 초기는 지역마다 다양한 형태의 의료반을 운영했다. 대체로 1면에 1개의 의료반을 만들어 이들로 하여금 지방을 이동하면서 접종을 하도록 했다. 의료반은 의사 1명, 간호사 1명, 위생기사(또는 보조자) 1명으로 3인

또는 5인 1조로 구성되었다. 문제는 이들을 운영하기 위한 예산이 문제였다. 따라서 UNCACK은 이 문제를 한국의 보건부가 해결하도록 요구했

사진 6-1 **보건진료소** / 사진 6-2 **진료 장면**

다. 1951년 7월 8일에 의료반을 기반으로 하는 진료소 설치 계획을 알려왔다.

> 보건부가 직접 임금을 지불하는 반을 제외하고 모든 의료반은 지방 보건부의 통제 아래 있고 UNCACK 보건 장교의 직접적 감독을 받는다.
> 앞으로 구호 의료 진료소를 500개 세울 계획이다. 의사 1, 간호 1, 보조 2명으로 구성한다. 팀 사령관은 공중보건 임무와 구호 의료를 완성하려는 책임성을 갖는 진료소 건립 계획을 고려한다. 영구적 진료소가 지역사회에 이익을 가져다주고, 임금도 높아질 것이다.[27]

의료반은 점차 보건진료소로 변모했다. 의료반이 보건진료소로 전환

<표 32> 1951년도 진료소 설치 현황

기간	서울	경기	충북	충남	전북	전남	경북	경남	강원	제주	거제	총계
3월 21일		1	5					28		4	11	**49**
4월 4일			7		37		33	28		31	11	**147**
4월 11일		5	9	16	37	45	33	32		25	11	**213**
4월 18일			10	21	37	45	33	33		25	10	**214**
4월 25일	12	24	11	21	37	45	33	39			10	**232**
5월 9일		24	12	17	37	45	35	42	2	24	10	**248**
5월 30일		27	30	17	37	45	42	47	3	30	10	**288**
6월 13일		24	30	17	37	45	42	47	3	27	10	**282**
8월 1일	5	30	36	20	37	45	42	51	15	21	10	**312**
8월 8일	5	29	36	20	37	45	42	51	28	21	10	**324**
9월 19일	11	33	39	20	42	45	40	52	28	18	10	**338**
9월 26일	11	33	40	20	42	45	40	52	29	18	13	**343**

되기 시작한 때는 1951년 9월이다. "보건소는 각 지방 구석구석에 설치되어야 한다. 보건소에는 의사 1명, 간호사 1명과 2명의 보조원이 있다. 공중보건 기능을 완수하는 보건소는 병원과 연결되어야 하고 외래환자와 실제적으로 연결되어야 한다. UNCACK은 의료와 공중보건을 지원하는 책임이 있고 개인적 훈련을 돕고 프로그램의 일부 재정을 정부가 수행할 수 있도록 도와야 한다."[28]

의료반이 보건진료소로 변해 가는 과정은 각 도의 주간 보고서에서 좀 더 상세하게 나와 있는데 〈표 32〉에서 그 상황을 확인할 수 있다.

〈표 32〉에 따르면 진료소는 3월 21일 49개소였는데 4월 11일에 213개로, 4월 25일에 232개로, 5월 30일에는 288개로 늘어났다. 그리고 8월에 이르면 300개 넘게 조직되었다. 한편 보건부 장관 오한영의 보고에는 1951년 4월에 영구 팀 226개, 임시 팀 74개로 300개의 의료반이 조직되었다고 발표했다.[29]

2) 500여 개, 보건진료소 운영

UNCACK 1952년 1월 보고서에는 보건진료소 총 500개 운영 계획이 기술되어 있다. 이들 진료소는 의사 1명, 보조 1명, 간호사 2명의 구성원을 갖추고 소모성 그리고 비소모성 물품의 보급은 UNCACK이 제공했다. 지금까지 400개 진료소가 세워졌고 가능한 한 500개로 증가할 계획이었다.

500여 개의 보건진료소 운영에 대한 UNCACK의 제안은 이미 일본에서 시행된 보건소와 깊은 연관이 있다. 극동사령부 보건복지부장 샘스는

"1945년 종전 시까지는 일본에는 극히 원시적인 보건후생 기구만이 있었기 때문에 가장 효과적인 보건후생 행정기구를 창설할 수 있었다. 보건후생의 근본인 즉 질병 예방, 의료, 후생 및 사회보장을 단일기구 내에 합동하는 결정을 보았다."라고 말하면서 가장 성공적인 사례로 보건소 운영을 제기했다.[30] 샘스 준장은 일본에서 행한 500개 보건소 설치와 효과를 다음과 같이 설명한다.

> 사망률의 감소와 수명의 연장은 현재적 보건후생 행정기구를 통한 질병 예방과 의료의 현대적 방법을 전국적으로 실시한 결과에 귀하는 것이다. 일본 및 세계의 다른 국가 특히 극동 제국의 국민에게 우리가 민주주의 본질이라고 생각하고 있는 개인의 가치에도 필적할 만한 것을 제시함에 있어서 상기한 현대적 사업이 실시되지 않았으면 그리고 전쟁 전의 사망률이 그전 수준에 그대로 지속되었으면 1945년과 1951년에 사망하였을 대략 300만 일본인에게 점령이 가져온 실제적 선물인 인명보다 더 중요한 것이 또 무엇이 있을지는 모른다.[31]

윈슬로는 1910년부터 등장한 보건의 특징을 개인위생 교육의 강조와 전인구에게 조직적으로 건강진단을 실시하여 예방을 위한 실질적인 세력으로 의사들을 이용하는 것이라고 했다.[32] 이는 미국 예방의학의 주요한 업무였다. 이런 예방의학을 넓히는 주요한 장치가 보건소였다. 그런데 동아시아에서의 보건소는 예방의학을 넘어 미국이 제시하는 민주주의의 가시화였다. 곧 보건소 체계는 예방의학을 펼치는 장소이자 미국식 민주주의의 가시화된 공간이었다.

여하튼 보건진료소는 이러한 방향을 견지하고 있었다. 보건부는 보건진료소 설치 계획을 국무회의에 제기했다.

> 응급의료반에 대치할 500개 보건진료소를 설치할 계획이오니 본 계획 실시에 관하여 실행가능성 여부 기타에 관하여 다각도로 검토하자고 고견을 제시하여 주심을 무망하는 바입니다.
> 본 계획은 UNCAC 당국자의 찬동을 얻은 바이고 본 계획 실시에 필요한 의료기구 및 의약품 500개소 분은 무료 제공하겠다는 확약이 있사오니 UN 원조 정신을 충분히 발휘하여 한국 보건사업의 기초를 재건함에 절호의 기회라고 사료됨으로 이점 특히 유의하시요.[33]

계획서에 제출된 보건진료소의 사명은 "일반 세궁민, 피난민, 전상자, 전재자 및 군경 유가족의 무료 시책, 일반 주민의 치료, 전염병 방역(예방주사, DDT 소독, 기타 예방조치), 공중보건 향상에 필요한 지도 및 보건상담, 모자보건과 위생, 보건 통계 보고"이다. 그리고 보건진료소는 인구 4만 명당 1개소를 설치하고, 운영은 "의료조합을 조직할 예정이지만 현재는 읍·면장을 수반으로 하는 보건진료소 운영위원회를 조직해 경영케" 하고 "정부는 인건비를, UNCACK은 의료기구 및 의료 약품을, 지역주민은 진료소 건물 직원 주택과 양곡 그리고 땔감 제공"을 원칙으로 했다.[34] 1951년 12월 24일 전라북도 보건진료소 의료기술요원 회의에서 제안된 복무 요령에 따르면 "이들의 임금은 의사 1인당 하루 수당 금 3000환, 치과의사 1인 3000환, 약제사 3000환, 조수 2500환, 간호사 2500환"으로 책정되었다.[35]

그리고 진료소 500개 설치는 "행정구역별 면 수 1524개 면에 현행 의료 방역반 300반으로는 군당 27반에 불과한 실정이다. 757개의 무의면을

고려하여 3면에 27개소의 비율"에 근거해 제안되었다.[36]

보건진료소의 가장 중요한 사업은 방역 및 위생 사업과 보건 통계 사업이다. 전염병 예방 사업은 전염병 예방주사, DDT 살포 및 소독 작업, 두묘(痘苗) 접종, 전염병 환자 발생 실태조사, 청소 사업, 접객 업자에 대한 검진 사업, 위생사상의 보급 및 계몽선전 등이다.

그리고 보건진료소장은 매주 또는 매월 '구료 사업 월보, 수배 약품 재고 월보, 구료 사업 주보, 전염병 발생 급보 및 전기 보고, 예방주사 실시 주보, DDT 살포 주보' 등의 보건 통계를 시장, 군수에게 보고해야 한다. UNCACK은 보건진료소를 통해 전염병 예방뿐만 아니라 질병에 대한 정확한 보고와 통계, 환경위생, 위생기사의 훈련, 위생 담론을 전개하고자 했다.

〈표 33〉에서 보건진료소 운영 예산 내역을 살펴보자.

<표 33> 보건진료소 운영 예산 내역 조사(단위: 원)[37]

시도별	진료소 수	국고보조	지방 주민 부담	UNCACK 원조	계
서울	37	285,368,864	135,067,760	954,736,530	1,375,173,154
경기도	62	478,185,664	226,329,760	1599,828,780	2,304,344,204
충북	29	223,667,488	105,863,920	748,307,010	1,077,838,418
충남	55	424,196,960	200,776,400	1419,202,950	2,044,176,310
전북	49	377,920,928	178,873,520	1264,380,810	1,821,175,258
전남	66	509,036,352	240,936,680	1703,043,540	2,453,016,572
경북	78	610,588,416	284,737,440	2012,687,820	2,908,013,676
경남	73	563,025,026	266,485,040	1883,669,370	2,713,179,436
강원도	42	323,932,224	153,320,160	1083,754,980	1,561,007,364
제주도	9	69,414,048	32,854,320	232,232,210	334,500,578
계	**500**	**3,865,335,970**	**1,825,245,000**	**12,901,844,000**	**18,592,424,970**
비율		**20.7**	**9.8**	**69.4**	**100**

〈표 33〉의 보건진료소 운영 예산 내역에 따르면 보건진료소는 크게 국고보조, 지방 주민 부담, UNCACK 지원이라는 형태로 운영되었다. 비율은 국고보조가 20.7% 지방 주민 부담이 9.8% UNCACK 원조가 69.4%를 차지하고 있다. 국고보조 비용은 임금이 37.3%, 소모품비가 57.4%를 차지했다. 여하튼 보건진료소의 운영비용 70%가량이 UNCACK에서 제공되었다.

보건진료소 운영의 약품과 의료용 기구는 모두 UNCACK에서 제공받았다. 이 체계는 다른 어떤 사업보다 행정부의 부담이 적었기 때문에 정상적으로 운영된다면 보건의료 체계를 일찍 마련할 수 있는 기회였다. 1952년 7월 송정 보건진료소 소장은 보건진료소의 의의를 "선진 각국이 기왕에 치료의학의 단계를 벗어나고 예방의학을 추진하고 있고 우리나라도 예방의학의 지향과 신속한 추진이 필요하고 의학상 1Quance의 예방이 1Pound의 치료보다 낫다는 것을 잘 알기 때문에 순전한 행정관이 하는 것보다 방역을 진료소에서 한다는 것이 얼마큼 실질적인가 성과적인가를 알 것입니다."라고 주장했다.

UNCACK은 지방 팀별로 지방의 진료소를 탐방해 진료소 실정을 파악해나갔다. 1951년 5월 19일자 제주도 주간 보고서에 따르면, 담당 장교가 5월 14-16일 동안 보건관리자와 섬을 둘러보았다. 이번 여행에서 각 진료소, 각 병원, 각 면 사무실을 방문했다. 각 진료소는 '진료소로 사용하기에 적당한가, 진료소 인원과 능력, 입원환자와 외래환자 수, 접종과 전염병, 의료 공급과 백신' 따위의 항목을 점검했다.[38] 아래는 각 팀의 진료소 탐방 내용의 일부이다.

UNCACK 경상남도 팀 보건 장교와 위생기사가 진양, 의령, 합천, 산청, 고성을 방문했다.

진양(진주): 지방 병원 대부분이 상당히 더럽고 열악하다. 관리자는 기금의 부족 때문이라고 말한다. 보건교육은 진료소 의사와 공중 의사가 담당하고 있다.

의령: 1명의 의사와 2명의 조수가 있다. 상당히 잘 운영되고 있다.

합천: 진료소는 의사 사택에 있다. 잘 갖추어져 있고 깨끗하다. 매일 평균 환자는 20명이 넘지 않는다. 1명의 의사, 조수 그리고 1명의 간호사가 일하고 있다. 의료 공급품을 절도 당했는데 최근 삼구면에 있는 의사에게 팔렸다는 사실을 알았다.

산청: 현재 진료소는 군청에 있다. 작지만 깨끗하고 매일 25-30명의 환자를 받는다. 산청읍, 삼천포읍, 고양에 보건진료소를 세울 계획이다.

고성: 보건관리자들이 보건교육 프로그램 이행을 논의했다.[39]

(강원도의) 모든 진료소와 병원을 이 기간 동안 방문했다. 병원과 진료소에서 불리한 상황에서 일함에도 불구하고 그들은 상당수의 외래환자와 입원환자를 훌륭하게 돌보고 있다. 10군단 관할 아래 있는 민간인 병원을 방문했는데 100명의 입원환자로 업무량을 넘어섰지만 훌륭하게 일하고 있다. 10군단과 1군단이 관할하는 병원과 진료소를 포함한다면 이 지방에서 적어도 40개의 진료소가 있다.[40]

진료소는 1951년 330개, 1952년 500개, 1953년에 570개로 늘어났다. 〈표 34〉 1952년 11월 월간 보고서에 보고된 병원과 진료소 수 그리고 입원환자와 외래환자 수이다. 1952년 11월 월간 보고서에 진료소와 병원의 통계는 〈표 34〉와 같은데 진료소는 525개로 보고되었다. 1953년에 570개

<표 34> 1952 11월 병원과 진료소[41]

	수			입원환자		외래환자	
	진료소	병원	침상수	매일 평균	1월 이래	이 기간	1월 이래
서울	21	19	1,549	1,107	308,387	76,607	757,970
경기	75	7	580	695	257,587	222,566	1,655,463
충북	42	8	782	352	94,320	48,166	518,568
충남	38	4	241	56	20,365	29,838	331,094
전북	55	4	275	143	313,192	66,982	1,147,267
전남	61	8	834	936	291,013	100,061	1,157,089
경북	62	11	869	364	165,871	67,500	789,380
경남	69	17	1,435	760	324,574	77,250	679,046
강원	83	23	3,681	2,112	600,022	231,449	1,925,693
제주	19	2	110	68	24,702	19,076	254,962
계	**525**	**103**	**10,356**	**6,593**	**2,400,033**	**939,495**	**9,216,532**

의 진료소가 운영돼 매일 평균 2만 1444명이 방문하고 방문객의 96%가 구호를 받았다.[42]

3

방역반의 운영

"위생 관리들은 공중보건 관리의 삼쌍둥이이다. 의사는 질병 예방에 관심 있고 인간의 몸 안을 통제하려고 한다. 위생기사는 인간 몸에 결정적 영향을 주는 환경을 개발해 질병을 예방한다. 공중위생과 개인위생의 기준이 극단적으로 원시적인 한국과 같은 나라에서 유엔 위생 전문가들은 대중에게 DDT를 살포함으로써 발진티푸스를 통제하는 데 도움을 주었다. 그리고 그들은 폐기물 처분법을 개선해 유기체 발생을 통제하는 법을 훈련함으로써, 오염으로부터 식량과 물을 보호함으로써 장티푸스와 이질과 같은 장내 질병의 통제를 돕는다. 서울, 부산, 대구, 대전, 목포, 군산과 같은 대도시에서 위생기사의 원조와 공급은 전쟁으로 파괴된 수도 복구 작업을 끝마치게 했다. 만약 한국에서 공중보건 업적이 성취되었다면, 유엔 공중위생과 공중보건 의사들은 '형제적 행위'로 인정해야 한다." _「한국에서의 UNCACK 구호활동 특별 보고」

1) DDT 살포, 위생반

DDT 살포를 위한 위생반은 어떻게 구성되고 운영되었는가. 지방 팀은 DDT의 살포와 함께 위생검사를 실시했다. 이 과정을 『국련군 한국 민간 구제 및 경제원조』에서 아래와 같이 기술되어 있다.

> 위생 특파대가 피난민 중에서 선발 조직되었으며 그들의 임무는 지상 검사, 우물 청소, 수도시설 소독 및 다른 피난민에게 수용소의 위생 방법 규칙에 관한 지도를 하는 것이었다.
> 또 자원봉사반을 이용하여 발진티푸스와 재귀열을 방지하는데 긴급히 요청되는 DDT 발포사업에 종사하였다. 피난민 수용소에서의 사업이 순조로 진행됨에 따라 부산, 대구 주변 지구 전역에 걸쳐 각 도시 촌락에서도 역시 위생반이 조직되어 피난민 집결소에서 집행되는 것과 동일한 활동을 하게 되었다. 1950년 겨울이 닥쳐오자 유엔과 한국의 위생 관계 당국은 위생대를 조직해 대규모의 DDT 발포 활동을 개시했다. 이 DDT 살포대는 모든 피난민 집결소에는 물론이요 국련군의 이북 돌파에 따라 북방으로 이동을 시작한 피난민 집단들도 소독하기 위하여 도로에 따라서 위생소를 설치하였다.[43]

피난민 중에서 선발하거나 지역에서 자원봉사반을 만들어 DDT 살포팀을 만들어 작업했다. 그렇다면 UNCACK 각 지방 팀의 주간 보고서에서 DDT 살포가 어떻게 진행되었는지 살펴보자.

> **1951.1.11 경북**: 대구시 모든 가옥에 DDT 살포를 이행했다. 중학교 여학생

과 남학생을 이용해서 이 작업을 완수했다. 피난민의 루트가 바뀌면 이 팀은 수를 줄여 피난민과 함께 갈 것이다.[44]

1951.1.12: 서울은 보이스카우트를 이용했다. 이들을 이용할 수 없다면 훈련할 적당할 사람을 찾아 수행했다. 한강을 건너는 사람들에게 살포해야 한다. 애월 수용소에서는 100명의 학생, 25명의 선생들과 32명의 보이스카우트를 이용했다. 살포 훈련을 받은 이들은 팀으로 조직되어 2748 가옥을 살포했고 2만 7722명에게 살포했다.[45]

1951.3.31 경기: 이 주 동안 8만 4004명에게 살포했다. 검역소는 중심지와 시장의 쌀 배급소에 설치되었다. DDT 항공살포가 필요하다.[46]

1951.4.15 경남: 모기 박멸 운동이 부산시에서 성공적으로 완수되었다. 부산시 보건부는 75명의 남성을 고용할 것이다. 이들은 5명씩 15개 반으로 구성된다. 그들은 군인과 협조해 일한다. 그들은 군인이 책임지지 않는 지역에서 살포 책임이 있다.[47]

1951.5.3 제주: DDT 살포는 일부 지역에서는 군인이 작업했다. 그러나 군인은 곧장 다른 지역으로 소환되어 살포를 위해 민간인으로 구성된 팀이 필요하다. 민간인 살포 팀을 훈련시켜야 한다.[48]

1951.5.13 경남: 마산 지부 팀은 DDT 살포 계획이 이 지역에서 군의 통제 아래 시작되었다고 보고했다. 부산시는 DDT 살포를 위해 50명의 노동자를 고용했다. 2580시간 동안 건물과 변소에 5% 액체 DDT의 900갤런을 살포했다.[49]

1951.5.19 제주: 1951년 5월 15일 2시에 CAC 위생기사, 면장, 부면장, 지방 공중보건부 책임자, 제주시 공중보건부, 제주시 위생부 책임자, 제주시 의료 부대장 등이 모여 회의를 했다. 이 자리에서 DDT 살포 팀의 조직, 살포와 접종의 적절한 방법 논의, 쥐 박멸법, 정규적인 규범에 따른 위생법 등이 논

의되었다. 10명의 한국군 살포 팀은 본토로 돌아갔다. 새로운 팀이 지방 보건당국자에 의해 조직되었다.[50]

1951.6.9: 보이스카우트 의료반은 한강을 따라 피난민들에게 작업하기 위해 광주군으로 이동했다. 4개 반으로 나뉘어 이들은 피난민에게 접종과 살포했다.[51]

1951.6.16: 충주시의 모든 가옥들을 소독했다. 보이스카우트는 교육프로그램과 곤충 서식지를 제거하는데 충주시의 모든 동을 맡았다.[52]

UNCACK 지방 팀의 주간 보고서나 종합 보고서에 따르면 1월부터 3월까지 주로 중학교 학생들과 청소년 단체인 보이스카우트를 동원해서 DDT가 살포되었다. 일부 지역에서는 6월에도 여전히 보이스카우트를 동원했고, 이들이 DDT 살포를 맡았다. 물론 군부대 인근 지역은 군인이 작업을 했다. 보건부는 3월부터 주요 도시에서 DDT 살포를 했고 훈련받은 위생반을 조직하기 시작했다. 특히 부산시의 경우 5명을 1개 반으로 해서 15개 위생반을 조직해 75명을 고용했다. 오한영 보건부 장관의 보고에 따르면 1951년 3월 말 보건부는 지방별로 208개의 위생반을 계획했다. 서울 9개, 경기도 13개, 충청북도 18개, 충청남도 17개, 전라북도 63개, 전라남도 14개, 경상북도 25개, 경상남도 40개, 강원도 7개, 제주도 8개였다.[53] 그러나 지방마다 위생반 조직수도 다르고 경기와 충북의 경우 UNCACK 주간 보고서에 따르면 여전히 보이스카우트가 DDT 살포를 맡고 있는 지역도 있었다. 즉 지방별로 위생반 운영이 달랐던 것이다. 1951년 8월부터 지방마다 위생반을 군 단위로 조직했다. 전라남도 주간 보고서에 보고된 위생반의 상황을 살펴보자.

28개 팀으로 구성된 77명의 사람들이 지방 구석구석에 DDT 살포를 위해 고용되었다. 목포와 광주 팀만이 중앙정부의 지원을 받고 나머지는 지방이 책임진다. 1951년 4월 살포 프로그램이 시작되었고 1951년 7월 31일에 끝날 계획이다. 그러나 프로그램은 모기와 파리의 최전성기인 8월 말까지 확장되었다. 지방정부는 각 군에서 자원자를 모집할 것이다. 이 팀의 조직은 예방의학을 실천하기 위해 신병 모집을 염두에 둔 유형처럼 보인다.[54]

〈표 35〉에 따르면 군마다 2-5명으로 구성된 1개 위생반이 있었다. 그리고 광주와 목포를 제외하고 군의 위생반 임금은 지방에서 책임지고 있다. 그런데 지방은 자원자를 먼저 모집한다고 명시하고 있어 군에 고용된 위생반의 경우 임금을 받지 않았을 가능성이 높다.

여하튼 1951년 10월 말에 전국적으로 위생반의 조직 계획이 제출되었다. "보건부에서는 도시에서는 인구 3만에 위생반 1개소를 조직하고 촌락에 있어서는 인구 1만 5000에 1개소의 위생반을 조직하기로 했다. 위생

<표 35> 전라남도 군 위생반(1951년 8월 현재)[55]

지방	팀수	팀원 수	지방	팀 수	팀원 수	지방	팀 수	팀원 수
영광	1	2	화순	1	2	여수	1	5
장성	1	2	순천	1	5	해남	1	2
담양	1	2	승주	1	2	강진	1	2
곡성	1	2	광양	1	2	장흥	1	2
구례	1	2	목포	2	10	고흥	1	2
광산	1	2	무안	1	2	진도	1	2
광주	3	15	영암	1	2	완도	1	2
함평	1	2	보성	1	2			
나주	1	2	여천	1	2	**총계**	**28**	**77**

반 이외에 봉사대를 조직하여 위생반의 보조 역할을 담당하기로 하였으며 위생반의 1일분 작업은 50 내지 70호 정도 또는 2000명 이상의 인원에 구서(驅鼠), 구충(驅蟲) 소독을 실시하기로 되어 있다. 이 조직은 11월 1일부터 도, 시, 읍, 면 순으로 조속히 조직될 것으로 본부에서는 지도, 약품, 자재를 공급한다. 도, 시, 읍의 위생반은 구서, 구충의 책임자가 될 것이다. 실시 기간은 11월 초순경부터 내년 3월 말경까지 계속할 것이다."[56]

이들 위생반은 DDT를 살포하기 전에 "곤충 통제법, 살충제로서 DDT의 역할, DDT 가루의 혼합 방법, DDT 살포기를 채우고 적정하게 작동하는 법, 살포기의 청소와 장비의 청소법, 피난민 수용소에 살포하는 법" 따위의 간단한 훈련을 받았다.[57]

2) 위생반의 위생업무 확장

1951년 1월부터 7월까지 위생은 주로 DDT 살포에만 주력했다. 위생반의 주요 활동은 DDT 살포였다. 점차 위생업무가 방역 전반으로 확대되기 시작했다. 아래는 8월의 보고 내용이다.

> **1951.8.5 전북**: 원탁회의가 지방정부의 위생 담당자의 참석 아래 개최되었다. 주제는 학교에서의 위생기사 훈련과 조직 방법을 논의했다. 이 기간 동안 훈련받은 위생기사는 각 시의 공중보건부에서 정규직으로 일하게 된다. 전주는 6명의 위생기사를 고용했고 이들은 할당 지역을 맡는다.[58]
>
> **1951.8.12 경기**: 조사 결과 보건부와 경찰의 분할보다 합동으로 모든 위생 활동을 하는 것이 필요하다. 경찰은 위생검사를 훈련받지 않은 상태에서 일

한다. 그 결과 프로그램은 항상 임시로 처리되고 도시, 마을, 시골, 수용소의 위생 상태에 영향을 준다. 추가적인 예산 할당이 필요하다. 위생은 재정 없이 불가능하고 어떠한 보건 프로그램보다 기본이다.[59]

1951.8.16 전북: 1951년 8월 13일 월요일에 공중보건 장교가 김제군을 방문했다. DDT는 모든 위생 문제를 '치료'하는 것이 아니라 청결과 위생 수단의 기초적 환경이 각 지방에 마련되는 것이 중요하다고 강조했다. 전주시 경찰 위생 담당자와 쓰레기 수집과 제거 체계를 의논했다. 거리 청소는 피난민을 이용하도록 제안했다.[60]

1951.8.26 경기: 훈련 프로그램이 인천, 서울과 수원의 경찰과 공중보건 두 방역 사무소에서 계획되었다. 훈련 주제는 파리 박멸이다. 쓰레기를 수집해 제거하고 분뇨의 저장과 수집이 주요한 논의 주제이다.

청소 운동이 경기도와 서울에서 진행되었고 상당히 성공적이다. 많은 시민들이 동원되어 아침 일찍 6-8시까지 지역을 청소했다. 지역에서 나온 쓰레기는 운송 부족으로 태우거나 묻었다. 경찰서는 지역 시장에서 위생 활동을 하는 위생반(방역반)을 조직했다. 임금은 시장 협회에서 제공한다. 이들 지역의 위생이 상당히 개선되었다.[61]

1951.9.15 전남: DDT 살포 팀에게 지불되는 임금이 8월 31일에 중단되었다. 지방 자원 팀이 일을 하고 있다.[62]

1951.9.23 경기: 위생을 감독하기 위해 경기도에 다음과 같은 인원이 필요하다. 도에는 1명 위생 담당자, 6명의 위생 감독자, 군, 시 그리고 읍에는 32명의 위생 감독, 면에는 245명의 위생 감독자로 총 284명이 필요하다. 경찰에 의한 위생 감독은 지금도 서울에서 시 정부에 의해 시행되고 있다.[63]

DDT 살포 팀으로 불린 위생반은 일부 지역을 제외하고 대개 동원으

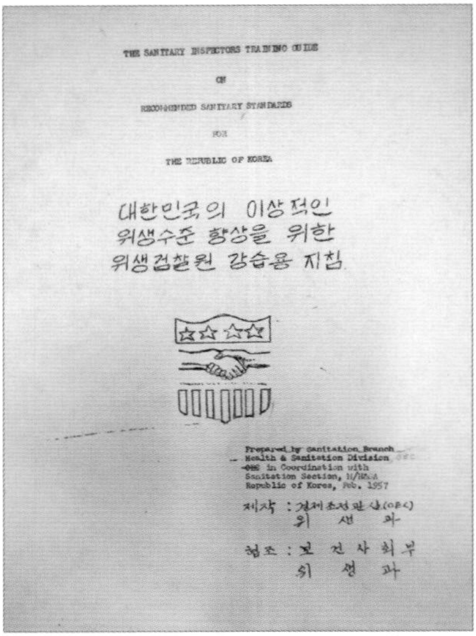

사진 6-3 **대한민국의 이상적인 위생 수준 향상을 위한 위생 검찰원 강습용 지침**

사진 6-4 **위생 검찰원**

로 인한 학생이나 청년 단체 그리고 '자원'자로 충원되었다. 이들은 DDT 살포를 위해 간단한 교육을 받았을 뿐 전반적인 위생 관련 업무를 교육받지 않았다. 1951년 12월 UNCACK은 위생검사 조직과 임무를 조정하기 시작했다. UNCACK 공중보건부는 위생 계획을 실행하기 위해 다음과 같이 조직개편을 제안했다.

> 공중보건부는 위생기사과, 실험과, 의료구호 간호과, 행정과, 예방의학과, 의료교육 회복과, 의료 공급 요청과를 둔다. 위생기사과는 아래와 같은 활동을 한다.
>
> **위생기사** - 위생 공급의 요구, 할당, 분배와 이용, 발진티푸스 통제, 여름철 곤충 통제, 쥐 박멸, 쓰레기 저장 · 수집 · 제거, 피난민 수용소의 위생, 공공

과 학교 교육 위생 자료, 위생 훈련 프로그램, 법규와 위생 기준, 산업 위생, 일반적 위생 문제

상하수도 – 물과 하수의 할당 · 분배 · 이용, 파괴된 상수도 복구, 상수도 기술과 운영 안내, 물 자원의 개발과 우물의 공급, 소독 장비의 설치와 운용 그리고 재료, 물의 질을 위한 실험 통제, 분뇨 제거를 포함한 하수 시설의 개발, 제빙 시설의 향상, 상하수도 훈련 프로그램

식품위생 – 음식 위생 통제, 식품 기준과 법, 규칙, 육류 생산, 식품 시장 향상, 어류 생산.[64]

이들 활동을 위해 UNCACK 위생부장인 리베리오(Riberio)와 비치우드(Dr. Beechwood)가 임명되었다. 위생과 식품에 관련해 리베리오와 비치우드는 한국전쟁 동안 한국에 들어와 제반 규칙과 교육을 시행했다.

위생반은 위생 감독과 방역이라는 업무를 함께 고려했고 위생 감독은 대개 경찰이나 헌병이 맡았다.

이는 1952년 9월에 실시된 『유행성 하계 뇌염 방역의 개요』에서 확인할 수 있다. 1952년 발행된 『유행성 하계 뇌염 방역의 개요』에 따르면, 중앙방역본부 요원(위생 검사자)은 요원증을 받았다. 그들에게 활동의 자유를 보장하기 위해 야간 통행증(경남 경찰국)과 임시 군복 착용증(국방부)을 허용했다.[65]

방역반 수는 208개이고 반당 인원은 4명으로 방역 총인원은 832명이다. 이 방역반은 배치 기간을 30일로 한정하고 있다. 방역반이 고정된 업무를 하거나 정규 고용이 아니었다.

1952년 11월 보건부는 위생 검사원이 393명이라고 UNCACK에 보고했다. 〈표 36〉이 그 것이다. 324명은 내무부에서, 69명은 보건부에서 임명

<표 36> 위생검사원 수 [66]

지방	검사 인원
서울	38
경기	40
강원	28
충북	42
충남	34
전북	38
전남	36
경북	50
경남	81
제주	6
총계	**393**

했다. 내무부에서 임명한 위생검사자의 임금은 지방에서 지불되었다. 보건부 소속은 17.5%인 69명으로 위생업무는 여전히 경찰의 담당이다.

보건사회부와 함께 1957년 경제조정관실(OEC)이 제작한 『대한민국의 이상적인 위생 수준 향상을 위한 위생 검찰원 강습용 지침』에는 "이 사람은 우리들의 위생 감찰원이다. 그는 우리들의 건강을 유지하기 위하여 개선해야 될 점에 관한 충고를 하려고 우리의 주위 환경을 검사한다. 그는 보건소 혹은 시 위생과에 근무하고 있다. 전문적인 용어로는 위생관이라고 부른다."라고 소개하고 있다. 그러나 위생관은 봄가을 방역에 따라 임시로 운영되었고 전문적 업무로 인식되지 않았다.

4

보건소법과 보건소

1) '유명무실한' 보건진료소

1952년 7월 송정 보건진료소 소장은 보건부에 진료소의 현황과 앞으로의 방향에 대해 편지를 보냈다.

"도내 군내에도 진료소장이 부임하여 생활보장이 되지 않어 그만두고 떠난 곳이 많을 것입니다. (…) 의사의 입장으로서는 적지 않은 가족을 이끌고 희망에 불타고 민족을 위하여 인술을 발휘하겠다고 부임하여 매일의 많은 환자에 몸이 과로에 이르고 하루 이틀은 견디더라도 1개월, 2개월 아무런 생활보장이 없을 때 단순한 중앙으로 부서 수당만 가지고 이것이나마 몇 개월씩 늦어오는 형편에 그 의사의 부임 당초의 정신에 위태를 주고 마는 것입니다.

전남에 배당주신 진료소 수 62개소라 듣고도 당국에서 현재 정상적 운영을 보고 있는 진료소 수는 40여 개소라고 말씀을 드렸습니다. (…) 현재 당 진료소에서는 의사, 기술원(약제사), 사무원(서무), 간호원 4명이 일하고 있습니다. 도에서 주신 인원입니다. 이 4명으로써는 100% 노력하고 100% 일하드라도 만족한 진료와 방역을 달성하기 힘듭니다. 일일 시골 장날이면 100여 명, 보통 날에도 80명 내외의 환자를 할 수 있는 데까지 검변, 혈침까지 하고 왕진까지 하면 방역에 대하여는 전연 착수할 수 없습니다. 그래서 부득이 무급 견습생으로 성인 1명, 의료 경험이 있는 사람, 소년 · 소녀 각 1명씩의 급사를 쓰고 있습니다. 그래서 최대한의 방역도 하고 있습니다."[67]

열악한 보건진료소의 현황이 잘 드러나 있다. 그는 보건진료소가 잘 운영되기 위해 '모범진료소 설치, 약품의 균점, 인원의 증강, 보건소법의 조속한 통과' 등을 제기했다. 그의 제안을 더 들어보자.

> 모범진료소 설치는 우선 각 도에 1-2개소의 모범진료소 실적을 보고 선정을 하여 Hospital Unit 같은 것을 도립의원에 줄 것이 아니라 모범진료소에 주고 목재, 시멘트 같은 자재 역시 특배를 하여 이 모범진료소로 하여금 피땀이 흐르는 노력을 재촉하여 좋은 성과를 거두어 이 모범진료소를 촬영하여 영화로 하여금 각 농촌에 순회 상영을 하여 일반에게 진료소라는 것을 인식시키어 계몽을 함으로써 의료 이용 조합의 발전이 기대될 것입니다.
>
> 약품 종류의 균점에 대해서는 4월 1일부터서는 2000원이란 조합비를 내고 오는 환자이기에 더욱 친절히 접하여야 하고 무엇보다도 병원에 다녀간 후 병이 잘 나서야만 가장 좋은 선전 계몽이 될 것입니다.
>
> 막대한 선전 계몽비를 소비하는 것보다 치병이 되었다는 감사한 마음 보이지 않은 크나큰 힘이 되어 각 동리로 각 민중으로 침투 선전될 것입니다. 언제까지나 영구한 요청이 아니고 우선 이용 조합의 정상적 운영까지의 요청입니다. 현재 건설기에 있는 진료소를 일반에게 좋은 인상을 주고 극히 필요하다는 것을 인식시키려면 현재 각지에 만연되고 창궐하고 있는 아메바성 이질을 카르바손 하나 없이 세균성 이질에 쓴 설파가이딘을 가지고 치료될

수 있겠습니까. 각종의 약품을 가지고도 기술 여하로 좋은 성과가 어려울진대 부족한 약품 그나마 적은 종류의 약으로 병을 치료하기에는 힘이 듭니다. 각 진료소에 방역원으로서 1명이라도 더 인원이 필요하다고 생각합니다. 기왕에 예산이 편성이 되었다는 것을 잘 압니다. 곤란하시면 모범진료소에라도 방역사를 1명씩 두고 진료소의 이상적 운영에 힘쓰면 합니다. 실은 의사도 내외과 2명 있어야 되겠습니다.

1952년 전국 500여 개 보건진료소 건설 계획이 마련되었고 실제로 각 지역에 보건진료소가 설립되었다. 보건진료소 소장의 편지는 보건진료소의 운영과 실정을 짐작하게 한다. 그리고 보건진료소의 문제와 대책을 제안했다. 사실 보건진료소는 보건소로 발전해가는 과정에 있었다. 보건진료소는 보건의료 체계가 치료가 아닌 예방의학으로 가는 방법 중 하나였다. 3-5명으로 구성된 의료반으로 출발했던 보건진료소가 단기적 예방접종 이외의 역할을 못하는 곳도 있었지만 보건소로 정착되기 위한 발걸음이기도 했다.

그런데 보건진료소는 설립된 지 3-4개월 만에 흔들렸다. 보건진료소 운영의 37%를 차지했던 행정부의 임금 미지불로 흔들리기 시작했다. 보건진료소 구성원이었던 3인 내지 5인의 임금 지불은 행정부에서 담당하기로 했는데 미지불 상태가 처음부터 제기되곤 했다.

1951.4.27 경북: 46개 의료반은 아직 임금을 받지 못했다. 중앙정부로부터 기금을 받지 못했기 때문에 은행에 현금이 없다고 한다.[68]

1951.5.31 경기: 도지사는 의료반에서 일하는 의료인에게 보수를 앞으로도 지불할 수 없다고 말했다. 그는 인플레이션이 가라앉을 때까지 기다려야 한

다고 말했다. 이들 사람들이 생존하기 위해 지불해야 하는데 터무니없다.[69]

1951.6.9 경북: 경산과 경주 의료반을 방문했다. 그들은 4월과 5월의 임금을 받지 못했다.[70]

1951.6.30 전남: 중앙정부로부터 아직도 의료반의 임금이 도착하지 않았다. 중앙정부에 이 문제의 심각성을 알리려 대표를 보냈다. 중요한 일을 맡기는데 더 이상 지체는 없어야 하고 더 이상 채무 불이행이 없어야 한다.[71]

1951.8.26 거제: 둔덕(에 있는) 의료반 담당 의사는 1월과 2월의 봉급을 지금 받았다. 3월 봉급은 8월 15일에 받았다. 4월 이래 임금을 받는 간사는 감소되었다. 8월에 의사만 진료소에 남았다. 함께 일하는 간호사는 1월 15일에 임금을 받고 8월 24일까지 한 푼도 받지 못했다.[72]

1951.9.3 거제: 현재 어떤 반도 5월 말 이래 월급을 받은 반은 없다. 둔덕에 간호사는 1951년 1월 13일 이래 임금을 받지 못했는데 사무실에서는 다른 간호사의 이름으로 임금이 지불되었다. 임금의 문제가 조사되고 있다.[73]

1951.9.4 경남: 마산 지부 팀 보고에 의하면 함안, 고성, 창원의 의료반들은 월급을 받지 못했다고 한다. 4개월가량 연체되었다.[74]

UNCACK 각 팀의 주간 보고서에 따르면 1951년 8월-9월 이래 각 지역의 보건진료소가 흔들리기 시작했다. 이는 중앙정부로부터의 임금이 제때에 지불되지 않았기 때문이다. 체불 임금은 결국 보건진료소의 전국적 확산을 막았고, 예방의료의 방향도 흔들었고, 의료인을 중앙과 도시로 집결시킨 원인이기도 했다.

보건진료소의 정착은 임금 미지불만 문제가 된 것은 아니었다. 언론 기사들은 보건진료소가 왜 유명무실해졌는지 다른 각도에서 지적하고 있다.

당국자의 말에 의하면 진료소는 유명무실한 응급치료에 그치는 존재로 하등의 농민 보건에 도움이 되지 못하고 있다 한다. 농민 보건을 위주로 창설된 동 진료소는 총수효의 약 10%가 도시에 설치되었다는 지적하고, 1개소에 의사, 간호부, 조수 등을 합쳐 불과 4명을 배치하고 전체 방역과 진료를 해야 한다는 당국의 맹목적인 계획은 당치 않은 일이라고 말하고 있다. 그리고 진료소 유지비는 전체 액의 반액을 해당 지역 농민이 부담하고 치료는 무료가 원칙이 되어 있음에도 불구하고 일부 지역에서는 진료 요금을 징수하고 있어 농민들은 결국 이중부담을 면치 못하고 있다[75]

여기에 약품의 배분 문제도 덧붙여졌다. 1953년 5월 경상북도 월간 보고서에 따르면, 5월 18-19일 진료소 의사 회의가 진행되었는데 다음의 문제를 논의했다. '곡물 공급의 부족, 다양한 약품 공급, 공급 약품의 상세한 사용 설명서 요청' 등이다.[76]

보건사회부 방역국장은 「보건진료소 속보」에서 전후 보건사업의 큰 문제를 상호 간 사업의 협조가 이루어지지 않다고 지적한다. "보건 분야에 있어서도 횡적인 연락이 없어 상호 간의 호흡을 같이하지 못할 뿐 아니라 상호 간의 사업 진행을 알지 못하여 남이 무엇을 구성하여 실천하고 있는지를 알지 못하며 따라서 협동작전에 있어 결정적인 결함을 띠고 있는 것이며 이것이 오늘의 보건사업 진전에 주는 결함 중에 중요한 이유가 되어 있는 것이다."[77]

보건진료소의 정착은 농민 위주가 아닌 여전히 도시 중심이라는 문제, 농민의 이중부담, 약품의 배급, 보건사업의 상호 간의 정보 교환 등이 주요 문제로 제시되었다. 그런데 이러한 상황에서 보건진료소의 정착을 방해했던 것은 의료인의 징집이었다.

한국전쟁 때 의사, 치과의사, 약제사, 간호사 및 의료 기술자는 등록된 거주지에 거주하고 3일 이상 거주지를 이탈할 때에는 시도청에 신고해 허가를 얻어야 했다. 그리고 이들에 대한 징집도 함께 이루어졌다. 1950년 말까지 전체 의사의 4분의1 가까이가 군의관이 되었고 전쟁 발발 당시 1651명이던 의무 병력은 5260명으로 3배 이상 급증했다.[78] 이러한 징집과 동원은 휴전협정이 진행될 때에도 이어졌다. UNCACK의 월간 보고서에서 이 문제를 지적하고 있다.

1953년 2월 강원: 이 지방의 91명 중 24명이 지난 2달 동안 군사훈련하러 갔다. 의사 부족을 가져왔고 약간의 지역은 의사 없고 병원은 조수만 있다.[79]

1953년 2월 전북: 몇 명의 의사들이 군사훈련을 마치고 돌아오기는 했지만 다른 것들은 의료 업무에서 아직까지 혼동을 가져오고 있다.[80]

1953년 2월 충남: 충남에서 활동했던 전전 의사 수는 190명이다. 민간인 구호활동을 할 수 있는 의사 수는 82명이다. 징집된 의사 수는 108명인데 이들 중 일부는 돌아왔다. 1개월 동안 다시 징집된 수는 78명이다. 의사 징집과 관련돼 진료소의 체계를 파괴하는 요소는 후임도 없이 진료소 의사가 갑자기 하던 일을 멈추고 가는 것이다.[81]

1953년 3월 경북: 의사들이 1953년 2월 동안 군에 소집했다. 지방 징병대의 인원은 80명인데 48명이 개업의사이고 32명이 공공시설에 있었다. 이미 군사훈련을 받은 몇몇 의사가 돌아오지 않고 있다. 많은 혼란이 발생했다. 이 문제를 지방 보건당국과 의논했다.[82]

1953년 4월 전북: 총 167명의 의사(한지의사 25명은 포함하지 않음) 중 26명이 한국군의 신병이 되었다. 총 41명 중 6명의 치과의사가 이러한 복무를 한다.[83]

1953년 5월 전남: 지방 공중보건부 보고에 따르면 9개 진료소는 의사 없이 운영하고 있다. 그 이유는 징병 때문이다. 이는 지방을 곤란하게 한다.[84]

1953년 5월 충남: 2월부터 3월까지 의사들에 대한 군 훈련과 징집은 거의 무시되었지만 5월 동안 6명의 진료소 의사가 징집되었다.[85]

1953년 7월: 국방부는 의사의 징집이 계속될 것이라고 발표했다. 군의 계속적 의사 징집은 민간 의료보건 업무의 재건을 지체시키기에 이르렀다. 의사의 징집은 심각한 지경이다. 한 병원에 한 주에 15명의 전문 인원이 군으로 갔다. 지방 공중보건부장이 징집되었다. 광주의과대학은 정신의학과 의사가 징집당해 정신의학과를 운영할 수 없다. 충북 3곳의 진료소는 의사의 징집으로 활동할 수 없다. 전남에 11곳의 진료소는 의사가 징집당해 운영할 수 없다.[86]

2) '우리 마을의 보건소를 찾아보자'

1952년 7월, UNCACK 경상북도 팀이 대구시와 안동군의 브로슈어를 발행했다. 여기에 기술된 공중보건 상태는 아래와 같다.

1. 공중위생의 부족으로 다양한 문제들이 발생했다. 그러므로 사람들의 보건과 위생 상태를 향상하기 위해 다음의 문제를 의논해야 한다.
   ① 우물과 변소로 감염된 질병의 예방과 공중목욕탕의 개발이 필요하다. 우물과 변소의 개량은 위생적 모델에 따라 진행될 것이다. 공중목욕탕은 각 마을에 세워질 것이다.
   ② 지방민에게 전염병 예방과 위생 정보를 제공해야 한다. (…) 다양한

방법으로 보건소에서 예방의 중요성을 가르쳐야 한다.

③ 공중 정보 체계는 학교와 의과 교육제도와 연결되어야 한다. (…)

⑥ 공중보건소는 각 면에 세워질 것이다.

3. 예방 방법

가장 중요한 것은 사람들에게 감염 질병에 대한 예방 수단의 방법을 알리는 것이다.

안동에도 다른 한국의 지방과 같이 공중보건과 위생에 대한 기본적 원리를 이해하지 못한다. 사회부 아래에 있는 군 공중보건부는 의사가 아닌 서기이다. 서기는 이 분야의 전문 훈련을 받지 못했다. 그 결과 공중보건 문제는 무시된다. 개인위생에 관한 규정이 없다.

의사와 간호사의 수준은 상당이 낮고 이들을 훈련하는 시설은 존재하지 않는다. 예를 들면 안동병원의 외과장은 주요한 복부 수술 동안 고무장갑을 끼지 않는다. 병원에는 조리실이 없고 입원실에서 혹은 밖에서 요리를 한다. (…) 접종 프로그램은 UNCACK 후원 외에는 예방의료 활동은 없다.[87]

예방의학의 중요성, 개인위생, 교육, 의사와 간호사의 재교육, 의료 전문가의 배치 등을 강조하고, 예방의학을 펼치는 1차적 장소로 보건진료소를 제안하고 있다. 브로슈어에서 제안된 문제와 예방법은 보건진료소로 그리고 보건소의 업무로 이어졌다.

1955년과 1958년에 발행된 보건진료소와 보건소의 안내 책자와 전단들이다. 유명무실해졌다고 비판받았지만 보건사회부는 일부 지역에서 보건진료소를 운영했다. 보건진료소에서 발행된 '여러분의 건강을 보장한다'는 전단이다.

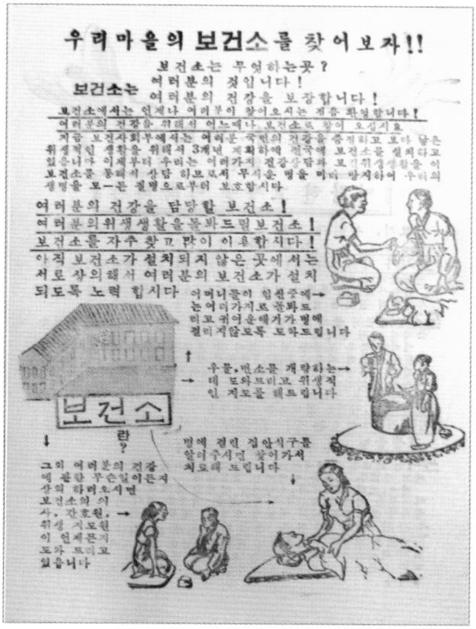

사진 6-5 **보건소 전단**

사진 6-6 **『여러분의 보건소 안내』 표지**

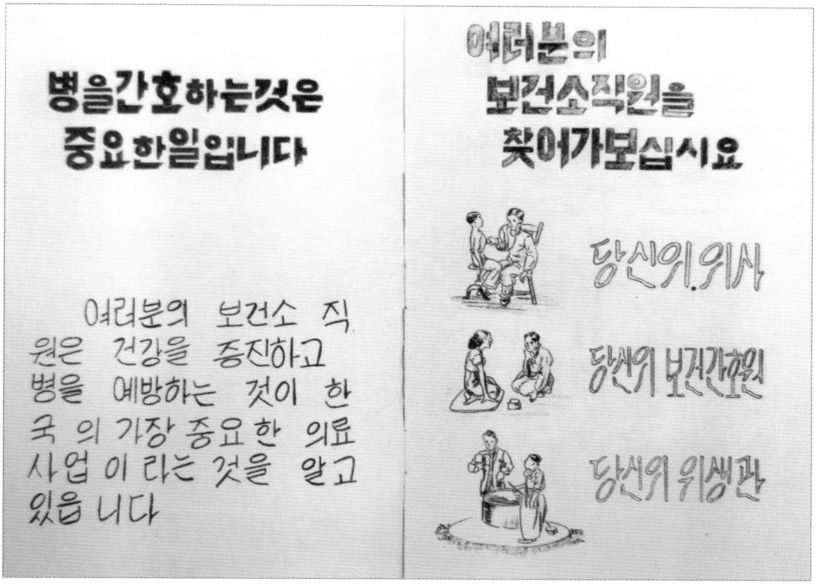

사진 6-7 **『여러분의 보건소 안내』 내지**

보건(진료)소는 여러분의 건강을 보장합니다!

우리는 누구나 오래 살 수 있습니다. 오래 살려면 우리는 건강해야 합니다. 여러분의 건강을 맡아 보는 곳이 보건(진료)소입니다. 보건(진료)소에서는 언제나 여러분이 찾어오시는 것을 환영합니다. 여러분의 건강을 위하여 어느 때나 보건(진료)소로 오십시오.

보건(진료)소는

1 어린아이를 밴 어머니를 여러 가지로 돌보아드립니다.

2 귀여운 어린이가 병에 걸리지 않도록 도와드립니다.

3 우물 변소를 개량하는 데 도와드립니다.

4 병에 걸린 집안 식구의 치료를 해드립니다.

5 그 외 여러분의 건강에 관한 무슨 일이던지 상의하러 오시면 할 수 있는 모든 것을 도와드립니다.

여러분! 여러분의 보건(진료)소를 많이 이용하십시오. 보건(진료)소는 여러분의 것입니다.[88]

〈여러분의 보건소 안내〉

병을 간호하는 것은 중요한 일입니다.

여러분의 보건소 직원은 건강을 증진하고 병을 예방하는 것이 한국의 가장 중요한 의료사업이라는 것을 알고 있습니다.

여러분의 보건소 직원을 찾아가 보십시오.

당신의 의사, 당신의 보건 간호원, 당신의 위생관

병을 예방하기 위하여 여러분의 보건소와 같이 일합시다.[89]

'보건진료소는 여러분의 건강을 보장한다'는 1955년 발행 전단은 산모, 유아, 우물과 변소 개량, 질병의 치료와 건강에 관한 상의 등의 일을 맡는다고 소개한다. '우리 마을의 보건소를 찾아보자'라는 전단도 1955년 발행된 전단 내용과 크게 다르지 않다.[90] 보건진료소가 아닌 보건소라고 소개하고 있으므로 보건소법이 통과된 뒤에 나온 전단인 듯하다.

1958년 발행된 『여러분의 보건소 안내』라는 작은 책자는 삽화가 중심이고 삽화에 맞게 보건소를 소개한다. 보건소의 업무는 의료사업, 간호사업, 위생 사업, 학교 보건 등으로 소개되었다. 의료사업은 외래진찰, 예방주사 계획, 폐병 발견과 치료, 건강교육, 학교 아동 신체검사, 성병환자 발견을 위한 피검사, 기생충을 발견하기 위한 대변검사, 여러분의 건강위원회에서 건강계획상담 등이다. 간호사업은 어머니와 애기 간호, 보건교육, 가정분만, 가정에서 병자 간호, 가정방문, 학교보건 등을, 위생 사업은 우물 개량, 곤충 박멸, 쥐 박멸, 부엌 위생, 변소 개량 등을, 학교보건은 건전한 개인위생 지도는 학교에서부터라며 결석 아동의 방문지도, 급식소의 운영, 교직원과 아동보건에 관한 보건소 직원과의 회합, 신체검사, 예방접종, 아동의 기생충 구제, 변소 시설의 개량, 안전한 물 공급 등의 업무를 소개하고 있다.

1952년부터 보건소법 제정이 요구되었지만 보건소법은 1956년 12월 13일 비로소 국회 본회의에서 통과되었다.

초대 중앙보건소장은 "보건소는 곧 보건사회부의 축도이며 그 전위 역할을 하는 곳이니 일국의 안정과 국민의 복리와 문화 정도를 잘 알 수 있는 곳은 바로 보건소 사업이 잘되고 못되는 데에 달리었다고도 볼 수 있다. 보건소의 사업은 어디까지나 예방의학 사업이지 치료사업은 아니다."라고 밝혔다. 1955년 「여러분의 보건소 안내」는 보건소법 통과 뒤 보건소 업무를 소개하기 위한 책자였다. 그리고 1959년에 보건소 설치 계획이 발

<표 37> 보건소 설치 계획표[91]

시도별	1959	1960	1961	계
서울	5	-	4	**9**
경기	8	1	13	**22**
충북	4	1	7	**12**
충남	5	-	10	**15**
전북	5	-	12	**17**
전남	5	2	18	**25**
경북	7	3	18	**28**
경남	6	5	20	**31**
강원	4	2	14	**20**
제주	1	1	1	**3**
계	**50**	**15**	**117**	**182**

표되었다.

보건사회부의 1959년, 1961년, 1962년 보건소 설치 계획은 〈표 37〉과 같다. 1960년에는 15개를, 1961년에는 117개를 신설해 총 182개의 보건소를 설치한다는 계획이다.

각 도에는 군마다 서울특별시에는 구마다 1개의 보건소를 설치하게 되어 있으며 인구 10만이 초과되면 지소를 둘 수 있었다. 초대 중앙보건소 소장은 보건소는 적당한 외래진료소를 함께 설치하여 극빈자에게 무료 혹은 실비 치료를 하도록 하는 것이고, 도립병원이나 기타 종합병원의 병리검사 시설은 그 지방 개업의에게 그 시설 이용에 봉사할 것과 일반 병원은 유사시에는 전염병 환자 격리에 활용되도록 할 것 등을 제안했다.[92] 그러나 이렇게 제안된 보건소도 1959년에 보건소장이 지적하는 바와 같이 각 지역에서 운영되기 어려웠다. "운영 예산의 부족으로 너무도 무계획적인 예산 실정, 훈련된 인적 요소의 빈곤, 건물과 시설의 결여, 보건소법의 배경은 있다 하더라도 소장의 인사권과 중요한 위생관리 근거의 일부가 내무부 소관이며 법의 운영이 현재까지는 개시할 수 없는 실정에 놓여 있다."[93]

식민지 조선의 자혜의원과 한국전쟁기 보건진료소의 위생은 어떤 차이가 있는가. 왜 식민지 조선에서 자혜의원은 1개 도에 1개를, 한국전쟁 때 보건진료소는 1개 면에 1개를 설치하려 했는가. 식민지 조선을 통치했던 일제는 자기들의 위생 기준에 맞지 않으면 경계선 밖으로 내몰았다. 비국민 취급했고 통치의 대상이 아니었다. 비국민의 국민으로의 격상을 철저하게 막았다. 반면 냉전은 민주주의 기지로, 가시화 공간으로 보건소를 운영했다. 보건소는 작은 단위이지만 예방의학을 실천하는 공간이며 미국식 민주주의를 보여줄 수 있는 공간이며 예방접종을 비롯한 상품을 판매하는 곳이며 각종 질병을 조사하는 곳이며 현대인으로 태어나 인간들이 가장 먼저 기록되는 곳이다. 따라서 자혜의원은 억압적이지만 보건소는 억압적이지 않다. 일제의 통치와 냉전 통치의 차이점이다. 일제의 통치는 정동을 일으키지 못한다. 냉전은 정동을 생산한다. 일제는 감정을 지배하지 못했지만 냉전은 감정을 지배하고 생산한다. 이런 측면에서 냉전의 정동 연구가 필요하다.

7장

공중보건의 통치성

근대적 위생과 전염병 관리는 제국주의 국가가 약소국을 침략하고 지배하는 중요한 명분이자 수단 가운데 하나였다. _ 황상익, 「전염병과 국가 관리의 통치술」

전염병은 근대 이전에도 국가의 중요한 관리 대상이었지만 근대국가에서는 더욱 철저하게 관리되기 시작했다. 국가의 개입은 그전보다 더 일상화되었고 더욱 폭력적인 특성을 띠게 되었다. 그러한 폭력은 근대 의학과 근대 과학이라는 모토에 가려지곤 했다.
전염병은 무지의 결과이며 국민 개인의 태만에 대한 벌이다. 세균을 규명하는 과정은 19세기 말의 실증주의적 태도를 강화하는 계기가 되기도 했다. 이제 청결은 역사상 최초로 과학적 실험의 대상이 되기에 이른다. 세균 활동에 관한 검증과 계산, 그리고 통계학적 평가가 이루어진다. _ 조르주 비가렐로, 『깨끗함과 더러움』

❶ 정보 수집과 축적-보고 체계

"일반적으로 의사들은 전염병을 즉각적으로 보고하는 것을 무시한다. 의사들은 종종 지식의 부족과 실험 도구의 빈곤으로 부정확한 진단을 한다. 원칙적으로 환자들은 보건당국자들에게 의사가 보고하는 것을 원하지 않는다. 왜냐하면 시설이 형편없는 격리병원으로 보내기 때문이다. 많은 의료 환자들은 한의에게 치료받는다. 그들은 현대적 의료 실행에 따라 진단을 할 수 없다. 급성전염병 환자를 치료할 수 있는 충분한 격리 침상이 없다. 현재 상태에서 보건 관료는 전염병의 발병을 곧바로 조사하기 어렵다. 식품 취급법, 제약법, 의료법이 있지만 그것들 중 어느 하나도 현재 상태에서 실행되지 않는다. 모두 현대적 공중보건 실행에 적합하게 수정되어야 한다." _ 최제창, 『한국의 보건 상태』

1) 파놉티콘의 통치를 넘어서

"19세기 유럽의 위생적 근대성에 관한 역사가 보여주듯이 제국은 사회적 몸을 통제할 수 있는 생체 권력에 관한 장치들을 확보하고 있어야 한다.

그래야 제국은 자신의 영토를 확장하여 더 많은 식민지로 뻗어 나갈 수 있다. 이제 인구 집단에 관한 각종 통계는 제국의 통치 기술에서 빼놓을 수 없는 분야로 자리를 잡았고 제국의 인구를 통제할 수 있는 파놉티콘으로 기능하게 된 것이다."[1] 이런 측면에서 통계는 숫자의 놀음이 아니라 통치의 기술이다.[2]

"인구의 증가, 사망률의 감소가 이루어진 것은 주로 위생 테크놀로지 덕분이다. 정확한 원인을 짚어내는 세균학적 지식, 각종 조사 보고, 환자 색출과 감시, 백신의 대량 제조와 투여, 정교한 행정체제, 강력한 경찰력의 행사, 신속한 교통통신망의 확보 등의 방식만으로도 충분히 사망률을 떨어뜨릴 수 있었다. 식민지 통치에서 이룩된 발단은 주로 세균설에 바탕을 둔 위생 테크놀로지의 발달이며 그것도 주로 위생경찰을 통해 행사된 권력의 발달이었다."[3]

통계를 통한 파놉티콘의 통치이든, 위생 테크놀로지의 발달이든 간에 이들 통치술은 공간과 시간 그리고 감시자를 필요로 했다. 19세기와 20세기 초 제국은 식민지를 바로 이런 방식으로 경영했다. 식민지 조선은 위생경찰이 통계를 비롯한 모든 보건의료 체계를 담당하고 있었고 그 방식은 상당히 억압적이었다.

해방과 한국전쟁은 억압적 통치술마저 흔들었다. 더 이상 20세기 초 감시자가 버티고 있는 통치술은 효과적이 않았다. 이는 세계가 진영으로 나뉘는 냉전체제에 들어서면서 분명해졌다. 냉전은 진영의 우월성을 내세워 새로운 경쟁체제로 들어섰다. 경쟁체제는 정치·경제·사회·종교·사상 모든 것을 비교했다.

미 국무부가 민간인에게 '매일 한 장의 전단을 전달하라'고 지시할 정도로 한국전쟁 때 수많은 종류의 전단이 한반도에 뿌려졌다. 1장짜리 전

사진 7-1
자유세계 포스터

단인 「자유세계」라는 뉴스레터의 발행도 미국 심리전의 하나였다. 「자유세계」는 주간으로 약 100만에서 200만 장씩 제작·살포됐는데 1951년 2월 23일에 제1호가 발행됐다.

> 전 한국 국민에게 고함!
> 자유세계는 전진하고 있다.
> 대한민국, 미국, 벨기에, 콜롬비아, 캐나다, 뉴질랜드, 불란서, 멕시코, 남아프

리카연방, 필리핀, 스웨덴, 시리아, 태국, 터키, 이집트, 호주, 그리스, 영국, 네덜란드, 인도.

이상 자유세계의 많은 나라들은 대한민국의 전 국민을 공산주의 노예세계로부터 해방시키려고 굳게 단결했다. 여러분 자신을 위하여 공산 노예세계의 철창 생활과 자유세계의 평화롭고 안전한 생활을 마음대로 선택할 수 있다.

전단에서 그리는 세계는 자유세계(유엔)와 노예세계(공산주의)로 나누어졌다. 「자유세계」 발간 의도는 노예세계에 살고 있는 사람들에게 자유세계의 소식을 알리기 위함이라고 했다. 전단 「자유세계」는 미 극동사령부가 제작한 것이다. 그런데 똑같은 이름으로 미 공보원은 『자유세계』라는 월간잡지를 마닐라에서 제작해 주한 미공보원을 통해 전국으로 배포했다. 1956년 현재 『자유세계』는 영어판 이외에 타이어, 한국어, 미얀마어, 중국어, 베트남어, 캄보디아어, 라오스어, 말레이어판이 제작되었고 총 67만 7000부가 배포되었다.[4] 그리고 전후 극동사령부는 월간잡지 『자유의 벗』을 제작했다.

미 육군과 미 공보원에서 사용했던 '자유세계', '자유'는 어떻게 규정되고 있는가. 『자유의 벗』 어느 독자는 '미국은 자유세계를 어떻게 해석하느냐'는 질문에서 편집자는 이렇게 대답하고 있다. "대다수 미국 사람에게는 자유세계란 말은 대의 정부와 기본적 인권을 의미하는 것입니다. 이것이 자유세계에 대한 미국적 정의의 가장 기본적이며 의의 깊은 점인가 생각됩니다. 다른 많은 미국 사람들에게 있어서는 자유세계는 단순히 국내의 정치적 또는 사회적 제도에만 그치는 것은 아닙니다. 자유세계는 법과 질서의 세계에 평화를 확보하기 위하여 같이 노력하는 국가들 즉 일종의 공동 지역사회를 내포하는 말이기도 합니다. 자유세계라는 말을 쓰는 많은 미국 사람들 중에는 위에 말한 둘째 정의와 연결된 셋째의 해석이 있습니다. 그것은 공산주의나 그 밖의 침략자들을 막고 있는 국가들의 군사적 방위 동맹의 범위 안에 드는 것입니다."[5]

자유세계는 동아시아라는 공동 지역 사회와 공산 세력을 막는 국가 간 군사적 방위 동맹이라는 것이다. 1951년 전단 「자유세계」 창간호의 내용과 연결된다. 즉 냉전은 자유세계와 공산세계 두 블록으로 세계를 나누었다. 그리고 냉전은 세계기구를 만드는 데에 박차를 가했고 특히 한국전쟁은 세계기구의 역할을 더욱 돈독하게 했다.

특히 유엔과 WHO는 훌륭한 역할을 해냈다. 일국의 정보는 국경을 넘어 세계기구로 모였다. 당시 한국의 정보는 세계기구에 아주 중요했다. 1952년에 WHO는 한국의 모든 질병을 예측했고, 어떤 백신이 필요한지 가늠했다. 질병을 예견하고 목록을 만들어 대비하는 것은 파놉티콘보다 효율적이다. 파놉티콘은 일정한 공간과 감독자가 필요하지만 이런 질병 관리 작업은 그럴 필요가 없다. 즉 제2차 세계대전 뒤 냉전을 기반으로 하는 세계기구는 19세기에 발견된 파놉티콘의 감시 방식을 뛰어넘었다. 과거 19세기 20세기 초 제국들은 서로에게 정보를 제공하지 않았지만 냉전 시기 자유세계에서는 군사적 방위동맹이라는 틀 안에서 정보가 공유되었다. 국가는 존재하지만 자유세계 안에서 국경은 없었다. 오직 공산세계라고 불리는 외부 세력과의 경계가 있었을 뿐이다. 정치적 측면에서만 국가가 존재했을 뿐 인간의 마음과 몸 그리고 생활(일상)에서는 사라졌다. 특히 보건의료 체계는 국가 간 경계를 허문 주요한 도구이다. 공간도, 시간도, 감시자도 필요 없는 세계기구는 중앙컴퓨터와 비슷하다. 프로그램만 만들어놓으면 언제 어디서나 정보를 조사하고 축적하고 출력할 수 있다.

중앙 컴퓨터적 세계기구는 파놉티콘의 통치를 넘어선다. 그러나 19-20세기 초 제국의 통치처럼 사람들이 강압적이며 직접적인 그리고 불안전한 감시 대상으로 전락할 위험이 존재하지 않는다. 문제는 중앙컴퓨터 작동을 '누가' 지시하고 장악하는가이다.

한국전쟁에 참가했던 필리핀인 페드로 림발은 「나는 한국에서 싸웠다」라는 기사에서 한국인과 비슷한 적개심을 드러내고 있다. '자유세계'에 속한 페드로 림발의 마음이 인종과 민족과 국가를 넘어섰던 것이다.

기차를 타고 전선으로 향하는 도중 비로소 한국의 내부를 똑똑히 볼 수 있었는데 우리가 본 모든 광경은 매우 쓸쓸한 것이었지요. 정거장에는 늙은이와 부인네들이 굶주린 어린아이를 데리고 우리에게 물건을 팔려고 하였습니다. 우리가 사지 않더라도 승리의 만세를 불러주는 것이었습니다. 한국은 공산 침략으로 인하여 아주 형편없었읍니다만 한국인들은 이에 굴하지 않고 있었어요. 공산 치하에서 도망해오는 피난민들은 모두가 공산 정치의 참혹함을 말합니다. 이런 까닭에 한국인들은 그들에게 굴하기보다는 오히려 굶주림과 추이와 심지어는 주검까지라도 택하고 있는 것입니다.

한국에 돌아가기를 원하느냐고요 한국전쟁에 내가 필요만 하다면 물론 가지요 전쟁은 힘든 일이고 참 더러운 일입니다. 그러나 한국전쟁은 필요한 전쟁이죠. 만일에 우리가 한국에서 막아내지를 못한다면 전 세계가 적화될 것입니다. 나는 한국을 보고 우리가 결코 그것을 원하지 않는다는 것은 잘 알았습니다.[6]

2) 보고 매뉴얼

세계기구가 작동하기 위한 첫 번째 단계는 정보 축적이다. 동남아시아 또는 동북아시아 어느 지역에서 풍토병과 전염병이 발생하는지, 풍토병을 예방하기 위한 대책은 무엇인지 등등의 질문에 대답하기 위해 가장 먼저 선행해야 할 일은 '조사'이다. 조사 항목을 정하고 보고 매뉴얼을 만들어 조사해 정보를 축적해야 한다. 1951년부터 시행된 예방접종은 미8군 사령부가 마련한 매뉴얼에 따라 보고서를 제출하게 했다. 이 보고서는 프로그램이 진행된 지역에서 두창, 장티푸스, 발진티푸스 그리고 DDT 살포 목록을 받아야 한다고 명시하고 있다.[7] UNCACK은 주간 활동 보고서 양식을 각 지방 팀으로 내려보냈다.[8]

DDT 살포와 관련한 위생 활동과 공급 조사 보고서의 형식은 아래와 같다.

1. DDT 살포
   - 1951년 1월부터 지난 주까지 살포한 인원수
   - 이 기간 동안 DDT 살포를 받은 수
   - 1951년 이래 총 살포한 인원수
2. 곤충 통제
   - 살포 계량에 고용된 인원수
   - 살포 계량에 고용된 반 수
   - 1951년 1월 이래 이 기간 동안 살포된 가옥 수
   - 1951년 1월 이래 이 기간 동안 살포된 공공건물 수
   - 1951년 1월 이래 살포된 면적 --- 헥타르
   - 1951년 이래 살포된 DDT 분량/ 이 기간 동안 분량
3. 말라리아
   - 이 주간 새로 발생한 수와 일 년간 발생한 수, 군, 면

1. 공중보건
  - 일반 보건 상태
  - 인원과 조직
  - 전염병
  - 예방접종

군	전전 인구	피난민	현재 인구	예방접종 완료	완료된 비율

이 주에 완료된 예방접종, 올해 접종 완료된 수, 인구 비율에 따른 접종 비율.
  - 구호 의료: 매주 병원과 약국 활동 보고에는 전체 인원, 퇴원 환자 수와 입원 환자 수를 포함
  - 의료와 질병 예방에 대한 공급

질병	이번 주 보고 수		1951년 1월 이래 보고된 수	
	발병	사망	현재 인구	완료된 비율
콜레라				
디프테리아				
이질				
뇌염				
수막염				
페스트				
두창				
회귀열				
성홍열				
장티푸스				
파라티푸스				
발진티푸스				

주간 활동 보고서 양식

예방접종은 전쟁 전 인구, 피난민, 현재 인구를 구분하도록 했다. 그리고 인구 비율에 따른 접종 비율도 조사했다. 전쟁 동안 문제가 되었던 급성전염병은 주로 발진티푸스, 장티푸스, 두창이었지만 조사 보고서에는 급성전염병으로 규정된 모든 질병의 발병과 사망을 조사하도록 했다. 그리고 DDT 살포도 사람, 공공건물, 가옥을 점검했다. 한 가지 특이한 것은 한국은 말라리아가 유행하지 않음에도 말라리아 발생 수와 지역을 반드시 점검했다.

피난민 수용소의 조사형식은 훨씬 자세하다. 수용소 위치, 담당자, 수용 인원뿐만 아니라 수용소 건물의 청결을 비롯하여 식수 공급과 화장실의 위치, 식품 배급, 의료까지 철저한 조사가 이루어졌다.

조사 보고서는 각 지방 팀별로 매주 작성했다. 그리고 격주간, 월간으로도 보고서를 작성해서 사령부로 보냈다. 조사 보고서는 UNCACK 지방 팀원이 직접 조사한 것이 아니라 한국 관리들의 조사를 기초로 삼았다. 지방 팀 장교들은 기초 자료가 믿을 만한 것인지 의심했다.

1951년 8월 26일 경기도 주간 보고서에 따르면, UNCACK 경기도 팀은 서울시의 공무원과 경찰이 조사한 통계를 비교한다. "우리는 수도 서울의 인구통계 수치를 획득했다. 시 공무원은 그들의 수치가 동장이 지역에 사람이 도착하면 신고하고 구에 보고했기 때문에 정확하다고 했다. 경찰은 모든 사람들이 도착하면 등록부를 제출하기 때문에 정확하다고 했다. 우리는 모두 정확하지 않거나 경찰은 일률적인 점검을 한다고 믿는다."며 경찰의 보고를 신뢰했다.[9]

그리고 UNCACK 본부는 지시 제13호인 '지역 팀 방문 안내서'를 내려보냈다.[10] 지역 팀이 지역을 방문할 때 공중보건과 위생에 대한 어떤 질문을 해야 하는지, 어떤 조사를 해야 하는지 그 매뉴얼도 UNCACK 본부에서 지방 팀에 하달되었다. 그 내용은 아래와 같다.

〈공중보건〉

1) 지방 보건당국자와 완전한 협력을 얻기 위해 직면한 어려움은 무엇인가 그리고 지방에서 보건 프로그램을 수행하면서 직면한 어려움은 무엇인가?
2) 지방에서 공중보건과 의료구호를 세우는데 정기 보고서를 얻기까지 직면한 문제는 무엇인가.
3) 지금까지 보고서 목록과 조사 과정이 적당한가?
4) 본부로부터 제안과 지시가 분명하고 도움이 되는가? 이를 수행하는데 어려운 점은?
5) 프로그램을 좀 더 효과적으로 수행하기 위해 팀이 제시할 수 있는 것은?

〈 위생 〉

1) 지난 6개월 동안 지방의 위생 상태는 향상되었는가?
2) 위생기사는 한국 관리들과 잘 협조하는가?
3) 한국 관리들의 지식과 능력이 향상되었는가?
4) 훈련, 회의, 강습을 이행하기 위한 방법은? 교육 프로그램은? 선생과 학생들 사이에 프로그램을 공식화할 시도는 있는가?
5) 위생 프로그램에 대한 대중의 태도는 어떤가? 좋아하는 것? 다른 것은?
6) 청소 운동은 몇 번 하는가? 이를 실행하기 위해 협력할 것은?
7) 피난민 수용소의 위생은 향상되었는가? 위생관리들은 수용소를 언제 조사하는가?
8) 병원, 고아원 그리고 비슷한 시설에서의 위생은 향상되었는가?

9) 프로그램을 위해 충분히 공급받고 있는가? 부족한 것은? 현재의 공급 상태는?

10) 그것의 목적을 이용하고 분배와 공급이 효과적으로 감독 또는 통제되는 것은?

1952년 5월에 현지에서 지방 사령관이 확인해야 할 사항을 다시 지시했다. 지방 사령관이 반드시 알아야 할 문제는 "접종 프로그램의 과정과 상태, 의료 공급의 정도, 지방 약품 창고에 있는 약품 설명, 특히 마약의 확인, 확실한 의료 공급과 점검, 의료시설 방문" 등이다.[11] 그리고 정기적으로 검사를 시행하라고 지시했다. 지방 사령관은 "의료장교는 한국인 관리를 감명시키는 존재"라며 "의료장교는 팀 내의 경제와 관련된 모든 문제를 알아야 한다"점을, "보건 장교에게 공중보건 문제를 의논해야 한다"고 의료장교와 보건 장교 역할의 중요성을 강조했다.

3) 현지 조사

'모두 정확하지 않다'는 UNCACK의 의심은 수시로 현지 조사를 실시하도록 했다. 그리고 현지 조사는 UNCACK 위생 장교들의 임무이기도 했다. 이들은 군 또는 면 단위 지역에서 기초 자료의 정확성을 조사하고 보고서 작성을 알리고 지방 점검을 하려고 현지 조사를 했다. 다음은 각 지역에서 올라온 주간 보고서 활동 내용이다. 현지 조사의 필요성은 주간 보고서에서 여러 측면에서 제기되었다.

현지 조사의 첫 번째 목적은 전염병 발생 여부를 확인하는 작업이다.

1951년 2월 10일부터 13일까지 어글랜드(N. F. Ugland) 대위가 조사한 현지 조사 보고서를 통해 어떻게 현지 방문 조사가 이루어지는 살펴보자.

> 도일(Doyle) 소령은 접종과 살포 활동을 확인하려고 현지 조사를 계획했다. 지역은 상주, 예천, 안동이다. 김천과 함창도 포함할 계획이다.
>
> 1951년 2월 10일 9시에 대구를 떠나 11시 55분에 김천에 도착했다. 김천 군수를 만나 지방 상황을 조사했다. 조사 항목은 피난민, 의료 상황, 위생, 발병률 등을 조사했다. 오후 4시 55분에 상주에 도착했다. 군수가 사무차 대구로 가서 내무부 관리와 만났다.
>
> 2월 11일 8시 45분에 피난민, 의료 상태를 군청에 가서 확인했다. 함창에 살포할 반은 3개로 나누었고 2개 반은 인접 지역으로 갔다. 그들은 9시에 상주로 갔다. 10시에 상주를 떠나 함창에는 10시 40분에 도착했다. 12시 10분에 함창을 떠났다. 문경군에 12시 40분에 도착했다. 군수가 대구에 가서 내무 관리를 만났다. 15시 10분에 안동에 도착했다.
>
> 2월 12일 9시에 군수를 만나서 피난민, 의료 상황, 발병률 등을 들었다. 안동은 12일 11시 50분에 떠나 12시 50분에 예천에 도착했다. 이곳에서도 피난민, 의료 상황 등을 조사하고 1시 30분에 떠나 오후 2시 30분에 함창에 도착했다. 1951년 1월 10일 이래 두창 31명(사망 4), 발진티푸스 66(사망 19)명이 발병했다. (…) 함창 면장은 너무 바빠서 전염병 발생을 보고하지 않았다. 가장 많은 발병률이 일어난 지역인 가은면을 방문하기로 결정했다.
>
> 2월 13일 9시에 가은면으로 출발했다. 이곳에서 얻은 정보이다. 현재 발생 인원은 두창 35명(21사망), 발진티푸스 18명(45), 장티푸스 108명(87)이었다. 1시 30분에 함창을 떠나 17시 30분에 대구에 도착했다.[12]

둘째, 전염병의 정기적이고 정확한 사실을 기초로 보고가 이루어져야 한다는 보고 방식을 알리기 위한 것이다. 즉 전염병 보고는 전문가 조사가 이루어진 뒤에 작성되어야 함을 강조하고 있다. 아래는 1951년 4월 7일 충청북도 3곳의 현지 조사 보고서에서 지적된 내용이다.

> 이 조사는 보건 장교 보아즈(Boaz) 소령, 위생기사 시프먼(Shipman), 지방 공중보건부 예방의료사단 단장 홍, 보아즈의 조수 신이 함께했다. 4월 2일 영동, 3일 옥천, 4일 보은에 갔다. 각 군에서 각 지방의 공중보건을 대표하는 면장, 군수와 함께 회의를 개최했다.
> 회의는 군수가 열었고 공중보건 관련 관리들이 참석했다. 홍은 우리를 소개했고, 회의 목적인 보고서 작성을 향상시키기 위한 방법을 말했다. 보아즈 소령은 CAC의 이름으로 인사를 건넸고 의료 공급, 백신 공급, 의료 보호, 전염병에 관한 일반적 발언을 했다. 그는 기초 자료 보고서에 관한 상세한 설명을 요구하는 것으로 끝맺었다. 홍은 각각에게 보고서의 목적, 채우는 방법, 제출일을 설명하는 복사물을 보여주었다.
> 시프먼은 물 공급과 보호, 곤충의 통제와 DDT의 사용을 강의했다. DDT 가루약의 실제 사용법을 보여주었다.
> 보아즈 소령은 백신의 보전과 두창 백신의 접종 방법을 강조했다. 빈 백신과 페니실린 병을 모아두고 그것의 이용 방법을 설명했다. 백신의 적당한 방법도 설명했다. 그리고 보고 방식에 대해 다시 강조했다.[13]

다른 팀 보고에도 이 점을 지적하고 있다.

> **1951.4.23 충남:** 현지 조사는 군수와 보건관리에게 UNCACK의 역할, 전염

병의 정확한 정기 보고의 중요성을 교육하는 데 있다. 말단의 행정관리에게 기초적 보고서를 작성하는 방법을 알려주는 선전은 몇 주 동안 이루어졌다. 보고서가 일반적 수준으로 향상되기를 희망한다.[14]

1951.6.9 경기: 지방 보건관리는 의료적 지식이 없는 비전문가에 의해 진단된 것이 70%라고 추측했다. 두창의 경우 아마도 가장 틀리게 보고된 것 중 하나로 홍역이나 수두를 두창으로 보고한다. 최근 화성군에서의 조사는 분명하지 않다. 보고에서 두창 26, 발진티푸스 27, 장티푸스 65건이라고 5월 31일 지방정부로부터 받았다. 군 사무소를 방문했는데 의료적 조사 없이 비전문가에 의해 제출된 보고였다.[15]

1951.10.15 강원: 현재 전염병의 모든 보고는 문외한 자료로 나온다. 보고는 정확성을 기본으로 해야 한다. 그러나 보고는 군과 경찰관의 지시로 비전염병을 보고하고 있다. 전염병 보고는 진료소와 병원에서 제출되어야 한다. 전문 혹은 준전문가들이 이들 수치를 검사해야 한다.[16]

1951.11.1 경기: 요즈음 모든 발생을 보고하지 않는 경향이 있다. 소통의 부재 그리고 군과 면 단위의 관리들이 해이해졌기 때문이다. 보고서의 가장 만연한 실수는 일주일 동안 전에 치료한 수를 계속 보고하는 것이다. 인천을 예를 들면 장티푸스가 410명 발생했는데 지난 동안 치료했다. 그런데 장티푸스가 새로 발생하지 않았는데 이 인원을 보고하고 있다. 지방 관리의 주의를 요한다.[17]

현지 조사의 또 다른 이유는 지방의 보건관리들이 보건의료와 위생 지식이 전혀 없다는 점을 확인하고 이를 교육하기 위함이었다. 다음 보고서는 이 점을 지적하고 있다.

1951.11.16 경북: 현지 조사한 장교의 보고에 따르면 보건 상태는 좋았다. 현지 조사는 상주, 의성, 영주, 내성, 안동, 청도이다. 현지 조사가 아직 진행 중이다. 조사의 목적은 발진티푸스 통제팀을 공중보건부장에게 소개하기 위함이다. 금천과 청도를 방문하고서 공중보건부장은 발진티푸스 프로그램을 계획하고 있지 않고 책임질 지위의 자격도 없다는 것을 알았다. 청도에서는 다음의 이야기를 듣고 놀랐다. 청도의 공중보건부장은 발진티푸스는 파리가 만드는 질병이라서 10% 디디티의 살포는 효과적이 아니라고 했다. 지난해 청도에서 발진티푸스가 56건 발생했다.
이 지방의 모든 군을 방문했다. 공중보건부장이 무능하고 관심이 없고 전체적으로 공중보건과 위생 문제에 무지하다. 보건관리는 군수가 지명하는데 그들은 군수의 비위를 맞추는 것 이외에 자격을 가질 필요가 없다. 그들이 질병 혹은 예방의학을 아는 것은 중요하지 않고 관련도 없다. 이것이 이들 관리의 참모습이다. 지방정부의 위생부장 양은 공중보건부장의 위생 지식이 부족하다고 비난하는 것을 인정하는 것 이외에 어떤 코멘트도 하지 않았다. 팀은 즉시 모든 공중보건부장에게 교육 과정을 마련하라고 양에게 충고했다. 그는 좋은 생각이라고 동의했고, 이를 정부와 의논하겠다고 말했다.[18]

그리고 현지로 나간 이유는 예방접종과 DDT 사용법을 지방 관리에게 설명하기 위함이었다. 대개 군이나 면 관리들은 전문가가 아니어서 사용법을 모르는 경우가 많았다.

1951.11.29 경기: 이 주에는 팀 위생기사가 경기도의 지역을 방문했다. 방문 목적은 모든 공중 관리와 경찰이 면, 동 그리고 경찰서 단위로 기초적 위생 교육을 제공하기 위함이다.

위생기사는 번역을 통해 2시간 동안 위생과 전염병의 관계를 설명했다. DDT, 액체와 가루, 소독 등과 같은 위생 공급과 물 공급 위생 등의 강의가 진행되었다.[19]

UNCACK 팀은 1951년 12월에 강원, 서울, 경기, 충남, 전북, 전남 현지 조사를 진행했고 이 지방들의 위생 활동을 점검했다. 방문지는 시, 피난민 수용소, 재건축 장소, 병원, 교도소, 물 저장소, 쓰레기 처리장 등이었다. 이들 보고서에서의 결론은 다음과 같다. "위생 활동이 방문지역에서 잘 운영되는지, 프로그램이 향상되었는지, 의료반이 공중보건 임무를 행하는지, 피난민의 겨울철 쉼터가 적당한지" 등이었다.[20] 1951년 12월 현지 조사 결과, 위생 활동의 예산을 보건부 장관에게 건의, 의료반 활용, 위생 활동의 지속적 공급 등이 제안되었다.

1952년에도 UNCACK 본부와 지방 팀 단위로 현지 조사가 이루어졌다. 1951년에는 주로 정기 보고서 작성법, DDT 사용법, 약품 설명, 위생 교육 등이 중심 주제였는데 1952년에는 병원의 복구나 진료소 운용, 전문가 재훈련의 운영 등으로 현지 조사가 이루어졌다. 즉 제주의 병원, 진료소 그리고 고아원 등의 조사(1952.10.30-11.2), 이태리 적십자 현지 병원의 손상 정도 조사(1952.11.30-12.1), 청주 BCG 훈련 과정 감독(1952.12.1-3), 대구대학 의과대학과 병원 복구 논의(1952.12.1-4), 충북과 강원도의 간호 업무 조사(1952.12.9-17), 동래 한국군 정형 실험실 조사(1952.12.5), 서울 현지 조사, 수원, 대전, 대구 지역의 의료 저장고와 공급 조사(1952.12.15-19) 등이다.

2

공중보건 위생 교육

UNCACK 공중위생부의 위생 교육은 미국 공중보건국 업무를 비슷하게 실행하고자 했다. 20세기 초 미국 공중보건국은 단순한 조사나 시찰만으로는 미국의 위생 개혁이 불가능하다는 사실을 인식했다. 공중보건국은 위생 보고와 교육을 의무화했다.[21] UNCACK 지방 팀 보고서에서 끊임없이 제기했던 주제는 위생 교육이었다. 정확한 보고서 작성과 통계 및 자료의 축적, 전염병 예방과 방역은 위생 교육으로 이어졌다. UNCACK은 대중 교육을 위한 교재 개발에 나섰다. 1952년부터 「질병과 관련성」이라는 교재를 마련했고, 1953년 보건의 날을 기해 「그림으로 보는 위생과 질병」을 발간했다. 이는 500권을 복사해서 모든 현지 공중보건원에게 배포했다.[22] 공중보건은 '교

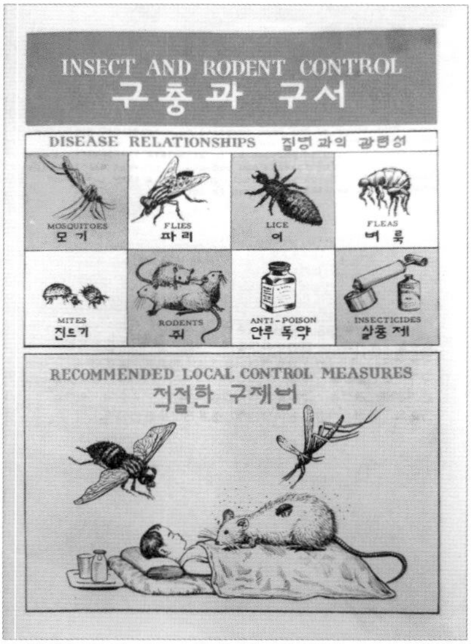

사진 7-2 「구충과 구서」 표지

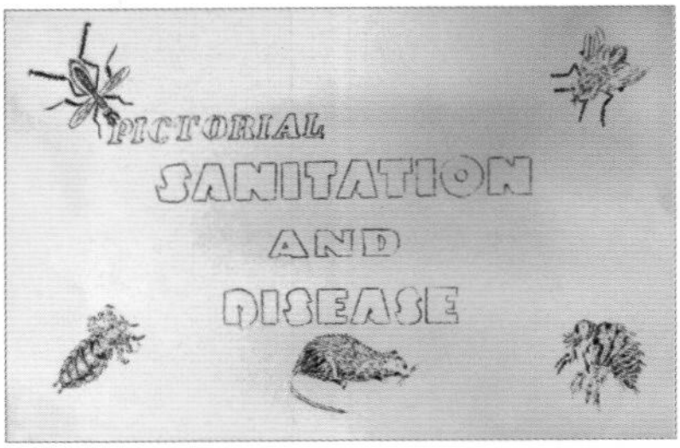

사진 7-3 **「그림으로 보는 위생과 질병」 표지**

사진 7-4 **「그림 위생과 질병」 표지**

육-학교-교육-대중'으로의 확대가 강조되었다. 위생 교육은 중앙과 지방의 보건위생 담당 관리, 교사, 학생, 식품 취급자, 여성들을 대상으로 실시되었다.

1) 지방 관리, 위생 교육

UNCACK은 중앙정부 및 도, 각 군·읍·면 보건위생 담당자를 위한 단기 훈련 강습회를 개최했다. 이는 위생 문제를 효과적으로 능숙하게 처리하게 하고 대중에게 전문 지식을 전하고 필요한 배경과 기술 및 접근 방법을 전수하는 데 있었다.[23] UNCACK 위생 고문 오리웨타가 1951년 8월 위생 강습회의 목적을 설명했다. 그는 "위생 담당 직원은 사소한 위생 물자에만 의거할 것이 아니라 기본적인 환경위생의 개선을 각자 지방적으로 촉진시키도록 노력해야 한다"고 충고했다. 그리고 그는 "위생 물자 예컨대 5%를 석유에 풀어서 사용하는 100% DDT 같은 것은 여름철에 대단히 진중한 물자"라며 계획과 기술을 이용해 효율적으로 사용하면 전염병 유행을 방지할 수 있다고 설명했다.[24] 위생 물자를 효율적으로 사용하기 위해서는 담당 관리가 그것을 인지하고 있어야 했다. 따라서 지방 보건관리들의 교육이 우선적으로 필요했다.

1951년 9월 위생 교육 회의가 전국적 단위로 개최되었다. 이 회의에 참석하기 전에 각 지방별로 예비회의가 진행되었다. 예를 들면 서울과 경기도 UNCACK팀은 〈표 38〉에 나타난 바와 같이 6월에 회의를 개최했다.[25] 이 회의에 경기도 14개 지역 대표자 340명이 참석했다.

전라북도에서도 전주에서 8월 29일 공중보건과 위생에 관한 예비 회의를 개최했다. 이 회에 도지사와 전라북도 팀 사령관 방겐(Vangen)이 참가했다. 사령관은 모든 지역에서 공중보건 프로그램을 수행한다고 강조했다. 공중보건 장교 스튜어트는 공중보건 문제를 강의했고 위생장교는 물 공급과 통제, 쓰레기 제거, 곤충 제거, 피난민 수용소 위생, 오물 제거

<표 38> 경기도 위생회의

날짜	회의 장소	참석 지역	참석자
6월 20일	수원	수원, 화성, 시흥, 용인	60
6월 21일	인천	인천, 부천, 김포, 강화	100
6월 22일	안성	안성, 평택	60
6월 23일	여주	여주, 이천	50
6월 24일	양평	양평	30
6월 25일	광주	광주	40

와 음식의 통제 등을 강의했다.

1951년 9월 15일 위생업무가 내무부(경찰)에서 보건부로 이송되었다. 이 업무를 효율적으로 수행하기 위해 지방 관리들의 회의가 부산에서 진행되었다. 1951년 9월 24일과 25일에 처음으로 전국 단위 지방 위생 관리들의 교육이 진행되었다. 모든 지방의 대표자들이 참가했다. 한국 위생 관리들은 이런 유형의 교육은 처음이라고 보고했다.[26] 9월 28일과 29일에는 UNCACK 위생 장교들의 회의가 있었다.

그리고 경기도에서는 10월 5일과 6일에 보건부 장관 참석 아래 지방 위생 담당 공무원들의 강습회가 열렸다. 프로그램은 아래와 같다.[27]

1951년 10월 5일		
9:00-9:10	환영 인사	경기도 도지사 이해익
9:10-9:20	환영 인사	사회부장 김홍식
9:20-9:30	환영 인사	경기도 CAC 위생기사 J. K. Baily
9:30-10:20	위생규칙	경기도 위생 주경봉
10:30-11:10	발진티푸스 통제 프로그램의 조직	경기도 CAC 위생기사 J. K. Baily
13:30-15:00	전염병(발진티푸스, 장티푸스, 재귀열)	경기도 공중보건부장 조본영 의사
15:00-16:00	쥐 박멸	경기도 CAC 위생기사 J. K. Baily
16:00-17:00	쥐 박멸의 설명	경기도 CAC 위생기사 J. K. Baily
19:30-21:30	쥐 박멸 필름	경기도 CAC 위생기사 J. K. Baily
1951년 10월 6일		
9:00-9:30	쥐 박멸 설명	경기도 CAC 위생기사 J. K. Baily
9:30-10:15	인구동태 통계와 공중보건 프로그램	경기도 CAC 의학자문 박채빈(?)
10:15-11:15	기생충 질병(인분, 채소의 사용, 육식, 인간 위생, 기생충에 대한 보건교육)	경기도 CAC 의학자문 이홍영(?)

11:15-12:00	공중보건 교육	경기도 CAC 위생기사 J. K. Baily
13:30-14:30	곤충 통제(쥐, 액체 살포, '이'를 없애는 기계, DDT와 살포기)	서울 위생기사 R. Bowering
15:30-18:00	결론	모든 참가자

서울에서 50명의 위생관리들이 참가했고, 수원에서도 85명이 참가했다. 그리고 각 군의 사회부 담당자들이 참가했다. 서울 위생기사인 바우어링(R. Bowering)은 '공중보건에서의 위생 위치'를 위생부 관리인 윤덕기와 신현택이 '음식의 위생', 시 보건부 소속 의사가 '위생 1년간 프로그램', 경기도 위생기사인 베일리(J. K. Bailey)가 '쥐 박멸', 바우어링이 '이 박멸' 등을 강의했다.

10월 초에 교육을 받은 보건 담당자들은 지방으로 내려가 군 단위의 공중보건 강습회를 개최했다. 군의 공중보건 강습회는 1951년 10월 26, 27일에 개최되었다. 대전시와 14개 군 위생 담당자들이 참가했다.[28]

1951 10월 26일		
9:00-9:10	지방관 인사	
9:10-9:20	사회교육부장 인사	
9:20-9:30	UNCACK 공중보건 장교 인사	
9:30-9:40	UNCACK 위생기사 인사	
10:00-11:30	위생행정의 개요, 수도와 정규적 청소	Dr. 김(지방공중보건장)
11:30-12:30	물 운동에서 강조된 위생 시설의 목적과 방법	충북 팀 위생기사
13:30-14:30	쥐 박멸, DDT 사용 설명	충북 팀 위생기사
15:00-16:00	파리와 결핵 필름, 질병의 확산과 공중보건 필름	미 공보원 제공

1951년 10월 27일		
9:00-11:00	민간 방어를 위한 첫 원조	Dr. Early과 Dr. 임
11:00-12:30	전염병 규칙	Mr. 남
13:30-15:00	음식위생 규칙	Mr. 남
15:00-17:00	지방 장관 연설	
17:00-17:10	폐회 연설	

군 관리들은 면 관리들도 비슷한 강습회를 받아야 한다며 강의에 대한 UNCACK 지방 팀의 원조 제공을 요청했다. 미 공보원이 제작, 제공한 필름을 볼 수 없는 곳에는「감염과 질병」책자를 인쇄해 군 관리에게 배포되었다.

1951년 보건위생 담당자들의 교육은 도 단위의 회의와 강습, 이 강습을 받은 자들이 다시 군과 면으로 내려가 군과 면으로 위생 강습이 이어졌다. 위생강습과 교육은 1952년에 체계적으로 진행되었다.

2) 세계 보건일과 위생 교육

1952년 4월 7일부터 13일까지 제1회 세계 보건의 날 행사가 개최되었다. 이 기간 동안 보건부와 UNCACK은 각종 강연과 회의를 개최했다. 특히 4월 9일부터 11일까지 부산에서 보건위생회의가 준비되었다. 중앙정부 관리와 유엔 파견 인사, 미국, 중국, 영국 대사가 참가했다. 그리고 도지사, 보건관리, UNCACK 팀 사령관과 위생관 등이 참가했다. 이들 회의에서 생활조건의 향상과 보건 · 위생의 중요성이 강조되었다.[29] 다음

UNCACK 사령부에서 1952년 4월 9일부터 11일까지 개최한 회의 내용이다.

1952년 4월 9일		
8:30-9:45	참모 회의	Amazeen 대령
9:45-10:00	중간 휴식	
10:00-10:30	이 주 계획	Mr. Bogaard
10:30-12:00	한국 고용인 판매점	Schaner 대위
12:00-13:15	점심	
13:15-13:45	위생 계획, 공중작업	Blaisdell 중령
13:45-14:15	위생 계획, 공중보건	Dr. Ard
14:15-14:45	한국 예산 준비	Mr. McCaffrey
14:45-15:00	할당 개발	Soukup 소령
15:00-15:15	중간휴식	
15:15-15:30	신병 모집 계획	Kaele 중령
15:30-15:45	보고와 평가	Young 소령
15:45-16:00	형무소 위생	Mr. Zarjevski
16:00-16:15	공중위생 원조와 공중 정보	DicKinson 중령
16:15-16:35	공중위생 원조와 학교 프로그램	Dr. Bower
16:35-17:00	공중위생 원조와 정보 프로그램	Mr. Petro
1952년 4월 10일		
8:30-9:15	여름철, 한국 위생 프로그램	Mr. MacLaren
9:15-10:00	1953년도 위생 계획	Mr. Riberio
10:00-10:15	휴식	
10:15-11:15	식품위생 계획	Dr. Beechwood
11:15-12:00	상하수도 계획	Mr. Chayabongse
12:00-13:00	점심	
13:00-13:45	위생기사 프로젝트	Mr. MacLaren

13:45-17:00	현지 문제에 대한 패널 토의	Mr. Bailey(경기도), Mr. Katemopoulos(경북), Mr. Wilson(전남)
1952년 4월 11일		
8:30-11:00	한국 위생 관리와 패널 토의	Dr. Paik, Dr. Kim, Mr. Pak, Mr. Lee
11:00-12:00	UNCACK 현재와 미래 문제	Carraway 대령
12:00-13:00	점심	
13:00-17:00	동래의 현지 조사 - 청소 상태, DDT 살포 적용 시범, 저장소와 급수 필터	

이 회의는 단순한 위생 회의가 아니다. 공중보건 위생, 거기에 따른 예산 집행, 신병 모집, 형무소 위생, 학교와 정보, 식품위생과 상하수도 등 광범위한 문제가 논의되었다. UNCACK 위생장교는 가장 성공적인 회의라고 보고했다. 이 회의로 한국에서의 위생 계획이 지속적으로 유지될 것이라고 판단했다.

UNCACK 위생 회의에 뒤이어 보건부는 지방과 시 위생 담당 공무원의 위생 강습을 4월 28일부터 30일까지 개최했다. UNCACK 위생부는 강습 필름과 책자를 분배했다. 내용은 아래와 같다.

1952년 4월 28일		
9:30-10:00	환영 인사 - 개회사, 국기에 대한 경례, 애국가 제창, 묵념, 보건부 장관 연설, Dr. 백과 Mr. Riberio, Dr. 김 인사, 소개, 폐회	
10:00-11:00	위생행정 개요	Dr. 김
11:00-12:00	봄과 여름철 위생 생활 개요	Mr. MacLaren
12:00-13:00	점심	
13:00-14:00	UNCACK 위생 공급과 활용	Mr. Riberio
14:00-15:30	쓰레기와 분재 제거	Mr. 백

15:30-17:00	식품위생	Mr. 이
	1952년 4월 29일	
9:00-10:00	해로운 곤충	Dr. 김
10:00-11:30	물 공급, 물 분석과 물 정화	Mr. 권
11:30-13:00	점심	
13:00-17:00	동래 현지 조사 - 물 저장소, 우물물의 정화, 청소 실례, DDT 살포 적용 사례, Mr. Riberio, Mr. MacLaren, 권과 박	
	1952년 4월 30일	
9:00-10:00	식품위생	Dr. Beechwood
10:00-12:00	위생 감독의 실천	Dr. 이, Mr. 박
12:00-13:00	점심	
13:00-14:30	위생 영화	Mr. MacLaren
14:30-16:00	논의 - 폐회식 개회사, 국기에 대한 경례, 애국가 제창, 묵념, 코멘트, 보건부의 "참석 확인증"발급, 보건부 차관의 인사, 폐회	

세계 보건의 날에 맞춰 개최된 회의에서는 여름철 곤충 통제와 음식 위생, 물 공급의 복구와 운영, 쥐 통제, 위생 공급, DDT 살포 계획 등이 논의되었다. 주요 도시와 도의 공중보건 위생 담당자들이 강습에 참가했다. UNCACK 위생부는 한국 보건부와 합동으로 강습, 필름, 설명과 분배를 했다.

비치우드(Dr. Beechwood)와 리베리오(Mr. Riberio) 그리고 맥라렌(Mr. MacLaren)은 한국 공중위생과 식품위생에 가장 영향을 미쳤다. 비치우드는 일본 점령 4년 동안 식품위생 프로그램을 맡았고, 일본에서 식품의 기준과 등급에 대한 규범을 만들었다. 이들은 한국전쟁 동안 식품위생과 공중위생 관련한 책을 집필했으며 이 책은 그 뒤 보건부에서 식품위생과 공중위생의 기본 교재로 사용되었다.

UNCACK은 UNCACK과 한국 정부가 4월에 개최한 두 개의 위생회의는 상당히 성공적이며 회의 결과 이들 부서와 현지 활동가들 사이의 협동과 협력을 증가시켜 가치가 있다고 평가했다. 그리고 세계 보건의 날 축하와 위생환경 주간은 한국 관리들뿐만 아니라 대중에게도 위생 활동에 관심을 불러일으키고 흥미를 갖게 했다.[30]

지방 관리들은 한국 보건부로부터 비슷한 회의를 군, 면, 시 단위에서 하라고 지시했다. 이에 모든 지방에서 5월 동안 위생 검사자, 군과 면장을 교육하는 회의가 개최되었다. 아래는 1952년 5월 15-16일 수원 소방서에서 개최된 위생 교육 프로그램이다. 다른 지역에서도 이와 같은 방식으로 위생 교육 프로그램이 진행되었을 것이다. UNCACK은 프로그램은 성공적이었고 참석자는 각각 37명이라고 평가했다.[31]

1952년 5월 15일	
9:00-10:00	개회사(개회사, 애국가 제창, 묵념, 선열에 대한 묵념, 사회부장 김홍식 축사, 공중보건부장 오범영, UNCACK Cyril M Pires, 위생부장 조성호 인사, 오범동 의사 소개)
10:00-11:00	위생행정(오범영)
11:00-12:00	여름철 위생 활동(Mr. C M Pires)
12:00-13:00	점심
13:00-14:00	식량 위생(조성호)
15:00-17:00	위생 영화: 곤충이 퍼뜨리는 질병, 물-친구 혹은 적, 십이지장충, 세계 뉴스, 한국 뉴스. 슬라이드 쥐 통제
17:30-19:30	수원 피난민 수용소으로 이동해서 DDT 분사 시범 10% DDT 가루약을 분무기와 동력 살분기 할당. 안개 차의 작동과 실제 시범을 보임. 강습을 들은 모든 사람들이 분무기와 동력 살분기의 사용법 인지.

1952년 5월 16일	
9:00-10:00	곤충에 의한 질병(조성호)
10:00-11:00	음식 취급과 식사 습관의 주요한 점(Mr. Cyril M Pires)
11:00-12:00	물 공급 물 분석과 물 정화(이호영)
12:00-13:00	점심
13:00-14:00	쓰레기와 분뇨의 제거(조성호)
14:00-15:00	논의
15:00-16:00	폐회사

이와 같은 교육 프로그램이 경기도 군, 면, 학교와 고아원의 모든 위생 관계자에게 실시되었다. 경기도 이외에 다른 지방도 위생관리를 위한 교육 강습회가 개최되었다. 서울, 충남, 강원, 경기, 경남은 6월 첫 주에 개최했다. 모든 한국 위생관리가 참가했고 UNCACK 위생장교는 강습 실례와 필름, 책자 등을 제공했다. 대전은 교육 과정에 316명의 관리가 참가했다고 보고했다. 원주에서는 60명 감독자와 의사가 참가했다.[32]

1953년 UNCACK 위생장교들은 5월 7-9일 동안에 회의를 개최했다.[33] 그리고 UNCACK 위생장교 회의에 뒤이어 한국에서도 아래와 같이 5월 14-16일 동안 위생회의가 개최되었다.

1953년 5월 7일		
8:30-45	회의 소개와 개요	Riberio
8:45-50	환영 인사	
8:50-9:00	UNCACK 재조직	Shepherd 대령
9:00-9:10	현지 활동	Thompson 대령
9;10-9:20	민사원조의 디렉터에 의한 발언	Carnes 대령
9:20-10:00	공중보건 프로그램과 개인	Pappas 대령

10:00-10:15	현지 문제 - 공개 논의 서울	
10:15-10:30	현지 문제 - 공개 논의 경기도	
10:45-11:00	현지 문제 - 공개 논의 강원도	
11:00-11:15	현지 문제 - 공개 논의 충북	
11:15-11:30	현지 문제 - 공개 논의 충남	
11:30-11:45	현지 문제 - 공개 논의 전북	
11:45-12:00	현지 문제 - 공개 논의 전남	
13:15-13:30	현지 문제 - 공개 논의 경북	
13:30-14:00	현지 문제 - 공개 논의 경남	
14:00-14:30	예방의학에서 위생	Dr. Brown
14:30-15:00	PIO 합동 조직	Riorden 중령
15:20-15:40	교육 합동	Miss Davies
15:40-16:00	공중 작업 합동	Young 중령
16:00-17:00	자각(이집트), 그들은 죽음을 필요하지 않는다(인도)	위생 영화
1953년 5월 8일		
8:30-9:30	1951-52-53-54년 프로그램 리뷰와 1955년 예보	Riberio
9:30-10:00	여름철, 초기 위생 단계	Maclaren
10:15-10:45	물 원조체계	Maclaren
10:45-12:00	곤충으로 인한 유행병(여름)	Dr. Wheeler
13:15-17:00	부산 현지 여행; 분뇨 탱크 체계, 고아원 등	
1953년 5월 9일		
8:30-9:30	한국에서 군 예방의료	
9:30-9:45	스태프 리포트 요구	
10:00-11:30	한국 예산, 개인과 조직	
11:30-12:00	논의	

UNCACK 위생 관리를 위한 훈련과정이 5월 7-9일에, 한국 위생 관리를 위한 훈련 과정이 5월 14-16일에 열렸다. 두 회의에서 여름철 곤충 통제 프로그램을 강조했다. 그리고 각 도에서 이들 내용을 중심으로 재차 교육이 진행되었다.

3) 교사, 단기 강습 과정

공중보건 위생 교육의 주요 대상 집단에 교사도 포함되었다. 1951년 8월에 충청북도는 UNCACK 후원으로 실시된 공중보건 단기 강습을 시행했다. 강습은 학교 보건 과제를 포함해 기초 생물학, 전염병, 위생 그리고 보건교육에서 학교 교육자의 지위 등을 주제로 하루 종일 진행되었다. 이 교육은 모든 군과 지방에서 3주 동안 지속되었다.

이 교육이 실시된 배경은 이렇다. "6월에 학교의 위생과 보건 조사를 시작했는데 보건교육이 시행되지 않았다. 이는 참고 교재가 없어 학생들에게 제공할 수 없었기 때문이다. UNCACK 공중보건 장교와 위생기사는 담당자들을 만나 보건교육을 논의했고 지방에서 교사 단기 과정을 조직하라고 제안했다."[34] 그리고 6월과 7월에 회의에서 아래 사항을 결정했다.

1. 학습 과정은 8월에 방학 기간을 이용한다.
2. 학습은 각 군에서 한 번씩 시행한다.
3. 과정은 자금의 제한 때문에 하루로 제한한다.
4. 교재는 각 교실에 준비해서 참고하고, 나중에 선생님들이 이용하도록 학

습 과정에 준비되어야 한다.

5. 단기 과정은 UNCACK과 지방교육부, 보건부의 합동으로 진행된다.[35]

실시 지역은 〈표 39〉와 같다. 학습 교재는 한국어와 영어로 각각 첨부되었다. 교재로 사용된 『건전한 대한민국을 위하여』(충북 보건강습 편란)는 다음 장에서 살펴보고자 한다.[36]

이때 진행된 충청북도 학무과 보건과 UNCACK의 주최로 개최된 보건위생 강습회 하루 과정의 시간표는 〈표 40〉과 같다.

8월에 있었던 교원을 대상으로 하는 위생 강습 평가가 1951년 9월 1일 충청북도 주간 보고서에 제출되었다.[37]

"참가자는 교사 총 1442명이다. 중학교와 초등학교에 고용된 교사들의 69.5%가 참가했다. 교사들의 참가가 높기를 바랐다. 낮은 참가율은 3가지

<표 39> 학교 강습일

일자	지역	참가자 수	교사 수	참가 비율
8월 11일	청주시, 청원군	300	522	57.5
8월 12일	진천군	122	122	100
8월 13일	괴산군	150	225	66.7
8월 21일	담양군	70	83	84.3
8월 22일	제천군	100	130	76.9
8월 23일	충주군	150	248	60.5
8월 24일	음성군	160	194	82.5
8월 28일	옥천군	110	179	61.6
8월 29일	영동군	160	216	74.1
8월 30일	보은군	120	159	75.5
총계		**1,442**	**2,078**	**69.5**

<표 40> 강습회 내용

시간	내용	강연자
9:00-9:20	국민의례 및 강사 인사 소개	정 문교사회국장
9:20-9:50	강습회 개최의 목적과 보건위생 문제에 대한 교사들의 지위 및 보건교육법	연 학무과장
9:50-10:15	보건교육에 관한 학무과와 보건과의 관계	이 보건과장
10:15-10:30	기초세균학 및 소독과 멸균	Dr. Perrin
10:30-10:45	휴식	
10:45-11:45	전염병 개론 및 하기 질환의 원인 성과 및 조치 결핵, 두창, 홍역, 백일해, 장티푸스, 콜레라, 이질, 발진티푸스, 말라리아 및 뇌염	양재모
	장내 기생충 십이지장충 등	장진성
11:45-12:00	질의응답	
1:30-3:00	위생 상수도 우물 변소의 구조 운영 및 확충	Mr. Shipman
	학교 위생 시설, 개인위생	이철환
	곤충 구제, 식품위생	홍청흠
3:00-3:15	휴식	
3:15-3:45	영양 구강위생 습성	양재모
3:45-4:15	구급 처리법	신심수
4:15-5:00	질의응답	
5:00-6:00	날개 달린 재앙, 물-친구 혹은 적	영화 상영

이유 때문이다. 학교가 방학 기간이어서 교사들이 집에 없는 경우가 많았다. 군에서 멀리 떨어진 학교에서 이동하기 어려웠다. 학교에서 개최된 10일 중 6일이 궂은 날씨로 이동이 순조롭지 않았다."

그렇지만 교사들의 반응은 흥미로웠던 것 같다. "인터뷰에서 대개 교사들은 그들은 강습 자료가 흥미로웠다고 말했다. 앞으로 강습을 열어줄 것을 바란다고 했다. 몇 명의 교사들은 강습 자료는 너무나 기본적이라며 부정적 평가도 했다. 개학 첫 학기에 교사들은 공중보건 교육을, 치료보다는 예방을 강조할 것이다."

지방 관리들은 성공적이라고 평가했다. 공중보건부장은 "이 강습은 성공적이라 믿는다. 학교는 매년 계속하기를 바란다. UNCACK의 노력은 상당한 가치가 있다." 교육부장은 "교육부의 입장에서 공중보건 예방 단기 과정은 상당히 성공적이고 매년 반복되어야 한다. 비록 기초라도 교과 자료들은 교실에 예방 교재로 사용되도록 적당한 수준이어야 한다."라고 지적했다. 앞으로 각 학교에 적용해 보건을 가르치고 위생을 향상시킬 것이라고 강조되었다. UNCACK의 평가는 이들 한국 관리보다 더 엄격했다. 단기 과정은 다음 과정으로 연속되어야만 의미가 있다고 강조했다. "UNCACK의 의료장교와 위생기사의 의견은, 적절하게 운행될 때에 성공적이라 할 수 있다. 공중보건 단기 과정은 일회성으로 끝낼 것이 아니라 첫 과정 경험 뒤 다음 과정으로 이어져야 한다. 학습 자료 특히 안내책자는 더 효과적이고 정확해야 한다. 다음 과정은 많은 시간을 계획해야 한다. 학교에서는 흔히 있는 일이지만 1개월에서 2개월 정도로 학습 과정이 이루어져야 한다. 그리고 UNCACK과 지방보건과 교육부 간의 합동과 협력이 효과적이어야 한다."

전라남도에서도 학교 보건위생 프로그램이 수행되었다.[38] 7곳의 초등학교 교장이 광주에서 지방 공중보건 관리와 함께 1951년 11월 24일 회의를 개최했다. 토의 주제는 '감염 질병의 예방과 유행병의 통제, 변소와 씻기 시설의 유지, 물 공급의 정화와 적당한 물의 필요, 육체적 · 도덕적 · 지식적 측면에서의 위생, 운동과 보건의 관계, 교실의 환기, 아동의 정규적 의료 검사, 학교 의사와 간호사의 책임성, 필요한 아동을 위한 학교 급식의 중요성, 복지에서 교사의 책임성, DDT의 사용' 등이다.

1952.1.2 경기: 모든 지방에서 교육 프로그램을 운영했는데 12월 16일 회의가 평택과 안성군을 위해 평택에서 개최되었고 60개 학교 관리자가 참석했다. 12월 19일에는 가평과 양평군을 위해 서울에서 개최되었는데 40곳의 학교 관리자가 참석했다. 총 3800개 학교 관리자가 7번에 걸쳐 회의에 참석했다. 강습 내용은 교육부로 넘어가서, 교사들에게 배포될 것이다.[39]

1952.2.15 종합: 위생 교육 필름 운동이 광주의 학교에서 1952년 1월 18일 보완되었다. 3만 명이 이 필름을 보았다. 영사슬라이드, 슬라이드 그리고 필름을 설명하는 해설가를 단위로 한 3개 이동 필름을 포함해 미래에 계획하고 있다. 공중위생에 대한 공중교육은 UNCACK의 중요한 역할이다.[40]

교사들의 강습은 이후에도 이어졌다. KCAC는 강연단을 꾸려 6개월 동안 위생 강습을 실시했다. 1954년 9월 16개소에서 KCAC 일반보건관 맥라렌(James P. Maclaren)과 의무고문관 주인화는 강연을 수행했다. 초등학교와 중학교 교사의 보건강의는 9월 21일에 서울에서 시작되었으며 12월의 첫 주에도 계속되고 있다. 위생법에 관한 4000권의 책이 배부되었으며 500명의 교사, 1000명의 학생과 150명의 대한민국 보건관이 강의에 참석했다. 교재 개발과 학생들을 교육하기 위한 교사들의 보건교육이 진행되었다.

4) 식품 취급자, 여성 교육

맥라렌(Maclaren)이 제작한 『그림 위생과 질병』(Pictorial Sanitation and Disease)이 교재로 배포되었는데 이 책자는 모두 위생을 변화시키는 주체로 소년과 소녀로 상정해 이들의 교육이 필요하다고 역설했다.[41] 이 교재는 "위생이라는 것은 한 습관이며 사회 사람에서부터 출발하지 않으면 안 되는 것임으로 우리가 교육 계획을 잘 만들어서 사회의 시민들로 하여금 향상된 위생 실천이라는 것이 그들 자신의 개인 건강 및 후생을 위하여 요구되고 있다는 것을 이해시키도록 할 것이다. 그러므로 이하의 교육자료는 한국에서 질병과 사망을 통하여 큰 손실을 야기하고 있는 전염병과 비위생 상태와의 관계를 알리기 위하여 만든 것이다. 이것은 현재와 미래의 우리 청년들의 계속적인 좋은 건강을 위하여 위생 수준을 향상시키는 데는 교육이 필요하고 중요하다는 것을 알려주는 유일한 일반적 기초가 되는 것이다."라고 강조한다.[42] 그리고 위생 습관은 아이들로부터 시작되어야 한다고 강조하고 있다. 따라서 교육은 주로 아이들을 중심으로 진행될 것을 강조한다. "훌륭한 위생 습관은 아이들로부터 시작되어야 합니다."라는 구호는 그것을 대변하고 있다.

아이들 교육과 함께 교육 대상자로 여성들이 지목되었다. 여성들이 대상이 되었던 까닭은 질병의 전파자로 간주되었기 때문이다. 공중보건 위생 교육에서 가장 중요한 것은 접촉자 즉 전염의 경로를 밝히는 것이다. 질병의 3요소는 발생의 원인, 전파자 그리고 접촉자인데 여성들이 대표적 접촉자로 지목되었다.

질병 감염 전파자가 주로 곤충과 쥐라면 접촉자는 식품 취급자로 규정되면서 주로 식품 취급자 위생 교육이 중요하게 대두되었다. 따라서 식품 취급자 교육이 제기되면서 1952년 5월부터 교재가 준비되었고, UNCACK 식품위생부의 비치우드(Beechwood)는 각종 강연과 교재를 발간했다. 이 과정은 보건부, 교육부, 미 공보원, UNCACK CI&E 그리고 복지부의 합동으로 추진되었다. 비치우드는 1952년 5월 다른 곳에서 소

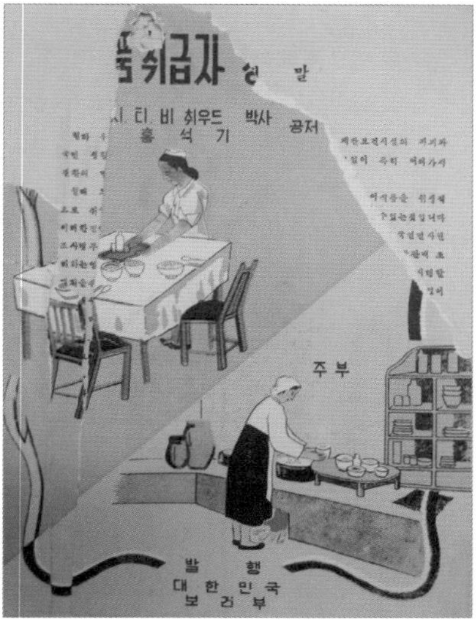

사진 7-5 **「식품 취급자 강습」 교재 표지**

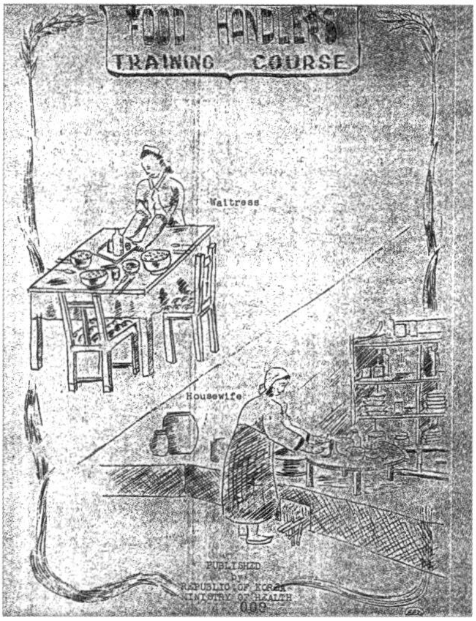

사진 7-6 **「식품 취급자 강습」 교재(영어 초판)**

개되기 전에 이 프로그램에 대한 사람들의 반응을 조사하기 위해 제주로 향했다.[43]

1952년에 제작 발간된 『위생검찰 지침』은 식품위생, 생활과 환경위생, 곤충과 쥐 구제, 관계 법령 등 총 4편의 내용을 담고 있다. 이는 식품의 감독을 강조하여 위생 감독자를 위한 매뉴얼을 소개한 것이다. 총 2500부가 인쇄되었다. 그러나 이 교재는 식품위생 이외에 내용들로 강습하기에 적당한 교재가 다시 제작되었다.

「식품 취급자 강습」이 그것이다. 식품 취급자 훈련 목적은 "한국은 전쟁으로 많은 시설이 손상되었고 그 결과 다양한 전염병이 만연하게 되었다. 더구나 한국에서 상당한 질병은 식품에 의한 것이 많다. 이 과정의 목적은 적당한 식품 취급을 가르치고 식품을 취급하는 사람에게 위생 방법을 가르치고 국민건강을 향상시키는 데"에 있었다. 강습을 받는 집단은 식품 건설에 일하는 식품 취급자. 예를 들면 먹는 것 마시는 것을 만드는 사람. 큰 식당, 와인숍, 다방, 케이크 상점, 정육점 다른 여러 종류의 식품 제조 공장 그리고 중고등학교의 소녀, 가정주부였다. 그리고 한국군 식당에서 일하는 모든 사람들. 유엔군 식당, 외국인 클럽 그리고 큰 식당이나 개인 식당 운영자도 강습을 듣도록 했다.

강습 과정을 훈련하는 데에 도지사와 시장은 식품 취급 훈련 프로그램의 위생 고문으로 임명한다. 감독자는 각 지방(서울시) 소도시 그리고 구의 위생 검사자, 위생기사, 여성국 관리들, 교육부 관리, 한국군 위생 장교, 여자중고등학교 교사로 하고, 지도자는 공중보건 진료소장, 한국여성협회의 간사와 소도시 간호원, 군과 구의 지방 관리 등으로 규정했다. 지도자 과정의 방법은 아래와 같다.

① 각 소도시 군 또는 구의 위생 감독자는 각 면, 읍, 동에 상세한 계획 스케줄을 정리하고 효과적 방법으로 이 과정을 지도하기 위해 모든 필요한 것을 준비한다.

② 공중보건 진료소장을 훈련한다. 한국여성협회와 간호원은 지도자 과정으로 지도자-감독자로 이용한다. 적어도 면, 읍, 동 3개 팀을 조직하고 다양한 마을단위 과정을 지도한다.

③ 과정은 리, 동과 반으로 지도한다. 지방 한국여성협회와 지방정부 담당자는 가정주부를 동원할 책임이 있고 식품 취급사업의 과정으로 참가하게 한다.

④ 시골 마을에 모든 식품 취급자는 다른 사람과 함께 과정을 듣는다.

⑤ 여학생 과정은 학교 교사가 수행한다.

<표 41> 음식 취급 강습 강의[44]

장소	날짜	참석 인원	장소	날짜	참석 인원
전남	7월 8일	106	서울	7월 20일	181
전북	7월 11일	256	강원	7월 23일	46
충남	7월 14일	575	경북	7월 26일	134
충북	7월 16일	48	경남	7월 29일	63
경기	7월 18일	295			
총계			**1,704**		

이 과정의 첫 기간은 1952년 7월부터 12월이며, 제2기는 1953년 1월부터 6월까지로 상정했다. 이 과정은 모든 식품 취급자가 이수하는 것을 목적으로 했으며 시간은 '모든 식품 취급자가 바쁘기 때문에 한 번에 완료하도록' 했다.

5월 동안 거의 모든 지방에서는 위생 감독자, 군과 면 관리들을 위한 강습회의를 개최했다. 이 강습회의는 보건부의 권고로 진행된 것이다. 제1기는 UNCACK 식품위생부 비치우드가 전국을 돌아다니며 강연하면서 시작되었다. 비치우드는 7월 8일 전남을 시작으로 해서 29일 경남, 제주도를 끝으로 일정을 마쳤다. 〈표 41〉은 각 지역을 방문한 일자와 참석 인원이다.

비치우드가 강의한 지역의 한 사례를 들어보자. 그는 7월 18일 수원에서 강의를 했다. 이 강습에 참가한 사람은 총 295명이다. 강습에 참가한 인원의 구성은 여자고등학교 학생 190명, 고아원 대표 5명, 학교 교사 23명, 한국여성협회 15명, 공중보건 관리 14명, 레스토랑 주인 2명, 4H 클럽 2명, 한국 해군 2명, 위생관리 32명, 교육부 3명, 여성부 2명, 공중보건 진료소 의사 5명이었다.[45] 비치우드의 강의 일정에 대해 사령부는 "모든 팀의 위생장교는 소개 과정을 정리해 완료했고 모든 군과 시의 위생 사무소에 요구했다. 교육, 여성부 그리고 보건부를 포함한 지방 관리, 진료소 의사, 간호원, 한국육군과 해군 장교, 교사, 고등학교 여학생, 한국부인회와 다양한 식품업 협회 등이 참가했다"고 보고했다.[46]

비치우드가 강의할 때 사용한 「식품 취급자 강습」 교재는 하루 동안 식품 취급자들의 교육 내용을 시간별로 자세하게 서술하고 수료증의 견본까지 제시하고 있다.

강습은 총 3시간으로 건강을 유지하는 방법, 식품 보호 방법, 개인 습관의 개정으로 나누어졌다. 이 교재는 강습을 받은 수료생들이 현장에 돌아가서 대중을 교육시킬 수 있도록 구성되어 있다. 제1과정 9개 도표(0-18), 제2과정은 17개 도표 (19-35), 제3과정은 14개의 도표(36-49)를 사용하도록 제시하고 있다. 교재에서 제시된 시간 배분은 아래 〈표 42〉와 같다.

<표 42> 교재 구성[47]

제1과정 건강을 유지하는 방법	제2과정 식품 보호 방법	제3과정 개인 습관의 개정
• 서언 5분 • 강습의 목적-식품 중독의 원인 20분 • 어떻게 하여 식품은 오염되는가 15분 • 건강 유지 방법 18분 • 소요 시간 6분 • 총괄 및 광고 2분	• 제1과 복습 6분 • 식품의 종류 11분 • 산지에서의 보호 14분 • 시장에서의 보호 10분 • 부엌에서의 보호 17분 • 총괄과 광고 3분	• 제2과 복습 5분 • 올바른 식기 취급 방법 14분 • 올바른 습관 18분 • 시험 20분 • 폐강 3분
총 66분	총 61분	총 60분

"교재 중에 글로 쓴 부분은 똑똑히 또 천천히 읽으면 약 60분 동안에 한 과정을 읽을 수 있을 것이다. 만약에 질문을 하는 자가 있으면 과정을 마칠 때까지 기다리게 하고, 하루에 세 시간 하기보다는 한 시간 강의를 다른 날에 계속하라."고 교육 방법도 제안하고 있다. 강의를 충실하게 참석한 자, 특히 영업장소에 있는 식품 취급자에게는 수료증을 만들어 수여하라고 지시했다.

1952년 11월 15일 21만 2171명이 식품 취급자 강습 과정에 참가했다. 전 참가자의 83%가 가정주부였다.[48] 비치우드의 수원 강의 수강생의 64%가 수원여자고등학교 학생들이었다. 이 과정의 중요성은 최근 UNCACK과 한국 위생회의에서 강조되었고 관료들은 식품 취급자와 가정주부 학교를 개설해 가르쳤다.[49] 1952년-1954년에 교육받은 식품 취급자 현황은 〈표 43〉과 같다.

<표 43> 도별 식품 취급자 강습 상황[50]

시도별	수강자 수	식품업자	주부	여중	여고	기타
서울	46,884	3,986	29,468	7.076	4,942	1,412
경기	27,194	5,166	15,618	3,294	1,516	1,600
충북	7,600	1,230	3,500	850	520	1,500
충남	40,230	3,762	22,694	3,726	1,616	8,432
전북	43,162	3,151	37,131	480	450	1,950
전남	43,818	2,951	35,241	2,260	1,215	2,151
경북	124,665	5,151	115,151	2,252	520	1,591
경남	274,542	24,581	163,616	13,115	38,115	35,115
강원	3,634	540	751	257	196	1,890
제주	9,995	5,197	2,547	850	250	1,151
총계	**621,724**	**55,715**	**425,717**	**34,160**	**49.340**	**56,792**

〈표 43〉에 따르면, 1954년까지 62만 명이 식품 취급자 강습을 들었다. 그런데 가정주부가 68.4%인 42만 명이고 여기에 중고등학교 학생을 합하면 50만 명이다. 식품 취급자 강습의 주 대상은 식당을 비롯한 음식업 운영자나 식품 제조 관리자가 아니라 가정주부를 비롯한 여성이었다. 식품 취급자 강습은 질병의 3요소 중 하나인 접촉자를 여성으로 규정하면서 위생 강습의 주 대상자를 주부로 삼았다.

8장

한국인의 '위생' 좌표

UNCACK 의료부 교재『구충과 구서, 질병과의 관련성』에서 "위생이라는 것은 언제나 우리 마음속에 유의되어야 하며 또 사회 사람들 속으로부터 나오지 않으면 안 되는 것"이라고 정의한다.[1] KCAC 보건과장 플루(Ralph V. Plew) 대령도 위생을 "공동사회 구성 인원에게서 자발적으로 일어나는 것"이라고 강조했다.[2] 1957년 경제조정관실(OEC)에서 제작한『대한민국의 이상적인 위생 수준 향상을 위한 위생 검찰원 강습용 지침』에서도 이 정의가 강조되었다.

위생은 경찰의 강압이 아닌 마음에 우러나와야 하며 한 사람의 마음이 아닌 시민 또는 국민의 모든 마음을 움직여야 한다.

❶

더러움과 수치심

1) 불결병

20세기를 전후하여 조선에 왔던 구미 선교사들이 조선에 대해 하나같이 가졌던 이미지는 불결과 위험이었다.[3] 더러움은 위험과 직결되어 있다. 더러움 즉 청결하지 못함이 위험하다는 발상은 18세기 말 유럽에서부터 나왔다.

1780년 이후부터 의사들이 작성하는 조사서에는 서민은 청결하지 못한 반면 안락한 삶을 영위하는 부르주아는 상대적으로 청결하다는 이분법이 점점 더 강조되었다. 가난, 비청결, 질병을 한통속으로 묶었다.[4] 이와 같은 조사와 관심을 토대로 1780년 이후에는 공중위생의 초보적인 형태가 갖춰졌다. 거리와 주거지는 물론이고 빈민 가정의 방들이며 이들의 몸에까지 청결을 강제하는 풍속의 변화가 일어났다. 눈에 띄건 띄지 않건 빈민들이 몸을 깨끗이 하도록 강제함으로써 악을 몰아내고자 했다.[5]

『그림 위생과 질병』, 『위생검찰 지침』, 『식품 취급자 강습』 등의 교재에서 질병은 비위생적이고 누추한 환경에서 생기는 불결병이라 했다. 따라서 비위생적이고 불결한 조건을 없애는 것이 강조되었다. 위생은 식품,

물 및 곤충 등의 전파 매개물의 처리와 접촉자의 개인위생으로 가능하다는 것이다.[6]

『그림 위생과 질병』에서는 "진보된 위생 사업이라는 것은 전염 경로의 한 과정을 이루는 환경 요소를 제거하거나 방지함으로써 질병의 예방을 돕도록 노력하는 것을 말하는 것이다. 접촉자, 식품, 물 및 곤충 등은 만약 그들이 있는 환경이 개선됨으로써 그들의 생전에 적합하지 못하게 된다면 제거될 수 있는 것이다."라며 비위생적 환경개선이 곧 위생 사업이라고 지적했다. 또한 "아주 누추하고 더러운 것, 비위생적 생활 습관, 불결 또는 우리들 자신의 환경에 대한 태만 등을 말하는 것이다. 그런고로 위생 사업이라는 것은 우리 자신의 개인 건강과 우리가 사는 사회를 위험하게 만드는 질병 전파를 돕는 이와 같은 요소의 제거를 위하여 노력하는 것이다."

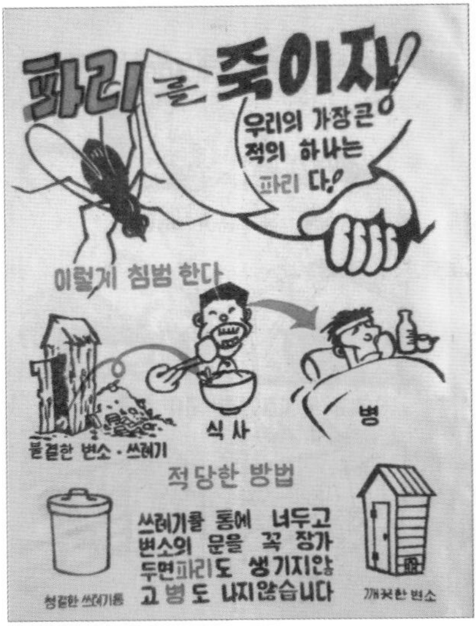

사진 8-1 **파리를 죽이자**

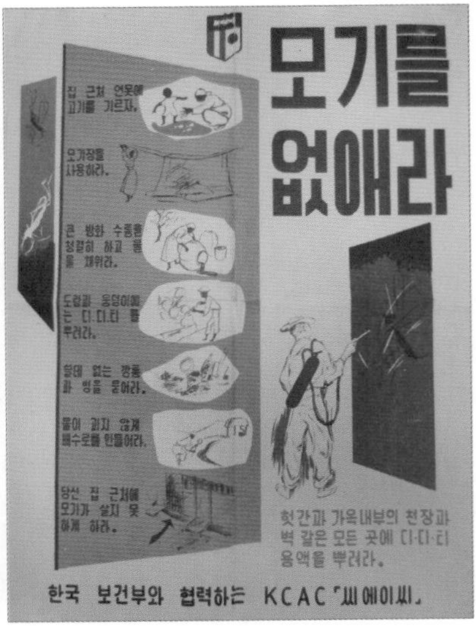

사진 8-2 **모기를 없애라**

<표 44> 포스터 교재 배포량[7]

제목	분량	제목	분량
쥐를 없애라	20,000	위생과 질병	4,450
모기를 없애라	20,000	구충과 구서	4,450
파리를 없애라	20,000	식품 취급자 강습	9,586
너도나도 쥐를 잡자	20,000	도해	1,880

전파 매개물의 처리는 DDT 살포와 '모기를 없애라' '쥐를 없애라' '파리를 없애라' '너도나도 쥐를 잡자' 따위의 포스터를 배포해 곤충과 쥐의 박멸 운동으로 이어졌다. 〈표 44〉는 1952년부터 1954년까지 배포된 양이다.

접촉자의 개인위생과 생활습관을 향상시켜야 불결한 환경을 개선할 수 있다고 강조되었다. 위생은 마음에서 우러나와야 하므로 개인의 생활 규칙 습관 그리고 생각까지 바꾸어야 한다. 경제조정관실은 한국에서 해결해야 할 두 가지 과제를 경제발전과 위생 수준의 향상이라고 제안했다. 위생 수준의 향상은 개인위생의 향상으로 이어졌고, 개인위생의 대상은 아이들과 식품 취급자로 규정된 여성들이었다.

『위생검찰 지침』에도 "누구든지 식품 취급 중은 확실히 개인위생의 습성을 가지고 있지 않으면 안 된다. 변소에 다녀온 후는 반드시 손을 씻고 언제나 청결을 유지하지 않으면 안 된다. 방담과 끽연은 금지하지 않으면 안 된다. 손이나 식품을 취급하는 기구로서 두발, 코, 입 혹은 귀를 만지는 일이 없도록 하여야 한다."라며 일상생활에서 개인위생의 중요성을 강조했다.[8]

어떻게 개인위생을 향상시킬 것인가. 『식품 취급자 강습』에서 그 해답을 찾을 수 있다. 『식품 취급자 강습』 저자인 비치우드는 강습 교재의 목적을 이렇게 밝혔다.

> 주한 국련군 민사원조 사령부에 있는 의사와 여러 한국 의사는 '한국에서의 모든 속병의 50% 이상은 식품 취급을 잘못함으로써 원인된 소화기 계통의 병이라고 할 수 있다'라는 의견을 가지고 있다. 이와 같은 병의 결과는 많은 노동시간을 상실시키고 있다. 만일에 모든 식품 취급자가 올바른 실습법을 배울 것 같으면 이 시간은 절약될 수 있는 것이다.
>
> 모든 식품 취급자에게 속병을 예방하기 위하여 위생적으로 음식물을 조리하고 취급하는 방법을 가르켜주려는 것이 본 강습의 목적이다. 최대의 효과를 기대하기 위해서는 영업에 종사하는 식품 취급자 예를 들면 조리사, 식당 고용인, 식품 가공자, 제빵업자, 식품 가게 보는 사람 또는 술집에서 일하는 사람들을 교육하는 것뿐만 아니라 동시에 가정의 주부, 고등학교 여학생들에게도 강의할 필요가 있다.
>
> 만족할 정도로 성공하기 위해서는 우리나라 인구의 약 25% 다시 말하자면 500만(대부분 여자)의 국민을 교육할 필요가 있다. 이 목적을 이루기 위해서 이미 약속된바 대한 부인회의 적극적인 관심과 지지를 필요로 하며 동시에 여자고등학교 각 도·시·군·면·리에 있는 보좌관들의 적극적인 협력을 필요로 하는 것이다. 우리의 이 계획은 실천적이며 앞으로 속병을 많이 감소시킴으로써 한국 국민을 더 건강하게 하고 국민으로 인도하리라고 믿는다.[9]

이 책은 식품을 취급하는 음식업자나 식료품 공장을 주 대상으로 했다. 그런데 교육의 목적은 음식점보다 가정주부와 여학생들을 목표로 삼았다. 아래의 학교와의 상호협력 항목에서 위생관이 고등학교 교장을 가장 먼저 만나야 한다고 지적하고 있다.

군청 위생관이 최초로 만나야 될 사람은 자기 군 내에 있는 고등학교 교장일 것이다. 이 교재용 소책자를 배부하는 데는 각 학교용 책자도 포함하고 있다. 여자중학교와 여자고등학교 생도 전부가 이 책에 기록된 바와 같은 올바른 식품 취급법을 배웠으면 좋겠다고 생각한다.
재차 말하거니와 고등학교 여학생들과 선생들은 그들의 어머니와 친척들에게 본 강습에 참석하도록 역설함으로써 본 강습 기간 중 지도자들을 도와줄 수 있을 것이다. 사실 여학생들은 다만 그들이 원하기만 한다면 이 계획에 있어서 큰 도움이 될 수 있는 것이다.

많은 지도자를 필요로 한다는 항목에서도 여성 지도자들에 관한 지적을 한다.

이 계획은 자기네 고향을 재건함에 있어 이것을 돕고자 하는 소망을 가진 강한 의지의 남녀에 대한 조건이다. 열심히 이 계획에 참여함으로써 우리는 만족하게 될 것이고 또 한국의 어머니들로부터 감사의 뜻을 받게 될 것이다. 요란을 흔들며 또 세계를 통솔하는 손은 오염된 식품을 먹고 나서 속병을 앓고 있는 그들의 자녀들의 울음소리를 없애기 위한 적절한 방법을 어머니들에게 가르쳐주는 이들 지도자들을 확실히 지지할 것이다.
다시 말하자면 이것은 대부분 여자인 약 5000명의 지도자에 대한 부로지즘이며 그들은 친우나 이웃 사람들에게 적절한 식품 취급에 관한 간단한 이야기를 적어도 60분 동안 가르칠 것이다. 각 지도원은 약 1000명을 가르키도록 요구될 것이며 한 강습에 평균 50명을 가르킨다 하면 각자는 20회의 강습을(각 강습은 세 시간) 담당하게 될 것이다.[10]

교재는 건강을 유지하는 방법, 식품 보호 방법, 개인 습관의 개정으로 구성되어 있다. 개인 습관의 개정 목차는 그릇의 씻기와 소독, 깨끗한 그릇의 보관, 깨끗한 그릇의 취급, 여섯 곳의 신체 개공부, 몸을 깨끗이 하라, 단정하게 하라, 손을 잘 간수할 것, 손의 취급, 예의, 건강진단서 등이다. 식품 취급자의 제3과정은 개인위생 항목이지만 생활습관과 여성이 고쳐야 할 습관으로 변모했다. 이 교재의 전 과정은 여성들을 대상으로 지식 전달과 함께 여성이 갖출 위생뿐만 아니라 도덕까지도 제시하고 있다. 여성의 행동은 끊임없이 교정의 대상이 된다. 실제 적용 사례 중 하나로 식품 취급자의 손이나 손톱을 정기적으로 검사하라는 지시는 그 뒤 초등학교나 여학교에서의 손이나 손톱 검사로 이어졌다.

비위생 불결한 환경은 비과학적 위생에서 발생한다고 지적한다. "여러분이 배우실 터인 사실은 절대적으로 정확한 것이며 이 세계의 어떤 나라에서도 적용될 수 있는 것입니다. 과학자들은 음식물이 상하는 원인을 연구한 결과 귀신이 근원이 되는 것이 아니며 딴 명확한 방법에 의하니 우리를 병들게 한다는 것을 증명하였습니다." 안전 식품 선택법과 과학적 방법으로 음식물 취급법을 안내한다는 것이다. "될 수 있으면 환자에게는 우유를 주십시오. 왜냐하면 우유는 완전한 식품에 가깝기 때문입니다. 그러나 여러분이 우유가 안전하다는 것을 확인할 필요가 있습니다." 과학에 의한 건강 정보가 정확하다는 판단이 들어 있다.

"강한 국가가 되기 위해서는 국민 각자가 건강하야만 합니다." "건강은 여자의 미를 증가하며 또 남자의 힘을 증가시킨다는 사실은 우리들 젊은 국민에 대한 힘있는 호소일 것입니다." 등으로 건강한 국민의 요구로 이어졌다.

2) 일본에서 잘 지내는 법

더러움은 위험하다는 공중보건의 담론은 미 주둔군에서 분명하게 제시되었다. 극동사령부 의료부가 1952년 7월에 발행한 『일본에서 즐겁게 생활하고 건강하게 지내는 법』에 이러한 담론이 잘 드러나 있다.[11]

> 일본은 짜릿한 매력이 있다. (…) 벚꽃으로 유명한 땅이고 후지산은 바다로 둘러싸여 있다. (…) 그것들을 즐겨라. 그러나 일본 생활에서 건강을 위협하는 것들이 있음을 기억해라. 이 팜플릿은 그러한 위험을 설명한다.
>
> 레스토랑에 'A 증서'가 걸려 있지 않다면 건강을 보호하기 위해 '출입금지(off limits)'의 장소이다. 일본 공중보건법에 식품 취급자의 신체검사는 의무사항이 아니다. (…) 익히지 않은 생선 혹은 스시는 일본인을 병약하게 한다. 굴, 조개류는 오염된 나쁜 것에서 왔고 철저하게 요리하지 않고 먹어서는 안 된다. (…) 감자 사라다, 커스타드 그리고 샌드위치 같은 요리된 음식을 차가울 때 먹으면 상당히 위험하다. 왜냐하면 음식 취급자(요리사)로부터 박테리아와 기생충 오염이 증가할 가능성이 있기 때문이다.
>
> 일본은 2000년 동안 비옥한 토지에서 농사짓고 작은 땅에서 상당한 양의 야채를 생산한다. 그 요술의 비밀은 분뇨 사용이다. 불행히도 똥통은 일본 농촌에 넘쳐나 모든 유형의 땅에 뿌린다. 다양한 박테리아와 기생충이 오염된 야채에서 사람에게로 이전될 수 있다. 그러므로 당신이 일본 시장에서 야채를 산다면 그것들을 요리하기 전에 철저하게 씻어야 하고 날것으로 먹지 마라.
>
> 일본에서 자란 과일은 맛은 있지만 채소와 같은 똑같은 위험이 있다. 사과, 배, 복숭아, 자두 그리고 다른 과일들은 철저하게 씻고 껍질을 벗겨라. 딸기,

블랙베리와 같은 종류의 과일은 날것으로 먹지 마라. 왜냐하면 그것들은 껍질이 없고 씻는 것만으로 충분하지 않다.

일본 보건당국자들은 위생의 표준을 점검하지 않는다. 그들은 생산자와 어느 농장과 가게에서 취급하는지 점검하지 않는다. 심지어 그러한 가게에서 파는 야채와 과일일지라도 실제로 수경재배로 재배했을지라도 당신이 사기 전 장소에서 오염될 가능성이 많다. (…)

일본 항구 지역의 호수나 연못에는 달팽이가 있는데 이는 디스토마 혹은 달팽이 열을 일으키는 기생충에 감염될 수 있다. 호수나 강, 연못, 개울에서 수영하지 마라. 특히 아이들이 맨발로 그러한 지역에서 뛰어들어가지 못하도록 해라. 왜냐하면 오염된 토양에서 십이지장충이 피부를 통해 몸으로 들어갈 수 있다.

일본에 머무는 동안 너의 건강을 보호하기 위해 확실한 접종을 해야 한다. 두창, 장티푸스, 발진티푸스는 매년 재접종해야 한다. 접종하라고 말하기를 기다리지 마라. 근처 진료소에 가서 정기적으로 접종하라. 또한 16세 이하의 아이들은 설사나 백일해 검사를 해라. 세상에서 가장 좋은 약은 예방이다.

일본에서의 생활은 정말 유쾌한 경험이지만 건강을 위험에 빠트리지 않아야 한다. 일본에 생활은 상당한 모험에 직면할 것이다. 이 팜플릿은 아주 적은 범위에서 커버할 수 있다.

출입금지(off limits)는 동아시아의 모든 곳에 적용되었다. 주둔군 병사들이 먹고 자고 즐기는 모든 행위의 통제장치이자 안전장치였다. 그 잣대는 바로 불결, 더러움이다. 더러움은 병사들을 위험에 빠트릴 것이라는 두려움이었다. 이는 일본뿐만 아니라 미군이 주둔하는 동아시아 모든 지역에서 그대로 적용된다.

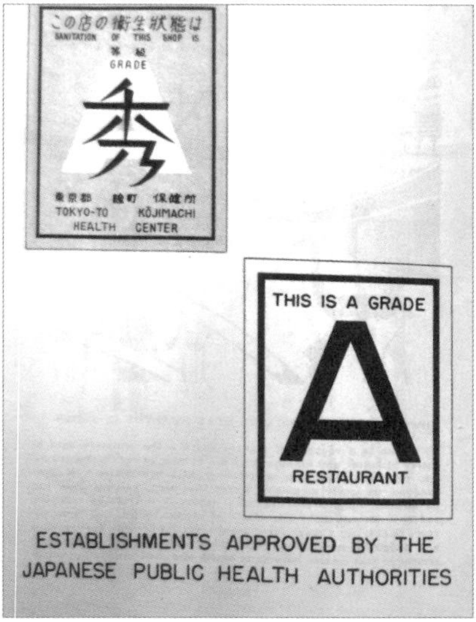

사진 8-3 / 8-4 **『일본에서 즐겁게 생활하고 건강하게 지내는 법』 내부 사진들**

미8군 사령부 위생장교는 1951년 3월 "군은 심각한 위험이 따르는 한국에서의 업무가 익숙하지 않다. 이들 위험을 모든 군인에게 알리고 그것과 싸우는 방법을 알려야 한다. 부대 사령부는 부대 안과 인근 지역에서의 위생 집행에 책임이 있다."며 위생명령 1호를 지시했다.[12] 지시 내용은 토착 음식과 음료, 물, 염분 요구량, 얼음, 너저분한 위생 시설, 곤충 방지, 말라리아 방지, 발진티푸스 방지, 예방접종, 개인위생, 감기, 성병, 쓰레기 제거, 분뇨, 이발과 미용 등으로 의식주를 비롯한 몸과 위생 전반에 걸쳐 있다. "요리와 먹는 물은 위생기사가 운영하는 급수장에서만 사용한다." "너저분한 위생 시설은 끊임없이 감독한다." 등으로 『일본에서 즐겁게 생활하고 건강하게 지내는 법』과 다르지 않다.

3) 수치심

1909년 이후 청결법 시행의 가장 큰 특징은 그것이 강압적인 단속, 위협, 처벌의 형태로 진행되었다는 점이다.[13] 일제강점기, 더러움은 무서움과 공포를 가져왔다. 하나는 위생비 징수와 관련되어 있고 다른 하나는 청결법 시행과 「제예규칙」위반자에 대한 것이다. 이것은 단순한 지침에 그치지 않아서 그것을 어겼을 경우 상당한 처벌이 따랐다.[14] 따라서 위생 단속과 위생비 독촉 과정을 통해 피지배 대상이 된 일반 한성부민은 지배자인 일본에 대해 무서움과 공포를 경험해야만 했고 이를 이용하여 일본 측은 식민지 통치를 펼쳐나갔다.

청결과 관련한 무서움과 공포는 대한민국 정부수립 뒤에도 이어졌다. 왜냐하면 청결 운동은 계엄령 상태에서 자주 발동되었기 때문이다. 경북지구 계엄민사부장 김종원은 4일 출입기자단과의 회견석상에서 시가지 대청소 실시 담화를 발표했다.

1. 관하 경찰서장은 경찰관을 총 지원하여 담당 구역의 청소에 철저한 감독을 할 것.
2. 철도경찰 본대장은 관하 각 역구 내외를 막론하고 청소에 감시 감독을 철저히 할 것.
3. 경부전선에 있는 각 역장은 역구 내외를 막론하고 매일 조석 2회에 걸쳐 청소를 실시할 것.
4. 각 동장·반장은 자기 담당구역의 청소에 관한 책임이 있으며 또는 구역 내의 불결한 장소로 감시감독을 하는 동장·반장은 엄중한 책임을 추궁한다. 동시에 동장·반장은 자기 담당구역 내 개인이나 단체에서 청소를 태

만하고 지시에 불응하고 변소 이외에 대소변을 하는 자를 발견할 시에는 현장에서 체포하여 최기(最寄)경찰 또는 지서헌병대에 연행할 수 있는 권리를 부여한다.

7. 일반민은 매일 조석 2회에 걸쳐 가옥 전면에 속한 도로 청소에 책임이 있는 동시에 전차 가도, 자동차가 통행할 수 있는 주도로의 주변에 거주하고 있는 일반민은 상시로 노상에 살수하여야 한다.

이상 앞으로 전기 각 지시 사항에 위반하는 자는 발견 즉시로 엄중한 책임을 추궁하는 동시에 (…) 엄중 처단의 실천을 단행할 것이다.[15]

매일 아침저녁 집주변 도로를 청소하고 도로변에 있는 가옥들은 거리에 물을 자주 뿌려야 했다. 청소를 하지 않은 자, 게으름을 피운 자는 현장에서 체포, 연행할 수 있었다. 이 모든 일의 책임은 동장과 반장이 짊어졌고, 경찰은 청소를 철저하게 감독했다. 청결에 관한 무서움과 공포는 그 뒤에도 이어졌다.

무서움과 공포와 다른 결은 수치심이다. 이승만은 「위생 관념과 청결 운동에 대하여」라는 담화를 발표했다.

지금 와서는 우리의 생활상 욕스럽고 수치스러운 내정이 세계 보도에 날로 발표되고 있으므로 부득이 공개로 설명해서 이런 것을 부끄러워하여 놀랍게 생각하는 동포들의 공심(公心)을 일으켜 (…) 우리 사람들이 어떻게 더럽게 살고 위생이라는 것을 깨닫지 못해서 앞뒤에 인분을 쌓아놓고 또 어떤 집에는 '이'와 벼룩과 빈대가 방마다 흩어져 있는 것을 도모지 심상히 보고 지내오며 어떤 사람은 남의 점잖은 자리에 앉았다가 몸에서 벼룩과 빈대가 퍼져서 그 집에 전염하게 되었으므로 깨끗이 사는 사람들은 사람을 집안에 들여앉히기를 어렵게 생각할 만치 되고 있으니 위생 방면으로 보아 우리가 40년 동안 타락한 것을 통탄히 여기지 않을 수 없는 것이다. (…) 내가 귀국하여 처음 보매 농부들이 밭 옆에 싯누런 인분을 그냥 퍼서 널어놓아 구데기와 파리가 엉키며 냄새가 나는 것을 그냥 보고 살고 있게 되어 외국인들이 이것을 보고 신문에 글을 써 보내어 말하는 것을 들으면 차마 부끄러워서 고개를 들고 나설 수가 없는 것이다. (…)
인분으로 더러워서 돌아가도록 만들어 한국에서 살다가 돌아간 사람들이 미국인뿐만 아니라 해외에 있던 한인 청년 중에도 고개를 돌리고 해외로 다시 나간 사람들까지 있었다. 새벽부터 저녁까지 부즈런히 일해서 이러한 추잡한 것을 다 눈에 보이지 않고 코에 냄새를 맡지 않게 할 수 있으면 우리가 전쟁을 이기는 데도 큰 도움이 되고 (…)
이러한 말을 하는 나로는 통분하고 수치스러운 것을 금할 수 없어서 집집마다 사람마다 붙잡고 대성질욕(大聲叱辱)하고 싶다. 이에 따라 사람마다 급급히 생각하고 행해야 될 것은 집안이나 어데를 물론하고 사람 사는 데는 다 대청결해서 더러운 것이 눈에 보이거나 코에 바치거나 몸에 대이지 않게 다 없애버리고 살자는 각오를 가지고 관민과 남녀를 막론하고 다 같이 더러운 것과 싸워서 그것을 청소해버리지 못한다면 그 결과로는 외국 군인이나 우리 군인이나 또는 모든 평민들이 괴질에 걸려서 죽는 자가 전쟁으로 총검에 죽는 것보다 더 많을 테이니 이것은 문화적, 도의적 언론에 그치는 것뿐 아니요 사람마다 급급히 제 생명을 구하는 동시에 동포의 생명을 위해서 일하지 않으면 안 될 것이니 전쟁에 의례히 괴질과 전염병이 발생하지 않을 적이 없었으며 이것이 유행되기 시작되면 빈부귀천을 물론하고 생명이 위태하게 된 것이니 나라의 수치와 민족의 위생은 다 그만두고 각각 제 살길만 단순히 생각하더라도 몸과 거처가 동리와 가정과 도시와 도로 등 전체를 조직적으로 대청결해야만 살 수 있을 것을 알아야 할 것이요 이렇게 하자는 사람이라야만 세상 사람들의 대우를 받을 것이다.[16]

대통령의 담화 수사에 '부끄럽다' '수모' '수치' '대성질욕' 등의 단어나 감정이 두드러진다. 인분으로 비료를 쓰는 행위, 냄새나게 하는 행위, 구더기와 벌레가 들끓는 모습, 벼룩과 빈대가 퍼져 있는 상황이 수치스럽다. 그런데 당대 한국인들은 인분 냄새를, 그것을 퇴비로 쓰는 행위를 부끄러워하거나 수치스럽게 여기지 않았다. 한반도에 인간이 살고, 농사를 짓기 시작할 때부터 20세기까지 인분으로 퇴비를 만들어 식량을 얻었다. 인분이 보건위생에 환경에 해를 끼친다면 그 환경을 개선하기 위한 연구와 대체 비료를 마련하면 되는 일이다. 이는 수치스러운 마음을 간직할 일은 아니다. 그런 측면에서 한국의 전통과 문화는 항상 부끄러웠다. 부끄러움, 수치심, 열등감이 한국인의 감정으로 남아 있는 것은 이것 때문이리라.

한국인 간에 수치스럽지 않다면 누구에게 수치스러운가. 외국인이 한국인을 볼 때 그렇다는 점이다.

『일본에서 즐겁게 생활하고 건강하게 지내는 법』 책자에서처럼 미군은 한국도 일본처럼 더럽고 불결하다고 규정했다. 그런데 대통령의 담화는 미군의 눈에 비친 더러움과 불결함을 넘어 수치심을 갖게 한다.

정신분석학에서 수치심은 '내가 남보다 못하다'는 감정이 깔려 있는 데서 나온다고 한다. 법철학자 마사 너스바움은 "모든 사회는 혐오와 마찬가지로 수치심을 통해 특정한 집단과 개인을 선택하고, 그들을 '비정상'으로 구별하며 자신이 무엇인지 누구인지에 대해 부끄러워하게 한다. 수치심은 역사상 가장 널리 퍼져 있는 처벌 방식의 일부"라고 지적한다.[17] 그녀는 혐오와 수치심은 사회적 위계화를 작동하는 주요한 방식이라며 그것의 설 자리를 마련해서는 안 된다고 주장한다.

19세기 말 서유럽 도시의 공중보건 담론은 도시로 몰려온 빈민들을 겨냥했다. 이들 빈민을 어떤 식으로든 통제하고 관리해야만 했다. 이제 비청결은 악의 산실로 간주되었다.[18]

더러움과 수치심은 한국 사회에서 오랫동안 유지되어온 주요한 정동적 감정 중 하나이다. 수치심은 지금까지 살아온 방식, 습관 그리고 문화와 전통으로 이어져온 모든 것들을 부끄럽게, 수치스럽게 여겨야 한다. 몸을 깨끗이 하고 위생 규칙을 지키는 것에 머물지 않았다. 한국인이라는 존재의 부정이다. 인분으로 비료를 만들어 농사를 짓던 역사의 부정이다. 한국인의 시선이 아닌 미국인의 시선으로 한국의 농민, 생활, 문화가 타자화되었다. 이는 주체의 객체화, 타자화에 그친 것이 아니다. 한국 사회에서 수치심은 위생 담론을 넘어 젠더(섹슈얼리티), 민족, 인종에까지 확장되었고 한국인의 정동을 특징지었다.

손톱에 때가 끼어도, 손이 더러워도, 목욕을 자주 못해도 부끄럽고, 가난해도, 영어를 못해도, 공부를 못해도 부끄러워해야 한다. 결핍과 결손은 열등감과 수치심으로 연결되었다. 수치스러움은 오랫동안 한국 사회에 작동했다.

2

'공산주의'라는 바이러스

국민보건의 방패들(포스터)

공산주의와의 투쟁에 다음가는 것은 질병과 허약에 대한 투쟁이며 그것을 담당하는 것은 간호원들이다. 한국 간호원들이 그 직책을 위하여 용감한 노력과 헌신을 아끼지 않는 것은 족히 전 국민의 칭찬과 감사를 받을 만한 것이다.

간호원이 되는 것은 곧 한국의 자유를 위한 투쟁을 돕는 일이 된다.[19]

사실, 제2차 세계대전 이후로, 과학기술의 열렬한 지지자들, 개발 전문가들 그리고 냉전주의자들은 DDT 비평가들이 "공산주의자들"이며 "유행하는 음식이나 따라 먹는 사람들" 그리고 "자연 애호가들"이라며 격분해왔다.[20] 그러나 1972년 이후로, 환경규제의 비판과 레이첼 카슨을 지지하는 사람들은 그 규모가 점점 더 커졌다.

소련의 정치체제를 전체주의로 설명하면 케넌은 "전체주의 체제 아래서 사는 것은 어떤 민족 전체가 저지른 특정한 죄 때문이 아니라 순전히 역사적인 이유 때문에 그 민족에게 닥칠 수 있는 불행이다. 여러 상황들

사진 8-5 **포스터**

때문에 저항력이 어떤 결정적인 수준으로 약해지면 바이러스가 승리한다."라고 지적했다.[21] '소련=전체주의=바이러스'라는 캐넌의 비유는 '공산주의는 바이러스'로 전환되었다.

미 하원 반미활동 조사위원회(HUAC)의 활동가인 에드가 후버는 "미국의 노동단체들이 공산주의 바이러스에 의해 침투되고 압도되고 포화상태로 되는 한" 국가의 장래는 위태롭다고 했다.[22] 그는 공산주의란 "마치 전염병처럼 퍼지는 질병과도 같아 한 국가를 감염으로부터 보호하기 위해서는 마치 전염병으로부터 보호하듯 강제 격리를 시킬 필요가 있다"며 보건의학적인 표현을 사용했다.[23] 이는 '공산주의는 바이러스 또는 세균' 이라는 수사적 표현에 멈춘 것은 아니다.

수사적 표현과 함께 현실에서 공산주의자들이 병균을, 질병을 가져온 바이러스로 이야기되곤 했다. 이는 한국전쟁에서 더 분명해졌다. 한국전쟁 동안 전염병은 대개 북에서 내려왔다고 이야기되었다.

1950년 11월 말 유엔군사령부 공중보건 복지부 보건 장교 윌러(Wheeler)가 한국에 들어왔다. 그는 1950년 11월 25일부터 12월 5일까지 서울, 개성, 평양, 함흥을 방문했다. 목적은 이들 지역의 공중보건과 위생 활동과 발진티푸스 통제에 있었다. 윌러가 작성한 방문 보고서는 아래와 같다.

1950.11.28: 3시 40분 김포비행장에서 내려 곧장 서울로 갔다.

1950.11.29: 크라이턴(Crichton) 군의와 인터뷰했다. CAC 대전팀 밀른(Milne) 대위가 사무소를 방문했다. 그는 위생, 의료 공급, 접종 상황을 보고했다. 보건부 관리들을 만났다.

1950.11.30: 하트(Hart) 중령, 위생기사 리베리오(Riberio, CAC)와 함께 서울을 출발해 지프로 평양에 갔다. 평남 민간원조 팀을 방문해 위생과 의료 공급을 들었다.

개성 - 발진티푸스는 발생하지 않았다. DDT의 공급이 적어 경찰서에서만 사용했다. 보건관리들은 사람들이 '이'에 감염되었지만 DDT를 무서워해서 뿌리지 않았다고 말했다.

평양 - 발진티푸스는 민간인 중 1건, 포로 중 2건, 디프테리아 11건, 두창 5건, 장티푸스 8건이 발생했다.

1950.12.5-6: 길주, 함흥 그리고 흥남에서 발진티푸스가 발생했다는 보고가 있다.

1950.12.7: 함흥에서 비행기를 타고 자정 30분에 서울에 도착했다.[24]

아래 보고서도 유엔군사령부 공중보건 복지부 윌러(Wheeler)가 작성한 것이다. 그는 1951년 3월 제주도를 방문했다.

발진티푸스의 정확한 상태를 알기 위해 다음과 같이 따라야 한다.

(1951년 3월) 2일간 현지 조사가 샘스(Sams) 장군 사무실에서 온 공중보건 장교인 윌러(Wheeler)에 의해 행해졌다. 모든 교육대의 교육생 이동을 중지하고 불합격자들이 있는 모든 마을(의 이동)을 중지한다.

현지 조사 하루는 첫 번째 조사에서 놓쳤던 교육대를 다시 조사한다.

조사는 가능한 한 발진티푸스 환자와 인터뷰한 위생장교와 한다. 다음은 관찰한 내용이다.

1. 발병 총수는 대략 750명이다.
2. 질병 사망률은 낮다. 사망은 영양부족, 폐렴, 결핵 등등으로 인한 복합적 요소에서 기인한다. 교육생이 이미 앓았거나 그들이 생활하는 곳이 극단적으로 적당하지 않은 상태에서 발생했다.
3. 대개 인플루엔자, 폐렴, 감기 등으로 진단 내려졌다. 그러나 역학적으로 이 진단은 적합하지 않다. 몇몇의 환자는 발진티푸스였는데 장티푸스로 진단됐다.
4. 역학적으로 1월에 제주도에 도착할 때 아팠던 교육생으로부터 전염병이

시작됐다는 흔적을 찾을 수 있다.

5. 제주도에 도착하기 전에 교육생 누구도 신체검사와 DDT를 살포받지 않았다. 누구도 예방접종을 받지 않았다. 모두 섬에 도착했을 때 이들은 아주 많은 '이'를 갖고 있었다.
6. 게다가 연령 초과, 질병 등으로 교육생의 40%가 불합격 판정을 받았다. 그들은 이 지역의 짐이 되었다. 어떠한 정보도 지방 당국자에게 제공되지 않았다.
7. 대개 교육대는 난방도 없고 부적당한 의복을 입고 있었고 담요도 없었다.
8. 심지어 발진티푸스가 발생한 뒤 다른 배에 거의 2000명의 교육생을 상륙하게 했다. 인터뷰 결과, 상륙 뒤 그 주에 100명이 아팠다. 그런데 그들의 대부분이 부산을 떠나기 전 아팠다고 한다. 10여 명은 부산을 떠나기 전에 신체에 이미 발진이 나타났다.

10. 이전 보고서를 주의 깊게 (읽으면) 전염병을 통제할 수 있는 수단이 있다.
    ① 한국군 살포 팀은 섬을 돌아다니며 모든 교육생과 불합격자에게 예방접종을 했다. 교육생의 대다수가 적어도 2번 혹은 3번 살포받았다. 교육생의 대다수는 적어도 발진티푸스의 백신 1회분을 맞았다.
    ② 발진티푸스 환자, 의심되는 모든 교육생, 불합격자는 격리했다.
    ③ 오레오마이신 소량은 발진티푸스 환자에게 사용하도록 분배했다.
    ④ 발진티푸스에 걸린 3600명의 불합격자는 한 수용소에 모이도록 했다. 그곳은 금정리에 있고 CAC 팀의 도움으로 지방정부에 의해 운영된다. 의료진이 조직되었고 약, DDT, 백신이 마련되었고 교육대에서 환자를 치료하고 음식을 먹이고 모든 불합격자에게 제공하도

록 마련되었다.

11. 지방정부는 6000명 혹은 그 이상의 불합격자를 치료해야 하는 문제가 있다. 이 문제를 해결하기 위해 KMAG의 드레지(Dredge) 대령과 해드베리(Hedbery) 소령이 만든 권고를 따른다.
    ① 두 수용소의 건강하지 않은 모든 사람을 재조사하고 재징병하고 건강한 사람은 신병교육대로 보낸다.
    ② 본토에서 노무단으로 일하는 건강한 사람과 제주도에서 보낸 모든 사람은 검사한다.
    ③ 아픈 사람들은 집으로 돌려보낸다.
12. 제주도 교육생에게 다음의 문제를 권고한다.
    ① 모든 연령 초과 교육생은 거절한다.
    ② 모든 교육생을 보내기 전에 신체적으로 적당한지 조사한다.
    ③ 모든 교육생은 예방접종을 하고 제주를 떠나기 전에 DDT를 살포한다.
    ④ 의료 업무는 모든 교육대 혹은 한국군 징병소에서 마쳐야 한다.
    * 항구 검역소에서 모든 유입과 유출인들은 DDT를 살포받고 발진티푸스 장티푸스 두창 예방접종을 한다.
    * 제주도 전인구의 살포와 예방접종 계획을 세운다. 면장, 지방 보건 관료와 의료진은 전염병 예방접종 살포의 방법 단기 과정을 마친다.[25]

두 개의 보고서는 모두 유엔군사령부 공중보건 복지부 보건 장교인 윌러가 검사하고 작성한 것이다. 전자는 1950년 11월 말과 12월 초 아직 1·4후퇴 전으로 주로 북쪽에서의 공중보건을 조사한 보고이고, 후자는

1951년 3월에 제주도에서 국민방위군 교육대 교육생을 조사한 보고이다. 전자의 보고서에서는 평양·함흥·흥남에서의 발진티푸스 발생은 2-3건으로 이는 통상적으로 발생되는 정도였다. 반면 후자는 교육생이 모두 발진티푸스에 걸렸는데 대개 제주도에 도착하기 전에 병들었다.

윌러 보고서에 따르면 발진티푸스를 비롯한 전염병은 북쪽에서 온 것 아니라 남쪽으로 동원되어 내려온 국민방위군에게서 왔다. 그런데도 유엔 민간원조 사령부나 미 육군 교재에서는 발진티푸스가 북쪽에서 온 것으로 말해졌다.

> 한국 위생 보건당국과의 협조로 시행된 유엔군 위생 관계 요원의 활동은 의심할 바도 없이 부산, 대구 주변 지구의 전염병 발생 지구 내에 질병이 만연하는 것을 방지하였으며 동시에 유엔군의 반격 결과로 공산군의 손에서 해방된 민중들 가운데 질병과 전염병이 발생, 만연하는 것을 막아낸 것이다.[26]

> 한국에서 발진티푸스가 발생했다. 1950년 적이 침입하기 전에. 이 질병은 공산군에 의해 퍼졌다고 알려졌다. 이는 엄청난 혼란을 가져왔는데 유엔군은 이의 만연을 예방했다.[27]

> 북한에서 전염병이 퍼져 있는데 동쪽 해안을 따라온 피난민이 발진티푸스를 가져왔다. 검역과 살포를 하고 있지만 충분하지 않다. 전염병이 한국군과 민간인에게 전파될까 지금 두려워하고 있다. 한국군이 살포하고 접종하는 동안 민간인 때문에 한국군에 전파될 가능성이 있다.[28]

발진티푸스을 비롯한 전염병은 북한에서, 북쪽에서 내려온 피난민이,

공산주의자가 퍼뜨렸다는 가짜 '사실'은 군사사에도 이어졌다. 그리고 한국전쟁 군사사에는 전염병의 역사가 지워졌다. 국민방위군은 굶거나 얼어 죽었다고 알려졌다. 그런데 국민방위군은 발진티푸스로, 전염병으로 죽었다. 전염병으로 죽었다는 역사적 사실은 기록되지 않았다.

냉전은 역사적 사실을 외면하고 가짜 '사실'은 역사적 사실로 기록하는 데 일조했다. 왜냐하면 냉전은 모든 것을 안보와 연결시켜 이해하고 정책을 수행했다. 가장 우선시하는 과제는 바로 '안보'와 직결되는 것이다. 즉 냉전은 과학적 사실을 사실로 인지하지 않고 냉전이라는 필터를 통해 사실로 인정된다. 그리고 그 냉전은 미국의 안보가 가장 중요했다.

공산주의라는 바이러스는 하나의 몸으로 표현된 정치체계에 위협적인 요소를 구성한다. 강력한 면역체계를 갖추고 잘 관리되는 사회에서 병원균들은 발붙일 수 없고 몸(체제)를 건강하게 유지될 것이다. 체제를 강화하면 병균을 물리친다는 것이다.[29]

❸

전염병의 젠더화

This is Ann

She's dying to meet you.

Her full name is Anopheles Mosquito and her trade is dishing out malaria.

She's at home in korea. (...) Stay away from Ann. She's a dangerous girl.

앤이다. 그녀는 너를 만나고 싶어 안달이다. 그녀의 이름은 학질모기이고 작업은 말라리아를 퍼뜨리는 것이다. 그녀는 한국 집에 있다. (…) 앤을 피해라. 그녀는 위험한 여자다.

이는 극동사령부 의료부에서 발간한 것으로 미군 병사들에게 말라리아의 위험성을 알리는 팸플릿이다. 주머니에 넣고 다닐 수 있는 작은 책자이다. 모기를 여성의 모습으로 그렸다. 학질모기(Anopheles Mosquito)를 줄여서 부르는 앤(Ann)은 여자 이름이다. 전염병을 일으키는 세균, 바이러스 또는 전파자를 여자로 묘사하는 전염병의 젠더화는 미군에서 질병과 관련된 이미지로 자주 사용되었다. '말라리아를 피하라' '일본 B형 뇌

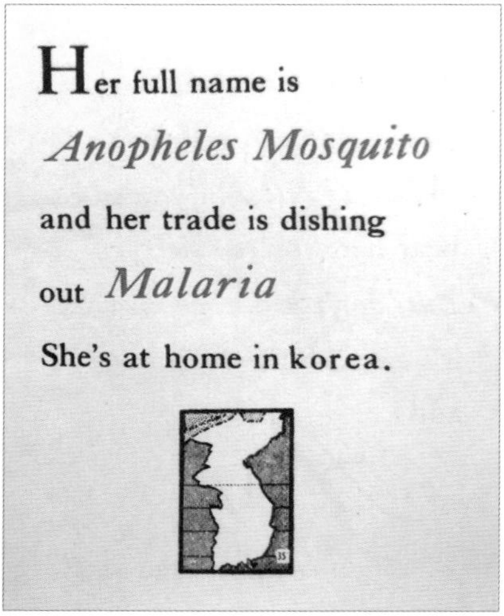

사진 8-6/ 8-7 **말라리아 예방 책 표지**

염' 알리는 포스터의 이미지도 속옷만 입고 있는 여성을 화면 전체에 띠우고 있다.

말라리아를 피해라

클로코킨(항말라리아제)을 사용하는데 만약 당신이 그것을 가지고 있지 않다면, 당신이 그것을 얻지 못했다면…

기피제, DDT나 방충망을 사용해라

일본 B형 뇌염

너 자신을 보호하지 않는다면 넌 확실히 다치게 될 거야.

에어졸 폭탄, 방충망, 기피제, DDT

여성 신체를 전면에 내세워 일본 B형 뇌염과 말라리아의 위험을 알리는 포스터는 아마도 미군이 있는 곳이면 어디든지 부착되었으리라. 병사들은 말라리아 예방 책자인 「This is Ann」도 받았으리라. 이는 마치 '너를 병들게 하는 것이 모기가 아니라 여자다'라는 것으로 읽힐 수 있는 것이고 이런 이미지화는 여성은 질병 유발자라는 담론의 재생산과 연관되어진다.

2015년 중동 호흡기 증후군인 메르스 증상을 보인 여성 2명이 격리 조치를 거부했다는 보도를 시작으로 한국 사회에 퍼진 여성 비난도 이런 역사성과 크게 다르지 않아 보인다. 물론 그 보도는 오보였음이 밝혀졌다. 사회적 질병을 야기시키고 사회적 문제를 일으키는 존재로서의 여성이라는 담론은 사회화가 덜되었다는 낙인과 함께 사회악의 존재로 여성을 낙인찍는 가장 쉬운 방법이다.

사진 8-8 / 8-9 **포스터**

사진 8-10 **질병 전파자로 묘사된 여성 이미지**

공중보건 위생 교육 교재는 모두 UNCACK에서 발행되었는데 이들 교재에서 전염병의 젠더화는 빈번하게 등장한다. 『식품 취급자 강습』 교재에서 여성의 모습이 어떻게 재현되는지 아래 예문을 보자.

> 여러분은 이 뚜껑이 열려 있고 또 파괴된 변소가 이웃사람에게 미치는 영향에 관해서 한 번이라도 생각해보신 일이 있습니까?
> 그 여자는 그것을 모르고 있으며 따라서 특별히 조심하지 않고 변소 다녀온 후 손을 씻지 않고 그대로 음식물을 취급할 것 같으면 그의 손이 닿는 모든 물건에 병을 퍼트릴 것입니다. (…)

> 한 여자가 아마 조금 전까지 더러운 땅바닥에 놓여 있던 두레박으로 물을 푸고 있습니다. 그러나 두레박을 아무리 땅 위의 깨긋한 곳에 놓는다고 할지라도 그 여인의 손이 그 두레박을 오염시킬 것입니다. 그 두레박은 우물바닥에 있는 물속으로 새로운 병균을 날러다주고 있습니다. 한 여인이 찬 위험한 우물물을 마시고 있습니다. (…)
> 더러운 돌창이나 개천 물로 야채를 씻는 것은 우리나라에서 흔히 보는 모습입니다. 필경 이 여인들은 우리의 식품에다가 그들을 씻기 전보다 더 많은 병균을 무처드리고 있습니다. 이것은 여러분이 야채를 끄리지 않는 한 매우 위험한 일입니다. 안전한 물로 야채를 씻으십시오.

『그림 위생과 질병』 교재의 삽화에도 '그 여자가 무슨 행동을 하는가', '그 여자가 손가락을 물컵에 넣고 있다.' 따위의 묘사는 질병을 일으키는 존재로서 여성을 강조한다. 질병 유발자 또는 전파자로서의 여성 이미지와 담론은 그 원인을 여성의 무지에서 찾았다. 여성의 무지는 아래의 질문과 같이 교육받지 못하고 전통에 얽매어 있고 근대적 문명과 과학을 받아들이지 않았기 때문이다.

「그림으로 보는 위생과 질병」에도 어머니의 무지로 인한 질병이 발생한다는 담론이 제시되어 있다.

> 당신은 어머니인가?
> 훌륭한 위생 습관은 아동기부터 시작된다. 이 소년이 질병에 걸렸다면 파리는 다른 사람이 소비하는 음식에 세균을 가져올 것이다. 또한 다른 아이들이 맨발로 오염시킬 것이다.

사진 8-11 / 8-12 **여성의 무지**

아래 내용은 1951년 8월 충청북도에서 행해진 교사 교육의 교재인 「건전한 대한민국을 위하여」에 나온 질문이다. 즉 교사들이 학생들에게 어떻게 질문해야 하는지 그 방법을 이렇게 예시하고 있다.

1. 너의 할머니께서는 사람이 아프고 병들고 죽는 것은 귀신들의 해꾸지로 말미암은 것으로 생각하시는가 물어보아라. 이러한 마귀에 대하여 어떻게 생각하나?
2. 너의 이웃사람 중에 지금도 제물을 바치거나 굿거리를 함으로써 귀신을 몰아내거나 병을 고치려는 사람은 없는가?[30]

개화기 이래 무격 의료의 배격은 미신적, 원시적, 고대적, 전근대적 등등의 일정한 꼬리표로서의 비판이었다. 그렇기 때문에 이에 대해서 엄청난 적개심이 분출되었던 것이다.[31] 따라서 여성은 교정의 대상이 되었다. 모든 것을 가르쳤다. 그릇 씻는 법, 그릇 보관법, 접시 놓는 법, 물 끓이는 법, 몸을 깨끗하고 단정하게 만드는 법, 손을 깨끗하게 유지하는 법, 손수건 사용법, 심지어 미소까지도 포함되어 있다.

이 그림에 있는 여자는 이 병균을 손수건으로 입과 코를 막어 그 속으로 잡어넣었습니다. 만일 여러분이 헝겊 조각이나 종이가 없을 때에는 여러분의 손으로 입을 가려 주위에 있는 딴 사람들을 보호하여 주십시오. 그들도 역시 건강하기를 원하고 있는 것입니다.

『식품 취급자 강습』 제3과정의 소주제 강의 제목 자체가 '예의'이다. "여러분은 언제나 미소를 띠우고 식품을 봉사하는 것이 좋을 것 같습니다. 미소라는 것은 이때까지 말씀드렸든 세균과 같이 한 사람으로부터 딴 사람으로 전달되는 것이며 우리가 미소할 때에만 큰 이익을 얻을 수가 있는 것입니다. 이 그림을 보십시오. 새벽부터 일을 함으로서 아주 피곤한 약한 예의 없는 점원들의 어리석은 말이 끝나기를 참을성 있게 기다리고 있는 것입니다. 이 여자가 앞으로 또다시 이 가게에 와서 돈을 쓸 것인지 매우 의심스럽습니다. 만약 식당에서 손님이 식사에 대해서 무슨 과오를 발견할 때에는 접대부는 그의 불평에 대해서 예의 있게 귀를 기우리지 않으면 안 됩니다. 만약 접대부가 식품 접시를 딴 새 식사와 바꾸지 않으면 안 될 때에는 제발 골내면서 접시를 책상 위에 털썩 놓지 마십시오. 때로는 손님이 잘못하는 수도 있습니다. 그러나 대부분의 경우에는 손님은 정당합니다. 한국 사람이 특히 자기보다 나이가 많은 분에 대하여 예의 있기로 소문이 나고 있다는 것은 우리로서 매우 명예로운 일입니다. 만약 이와 같은 예의가 우리 각자로 말미암아 딴 모든 사람에게 확대한다고 할 것 같으면 우리는 미소로서 봉사할 수 있으며 따라서 더 행복하게 될 것입니다."

보건위생은 거리에서 주거지, 부엌 찬장의 그릇 놓기와 솥 씻기까지 더 나아가 '항상 미소를 갖고 접대하라'고 마음까지 간섭하고 따르도록 했다. UNCACK은 '남이 아닌 나를 위한 것' '마음으로부터 시작하는 것', '훌륭한 위생 습관은 아이들로부터', '개인위생은 식품으로부터' 등으로 위생을 강조했고 가장 기본은 마음을 움직이는 것이었다. 그런데 그 교정의 대상은 대개 여성들이었다.

9장

동아시아 냉전 위생 지도

❶

세계 보건일

1) 1952년 4월 7일, 세계 보건일 제정

세계 보건의 날 기념식은 7일 오전 10시부터 시내 부산극장에서 성대히 거행되었다. 이날 식장에는 국회의장 신익희 씨를 비롯하여 유엔한위 대표, 무쵸 대사, 왕동원 대사 등 내외귀빈이 다수 참석하였다. 식순에 따라 국민의례가 있은 다음 기념행사 위원장 장면 국무총리의 기념사를 한동석 총무처장이 대독하였고 계속하여 최재유 보건 장관의 기념사, 신국회의장, 유엔한위 의장 카가 씨, 유엔 한국협회장 정일형 박사, 미8군 위생관 등의 축사가 있었다.[1]

한국 사회에서 공중보건 위생이 자리 잡게 되는 또 다른 계기는 세계 보건일을 국가적으로 기념하는 것이다. 1952년 3월 4일 국무회의에서는 4월 7일 세계 보건의 날에 전국적인 기념행사를 실시하기로 의결했다. 그리고 위생환경 주간을 실시했다.[2]

4월 7일　　개인위생

4월 8일 안전한 물

4월 9일 폐기물 처리

4월 10일 쓰레기와 오물의 제거

4월 11일 음식위생

4월 12일 쥐의 제거

4월 13일 파리의 제거

UNCACK은 지방 팀의 위생장교와 정훈장교에게 세계 보건의 날 참가를 지시했다. 미 공보원은 '질병이 어떻게 돌아다니는가', '물, 친구 혹은 적', '부주의한 바보(십이지장충)', '날개 달린 재앙' 따위의 필름과 포스터를 제공했다.

세계 보건일이 제정된 계기는 UNCACK 위생부 책임자 리베리오의 연설에 드러나 있다. "국제연합 세계보건기구는 오는 4월 7일에 세계 보건일을 기념하게 되었고 이날은 동 기구 회원 제국에 의하여 전 세계적으로 준수될 것입니다. 모든 자유 국가와 같이 한국도 이에 대한 준비를 착착 갖추고 있습니다. 금년도의 중심 제목은 환경위생입니다. 세계보건기구로부터의 권유에 대해서 대한민국 보건부는 행사 준비에 적극적으로 참여하여 전쟁 중임에도 불구하고 한국은 역시 질병과 비위생적인 환경과 싸움으로서 그들 국민의 건강을 보호하고자 하는 의도를 자유세계에게 증명하고 있습니다."[3] 세계 보건일은 WHO의 세계 보건일에 맞춰 UNCACK의 제안으로 시작된 것이다. 이날 리베리오는 그 의미를 아래와 같이 발표했다.

위생 시설의 개선을 통하여 생활환경을 개선하는 것만이 한국이 앞으로 질병을 예방할 수 있고 국민이 건강하게 성육하고 국가가 건전하게 될 수 있는 유일한 방법입니다. 건강한 개인은 행복한 자이며 행복한 사람은 그들 나라를 위하여 더 많이 일하고 생산할 것임으로 건강한 국가는 그때를 그 나라 국민의 위생 상태를 개선하는 계속적인 운동의 시발점으로 합시다. (…) 우리의 건강과 우리가 사랑하는 사람들의 건강을 보호하기 위하여 우리는 다 같이 세계보건기구의 행사에 참여합시다.[4]

리베리오는 위생 시설 개선과 세계보건기구 참가가 개인위생을 향상하는 방법이라고 세계 보건일 제정 의미를 강조했다. 보건부는 제1회 세계 보건일을 기념하기 위해 여러 계획을 세웠다. 중앙정부, 각 지방 그리고 모든 군에서 세계 보건 축하위원회가 조직되었다. 중앙위원회의 장은 국무총리이고, 지방위원회는 군수와 시장이 중앙위원회에 따라 조직했다. 강연과 영화 상영, 세계 보건 조직과 위생환경의 이념을 전단으로 알리며 플래카드, 구호 그리고 표어로 알렸다. 주요 거리에 선전탑을 세우고 포스터를 부쳤다. WHO 실(Seal)도 판매했다. "중앙과 지방 방송국, 적당한 정보 매체는 방송해야 하고 동시에 특별 연설을 이 기간 동안 해야 한다. 모든 신문은 세계 보건 조직의 개념을 공개적으로 알리기 위해 위생환경, 세계 보건일 축하를 알리기 위해 세계 보건의 날을 위한 공란을 제공해야 한다. 모든 정보 매체는 보건부에 의해 배분될 것이다. 모든 교육 단체는 학생들에게 세계보건기구의 개념, 위생환경, 세계 보건일 축하 등을 가르쳐야 한다."

보건부는 모든 조직을 통해 보건의 날을 기념했다. WHO의 1952년 주제는 환경위생이었지만 세계보건기구를 알리는 것이 더 강조되었다. 그리고 애국반을 통해 아래 사항을 진행하도록 결정했다.

전국 애국반을 통하여 매일 야석간 적당한 시간을 택해 반상회를 열고 세계 보건기구 및 환경위생의 개념을 계몽, 인식하도록 한다. 환경위생 향상 주간 중 각자 환경의 청소, 의류 침구의 소독 및 DDT (살포), 구충 작업 실시 등을 (실시) 한다.[5]

경기도를 비롯한 도별로 세계 보건일이 어떻게 진행되었는지 UNCACK 보고서에서 확인해보자. 거리에는 '깨끗한 집은 건강한 집이다', '모든 음료수를 살균하라', '먼지와 파리로부터 음식을 보호하라', '곤충 서식지를 통제하기 위한 전염병 예방하라', '전염 발생을 즉각적 보고하라', '예방접종하라' 등의 포스터가 붙여졌다.

경기도 모든 군과 14곳의 면을 방문했다. 군수와 면장은 성공적인 세계 보건주간을 만들겠다고 했다. 몇 곳에서는 세계 보건주간 프로그램이 실패했다. 왜냐하면 면장의 관심이 적었기 때문이다. 이들 면에서는 청소를 하지 않았다. 사무소 근처의 배수와 하수관에 오물이 끼어 있는 것이 그 증거이다. 관심의 부족에도 불구하고 다른 부분은 상당히 청결했다. 이는 면사무소로부터 어떤 지시를 받지 않았지만 농민들이 노력한 결과였다. 이들 면은 상당히 오랫동안 위생 공급을 받지 못했다. 우물은 오랫동안 소독하지 않았다. 이들 면장에게 청소와 여름철 프로그램 지시가 내려졌다.
다른 군과 면은 상당히 성공적이었다. 여주, 화성 그리고 안성군이 가장 뛰어나다. 이 세계 보건주간에 청소 프로그램을 운영했고 DDT를 살포하고 예방접종을 시행했다. 시장 주변에서 발진티푸스와 디프테리아 예방접종과 DDT를 살포하지 않으면 출입하지 못하게 했다. 위생 환경 강습이 학교에서 진행되었다. 모든 우물은 소독했다. 몇몇 군에서는 쥐를 제거하는 작업도

동행했다. 여주군은 모든 레스토랑에 세계 보건주간을 지지하는 포스터를 부쳤다.[6]

안양에서는 의사가 여학생들에게 공중위생, 물, 전염병 예방, 파리와 모기가 옮기는 질병, 화장실 위생을 주제로 강습이 이루어졌고, 수원시에는 세계 보건일을 맞아 "1일에 강습, 2일에 청소, 3일에 DDT 살포 프로그램과 접종의 시행, 4일에 세계 보건주간의 축하 퍼레이드, 5-7일에 쓰레기 더미 청소, 거리 청소, 집 청소, 주요 하수구 청소." 프로그램을 운영했다. "세계 보건주간 동안 지방정부는 모든 거주지의 안팎을 청소하는 운동을 추진했다. 각 읍의 거주자는 하루에 1시간 동안 경찰의 감시 아래 거리에서 청소했다."[7]

1952년 4월 7일, 제1회 세계 보건일이 제정된 뒤 세계 보건일 행사는 매년 진행되었다. 1950년대 세계 보건일의 주제를 따라가보자. 1953년 4월 7일, 제2회 세계 보건일의 구호는 '오늘의 보건, 내일의 부. 너도나도 받들자, 보건기구'이다. '4월 6일 거리청소, 4월 7일 위생적 우물의 건축과 물의 소독, 4월 8일 곤충과 발진티푸스 통제, 4월 9일 음식 위생, 4월 10일 분뇨의 제거, 4월 11일 쥐의 통제' 등으로 세계 보건의 날 프로그램이 진행되었다.[8]

1954년 제3회 세계 보건일의 주제는 '간호원은 보건의 선구자'였다. 이에 따라 '4월 7일 간호 정신 앙양일, 4월 8일 간호 교육일, 4월 9일 모자보건일, 4월 10일 공중위생일, 4월 11일 방역일, 4월 12일 무료 봉사일, 4월 13일 간호 봉사일'로 1주간을 행사 주간으로 설정했다.[9]

1955년 제4회 세계 보건일은 '건강은 깨끗한 물로부터'라는 과제하에 전국적인 기념행사를 실시했다.[10] '4월 7일 기념행사, 4월 8일 공중보건 교육일, 4월 9일 음료수 실태 조사 및 수질 검사, 4월 11일 급수 시설의 보수, 4월 12일 음료수 소독일, 4월 13일 오수 청결일, 4월 14일 방역일' 등으로 정했다. 한국의 위생 시설 개량 사업에 참가한 KCAC는 물에 관한 1만 장의 포스터와 우물 관리법을 가르치는 전단 36만 5000장을 배부했다.

이렇게 세계 보건일은 WHO가 지정한 주제에 따라 각종 행사가 매년 진행되었다.

1958년 7회 세계 보건일에는 "세계보건기구 서태평양 지역 사무처장의 의견에 따라 '10년간의 보건 발전'이라는" 과제로 시행되었다.[11] 「10년간의 보건 발전」이라는 간행물이 "과거 10년간 보건향상을 저술하며 가급적 도표 삽화를 넣어 전문가 및 일반 국민들에게 소개 계몽할 목적으로" 발간되었다. 1959년, 제8회 세계 보건일 기념행사는 '현대는 정신보건'라는 제목으로 기념행사를 실시했다.[12] 1960년 제9회 세계 보건일은 "WHO에서는 '말라리아 박멸'이라는 표방 과제를 통고하여 왔으나 우리나라 실정에 비추어 '말라리아 박멸'이란 과제는 큰 의의가 없는 것으로 인정되어 우리나라에서는 모기, 파리가 없는 명랑한 고장을 이룩하자." 과제로 시행되었다.[13] 세계 보건일 지도요령은 아래와 같다.

1) 생활이 넉넉지 못하면 못할수록 건강이 유일한 재산이라는 것을 인식케 할 것
2) 건강을 유지하고 증진시키는 데 필요한 모든 노력은 각 개인뿐만 아니라 지역사회의 공동적 협력으로서만 이루어질 수 있다는 것을 인식케 할 것
3) 본 국민운동 기간 중은 극히 간단하고 실질적인 활동을 한 가지씩이라도 실행토록 계몽할 것

4) 정부에서 시행하는 보건사업을 효과 적절하게 이용하도록 촉구할 것이고 이러한 사업은 국민 각자가 스스로 해야 할 것이라는 것을 명심케 할 것[14]

보건주간은 '4월 7일 세계 보건일, 4월 8일 보건소를 찾아보자, 4월 9일 환경위생, 4월 10일 모자보건, 4월 11일 하계 전염병 예방, 4월 12일 기생충을 예방하라, 4월 13일 개인위생'이었다.[15]

공보실은 본 행사 기간 중 뉴스, 영화, 전시, 간행물 등 각종 공보활동을 전개하여 보건 의식을 고취하고, 보건사회부와 내무부는 전국 각 보건소를 통하여 본 행사 기간 중 각종 계몽 사업을 전개했다. 그리고 보건사회부는 아래 사업을 진행했다.

보건사회부에서는 4월 7일 전국 각 보건소를 통하여 초등학교 신입생(만 6세 아동)에 대하여 일제히 DPT(백일해, 디프테리아, 파상풍) 예방주사를 무료로 접종한다.
보건사회부에서는 각 의료기관의 협조하에 보건기간 중 무료 건강 상담을 실시토록 한다.[16]

세계 보건일은 WHO의 지정한 주제에 따라 일주일 동안 선전(공보처), 교육(문교부), 청소(내무부), 예방접종(보건부) 등의 공중보건 위생 사업이 진행되었다.

2) 세계 보건일의 효과 - 『건강과 위생 이야기』

보건부는 『건강과 위생 이야기』라는 책자를 발간했다.[17] 이 책자는 위생 환경을 그림으로 그린 것이다. 한국보건부는 세계 보건일을 기념하기 위해 1만 6432부를 배부했다.[18] 1만 3000부는 UNCACK이, 나머지는 보건부의 자금을 이용했다. 세계 보건의 날을 맞아 2500장의 포스터를 인쇄하고 분배했다. 포스터는 보건부와 함께 UNCACK 위생부에서 디자인했다. 책자와 포스터의 배분은 〈표 45〉와 같다.

사진 9-1 『건강과 위생 이야기』 표지

<표 45> 세계 보건의 날 책자의 분배[19]

구분	서울	경기	충북	충남	전북	전남	경북	경남	강원	제주
책	524	2,016	960	1,472	1,567	2,443	2,700	3,341	1,055	354
포스터	31	313	143	221	230	317	331	309	129	23

『건강과 위생 이야기』는 도 또는 서울시 사무소 4개, 군과 소도시 또는 서울의 구 3개, 읍과 면 3개, 동 1개, 보건소 1개, 병원 1개, 고아원 1개, 도서관 1개, 피난민 수용소 1개, 초등학교 2개, 중학교 1개, 고등학교 1개, 결핵 요양원 1개 등의 분량으로 배분되었다. 포스터는 도 또는 서울시 4개, 군 또는 구 3개, 면 혹은 읍 1씩 배분되었다. 책자와 포스터 배포는 UNCACK 지방 팀과 미 공보원(USIS)이 맡았다. 적어도 한 권의 책자는 각 군, 면, 학교로 배포되었다. 군과 면으로, 모든 철도역에 한 개의 포스터가 보내졌다.

이 책자는 '우리들의 개인 습관은 우리들의 건강을 좌우한다'라는 목표로 삼았다. 공중보건과 일상생활의 습관을 교정하는 데에 있다.

현재 수많은 전재민과 피난민들은 집을 잃고 집을 버리고 일상생활의 위생적 조건이 대단히 나쁘다. 상수(물)가 충분치 못할 뿐만 아니라 그 대부분이 마시기에 적당치 못하다. 비위생적인 쓰레기와 대소변 처리는 건강에 해로울 뿐만 아니라 국민사회의 수치요 국제적 체면 문제이기도 하다. 쓰레기를 아무 데나 버리고 있으며 또 음식물을 비위생적으로 취급하고 있다. 병독을 매개하는 곤충과 쥐는 제멋대로 번식하고 있다. 아무 곳에나 침을 뱉고 또한 부주의하게 기침을 한다. 이와 같이 비위생적인 우리나라 국민사회에는 항상 전염병이 유행되고 있다.

사진 9-2 **앞으로의 한국은?**

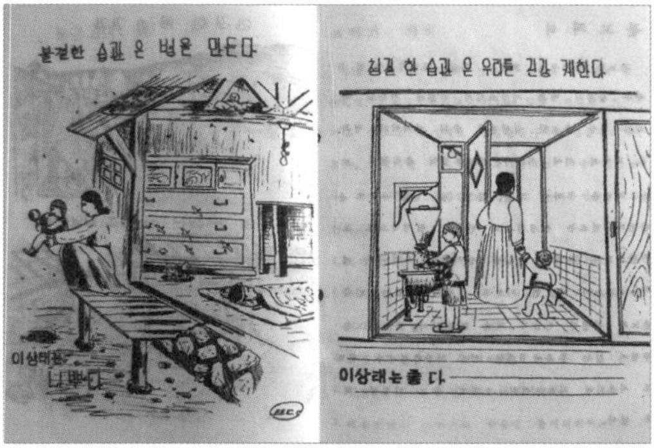

사진 9-3 / 9-4

불결과 청결

우리 국민의 건강하고 행복된 생활은 우리 자신과 가족 그리고 이웃의 위생적인 생활습관에서 출반된다.

일상생활의 비위생 조건이 건강에 해롭다고 지적한 것으로 그치지 않았다. 이는 수치고 국제적 체면의 문제라고 강조한다. 대통령의 담화처럼 수치심은 위생의 주요한 좌표이다. '앞으로의 한국은'이라는 질문으로 글과 그림을 대비시켜 보건과 위생을 제시한다. 〈사진 9-2〉 내용이다.

앞으로의 한국은 괜찮은가?	
아니다	그렇다
1. 불결 = 병	1. 청결 = 건강
2. 마시지 못할 물	2. 마셔도 좋은 물
3. 보기 흉한 변소	3. 위생적 변소
4. 너저분한 쓰레기	4. 정리된 쓰레기
5. 해로운 음식	5. 건강에 좋은 음식
6. 많은 파리와 쥐	6. 파리와 쥐 구제

게으른 습관은 파리와 쥐를 끌어드린다. 이 상태는 나뿌다.

깨끗함을 즐기는 습관은 파리와 쥐를 없에게 한다. 이 상태는 좋다.

파리, 변소에 파리가 출입 못하도록 하고 집 주위와 뜰을 청결히 하고 쓰레기를 통에 넣어서 잘 덮어두고 또 오양간이나 돼지우리 등을 항상 깨끗이 하라.

모기, 웅덩이나 빈 독에 물이 고이지 않게 한다.

'이', 몸과 머리를 항상 깨끗이 씻고 옷, 이부자리 등을 깨끗이 하고 또 10% DDT 가루를 뿌려라.

벼룩, 집안을 항상 청결히 하며 쥐를 없애라.

빈대, 집안을 항상 청결히 하며 벽이나 문짝을 특히 깨끗이 하라.

쥐, 물과 음식물을 잘 단속하고 집안과 집 주위를 잘 정돈하고 청결히 하라.

불결과 청결로 대비된 한국의 미래가 제시되어 있다. 불결한 위생 조건은 게으른 습관에서 비롯되었다고 진단한다. 따라서 부지런한 습관 즉 청결한 습관으로 위생환경을 변화시켜야 한다. "여러분이 부엌에서 식품을 취급할 때에 (…) 가장 중요한 항목은 청결입니다. 청결이라는 것은 매우 싼 일이며 아무 비용도 들지 않습니다. 이와 같이 청결은 싼 것임으로 누구던지 부엌을 더럽게 하고 있는 사람은 용서될 수 없습니다." 청결은 게으른 습관을 없애고 위생 조건을 향상시키고 수치심도 없앨 수 있다. 청결은 잘 살기 위해 한국인이 지켜야 할 모토가 되었다. 그리고 청결은 거리에서, 집 안에서, 부엌에서 그리고 개인의 행동 하나하나를 교정해나갔다. 청결이라는 이름으로 개인의 사생활 깊숙이 파고들었다.

"이 그림은 청결을 위한 세 가지 요소를 그렸습니다. 즉 안전한 물, 솔 및 힘입니다. 청결용으로는 더운물이 찬물보다 좋습니다. 비누물을 쓸 것 같으면 더러움은 한결 더 빠지는 것임으로 될 수 있으면 이것을 쓸 것입니다. 여러분은 부엌이나 요리용 그릇을 씻는 데는 행주 조각을 쓰는 이보다 솔을 쓰시는 것이 훨씬 좋다는 것을 아십니까? 사실에 있어서 행주는 조금만 쓰면 곧 더러워져서 이것이 닿는 부분을 더럽히는 것입니다. 그러나 솔은 사람이 곡갱이나 삽을 쓸 때와 같이 더러운 입자를 파내는 것입니다. 이것은 힘있게 부엌의 각 부분을 청결히 하는데 사용되지 않는 한 소용이 없는 것입니다. 이 힘은 여러분의 팔과 솔로서 일하는 것을 의미합니다. 청결하기 위해서는 힘있게 솔질을 해야 할 것입니다. 행주로 힘 안 들이고 그릇을 약간 문지르는 것이나 또는 속히 솔질하는 것은 빈약한 청결법입니다."

냄비 솔질, 유리그릇이나 접시 씻는 순서와 처리 따위로 이어졌다. 더 나아가 청결은 개인 행위 하나하나 교정하고자 했다.

올바른 자세는 바른 자세라며 "선 자세, 걸음걸이, 앉은 자세, 굽히거나 일하는 자세, 잠자는 자세" 등의 바른 자세로 교정되기를 요구했다. 나쁜 자세는 '머리가 앞으로 빠지고, 가슴이 뒤로 움퍽 들어가고, 배가 척 늘어 나오고, 등이 심히 굽었다'이고 바른 자세는 '머리, 가슴, 허벅다리, 발이 곧게 연하고, 가슴은 앞 위쪽을 향하고, 배는 드러가거나 납작하고, 등은 곧게 펴야 하는' 것이다.

"개인위생이라 함은 내 자신과 타인의 건강을 좌우하는 몸과 주위 환경의 청결을 유지하기 위한 생활습관을 말한다. 우리들의 손에는 항상 많은 병독이 붙어 있음으로 물과 비누로서 자주 씻도록 하자. 특히 우리는 용변 후나 식사 전에는 반드시 손을 씻도록 하자. 때때로 목욕을 하고 머리도 씻자. 우리들의 옷과 이부자리는 항상 깨끗이 하여야 한다. 집안과 뜰은 항상 청결하고 잘 정돈되어야 하며 쓰레기가 눈에 띄지 말도록 하자. 우리는 또 타인의 건강에 해를 끼치지 않도록 서로 조심하자. 대중이 출입하는 처소에서 함부로 침을 밷거나 또는 기침을 하지 말자. 비위생적인 변소로 인하야 많은 사람의 건강에 해를 끼치지 않도록 하자. 특히 자라는 어린이들에게 충분한 위생 생활습관을 배양시키자. 앞으로 위생 생활로 우리 국민의 수명을 연장시키고 명랑하고 행복된 생활을 증진시키자."

청결은 또 다른 청결을 부르므로 주거환경의 청결이란 곧 의복과 육체의 청결인 동시에 풍속의 청결을 의미한다.[20] 이제 청결은 사람들의 내밀

한 풍속에까지 침투했고 질서와 덕목이 하나로 합쳐져서 마침내 청결이 승리를 구가했다. 사회 전반의 질서까지 문제 삼게 된 것이다. 더러움은 악일 뿐이다.

2

세계보건기구와 접종

1) '엄마, 예방주사를 빨리 마쳐주십시오'

한국에서는 신생아의 출생 신고를 하면 모자보건 수첩이 나온다. 보건사회부 모자보건 수첩에 따르면 반드시 접종해야 하는 영유아 정기 예방접종은 〈표 46〉과 같다.

2020년 현재 영유아 예방접종은 1997년과 비교해서 뇌수막염, A형 간염을 추가한 것 이외에 모두 같다. 그리고 5세 이후 일본뇌염, 엠엘알, 파상풍 백일해를 추가 접종하도록 했다. 이는 영유아의 필수 예방접종으로 2015년부터 무료로 접종받는다. 아이들이 맞아야 할 예방접종이 늘어났다. 영유아 무료 예방접종은 최근의 일이지만 모자보건 수첩의 발행과 예방접종이 한국 사회에 자리 잡은 때는 한국전쟁 때부터이다.

한국전쟁 때 UNCACK은 장티푸스, 두창, 발진티푸스 등 급성전염병을 예방하려고 전인구에 백신을 접종했다. 그러나 신생아와 유아는 예방접종에서 제외되었다.

지난 3년 동안 3217만 5442명에게 종두를 실시했다. 그러나 이 프로그램은

<표 46> 영유아 정기 예방접종(1997년)

연령	내용
0-4주	비시지. B형 간염(1차)
2개월	폴리오(소아마비) 피디티(백일해 디프테리아 파상풍) B형 간염(2차)
4개월	폴리오(소아마비) 피디티(백일해 디프테리아 파상풍)
6개월	폴리오(소아마비) 피디티(백일해 디프테리아 파상풍) B형 간염(3차)
9개월	홍역 단, 홍역 유행 지역에서는 6개월부터 홍역 백신 접종 가능함
15개월	엠엘알(홍역 유행성이하선염 풍진)
18개월	피디티(백일해 디프테리아 파상풍)
3세	일본뇌염(유행 지역에서는 3세 미만도 접종할 수 있음) 기본 접종: 1-2주 간격으로 2회 접종 추가 접종: 년 1회 접종
6세	폴리오(소아마비) 피디티 추가 접종
12세	비시지. 투베르클린 음성 반응자에게만 접종

새로 태어나는 아이나 미취학 아동을 보호하는 데 실패했다. 현재 가을 캠페인은 이들의 보호에 있다. KCAC 공중보건 스태프들은 지방 곳곳에서 기술적 감독하고 즉각적 사용에 도움을 주고 그것의 효능을 통제할 것이다. 부산을 시작으로 해서 젖먹이들에게 100% 접종했다.[21]

두창 예방접종은 1951년부터 1953년까지 인구의 1.5배 되는 3000만 명에게 실시했다. 그런데 1953년 9개월 동안 1317명이 두창을 앓았고 177명이 사망했다. 이에 대해 KCAC 보건의료 담당 또는 위생 담당 장교들은 신생아와 미취학 아동의 예방접종 문제를 제기했다.

1953년 보건부는 두창 예방주사 실시를 의료기관에서 하지 않고 5월부터 각 동리 사무소에서 실시한다고 밝혔다.[22] 여기에 '10월 15일부터

사진 9-5 **보건진료소 책자**

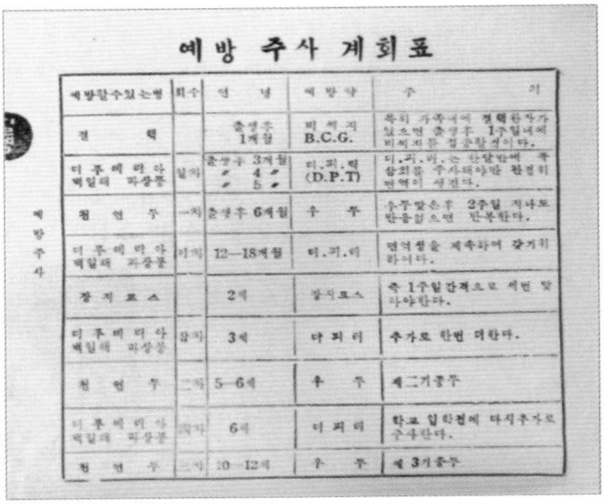

예방 주사 계획표

예방주사

예방할수있는병	회수	연령	예방약	주의
결핵		출생후 1개월	비씨지 B.C.G.	특히 가족내에 결핵환자가 있으면 출생후 1주일내에 비씨지를 접종할것이다.
디프테리아 백일해 파상풍	일차	출생후 3개월 〃 4 〃 〃 5 〃	디.피.티 (D.P.T)	디.피.티.는 한달만에 꼭 삼회를 주사해야만 완전히 면역이 생긴다.
천연두	一차	출생후 6개월	우두	우두맞은후 2주일 지나도 반응없으면 반복한다.
디프테리아 백일해 파상풍	이차	12—18개월	디.피.티	면역성을 계속하여 갖게 하여야 한다.
장지프스		2회	장지프스	꼭 1주일간격으로 세번 맞아야한다.
디프테리아 백일해 파상풍	삼차	3세	디피티	추가로 한번 더한다.
천연두	二차	5—6세	우두	제二기종두
디프테리아 백일해 파상풍	四차	6세	디피티	학교 입학전에 다시추가로 주사한다.
천연두	三차	10—12세	우두	제 3기종두

사진 9-6 **예방주사표**

사진 9-7 **모자보건 수첩**

12세 이하의 아동에게 강제 종두' 실시를 알렸다.[23]

1952년 전염병 예방법(안)이 국무회의에 상정돼 1954년에 전염병 예방법이 제정되었다. 전염병 예방법은 '두창, 디프테리아, 백일해, 장티푸스, 발진티푸스, 파라티푸스, 결핵'은 정기 예방접종을 시행하도록 규정했

<표 47> 예방주사표[24]

연령	연령	예방약	내용
결핵	출생 후 1개월	BCG	가족 내에 결핵환자가 있으면 출생 후 1주일 내에 비시지를 접종하여야 한다. 1주일 내에 비시지 접종을 하지 않은 어린이는 튜베크린 검사를 하고 음성이면 비시지를 접종
디프테리아 백일해 파상풍	출생 후 3개월, 4개월, 5개월	DPT	디피티 예방약을 한 달마다 꼭 3회 주사해야 완전한 면역이 생긴다
두창	출생 후 6개월	우두	우두 맞은 후 2주일 지나도 반응이 없으면 다시 종두하자
디프테리아 백일해 파상풍	12-18개월	DPT	면역성을 계속하여 갖기 위하여 주사
장티푸스	2세	예방약	1주일 간격으로 세 번 주사
디프테리아 백일해 파상풍	3세	DPT	추가 주사
두창	5-6세	우두	제2기 종두
디프테리아 백일해 파상풍	6세	DPT	학교 입학 전에 추가 주사
두창	10-12세	우두	제3기 종두

다.[25] 이는 필수 예방접종으로 굳어져 갔다.

보건진료소는 『엄마』라는 책자를 만들어 '엄마, 무서운 전염병이 나를 노리고 있으니 나에게 필요한 예방주사를 빨리 마쳐주십시오.'라고 선전했다. 〈표 47〉는 어린이들의 예방주사 계획표라며 결핵, 두창, 장티푸스, 디프테리아, 백일해, 파상풍의 예방을 위한 연령과 예방약 그리고 주의사항을 제시하고 있다.

보건사회부에서 제시한 영유아 예방주사표는 전염병 예방법의 예방주사와 차이가 있다. 1954년 제정된 전염병 예방법에서의 예방주사 연령은 아래와 같다.

종류	내용
두창	제1기 생후 2개월부터 10개월까지의 자, 제2기 만 6세에 달한 자, 제3기 만 12세에 달한 자
디프테리아	제1기 생후 6개월부터 12개월까지의 자, 제2기 만 6세에 달한 자
백일해	제1기 생후 3개월부터 6개월까지의 자, 제2기 만 12세에 달한 자
장티푸스 발진티푸스 파라티푸스	제1기 생후 36개월부터 48개월까지의 자, 제2기 만 5세부터 만 60세까지의 자
결핵	결핵의 예방접종은 만 30세 이하의 자로서 튜벨크린 반응 검사를 하여 음성인 자에게 매년 1회 시행한다

전염병 예방법에서 결핵 예방접종은 만 30세 이하의 자이지만 보건사회부 발행의 영유아 예방접종표에는 생후 1개월부터 시행하도록 했다. 그리고 파상풍은 전염병이 아니기 때문에 정기 접종의 대상이 아니었다. 발진티푸스와 파라티푸스 접종은 전염병 예방법에는 영유아에게 적용하도록 했지만 영유아 예방접종표에는 없다.

〈표 47〉 1950년대 예방주사 계획표는 한국 영유아 예방접종으로 굳어졌다. 2020년 모자보건 수첩의 예방접종과 비교해서 〈표 47〉 계획표에는 장티푸스와 두창만 제외하고 모두 같다. 두창은 이제 위협적이지 않은 질병이 되었고, 장티푸스는 주로 물과 관련해서 일으키는 질병이고 상하수도 시설이 마련된 대한민국에서 장티푸스가 더 이상 위협적이지 않기 때문인 듯하다.

2) 세계보건총회의 위생 법규

한국전쟁 뒤 영유아 예방접종은 세계보건기구의 창설과 전염병 예방과 관련되어 보급되었다. 세계보건기구(WHO)는 1948년 4월 7일 정식으로 유엔 산하 기구로 창설되었다. 대한민국은 1949년에 가입했다. 1951년 5월 25일 제4차 세계보건총회는 새로운 세계보건기구 위생 법규 제2호를 만장일치로 채택했다. 제2호의 채택을 두고 "이는 실제로 1952년 10월 2일부터 공산주의 블록을 제외한 모든 국가에서 실시케 될 것이다."라는 평가가 나왔다.

이 법규는 세계보건기구 방역 및 검역 전문위원회에서 초안이 마련된 것이다. 초안은 제3차 세계보건총회 특별위원회에 제출되었다. 1951년 4월 9일부터 5월 5일까지 제네바에서 개최된 특별위원회 개회식에서는 34개국으로부터 공인된 대표들이 참석했다. 5월 7일에 특별위원회가 참가해 64개국이 제4차 세계보건총회의 심의에 참가했다. 그리고 5월 25일에 이 법규들은 이의 없이 총회에서 승인되었다.

"신규칙에 있어서는 전염병의 전파에 대한 완전한 보호는 현재하고 있는 환부(患部)의 근절 여하에 따른다는 것을 인정하고 있다. 이 법규는 언제라도 필요한 때는 적용될 수 있고 또 이전의 협정들보다는 국제 교섭에 대해서 대체로 덜 제한하고 있는 최초의 방법을 규정하고 있다."[26] 이전 협정보다 제한이 없는 법규라는 신 규칙의 특징을 더 알아보자.

"미 대표들의 노력으로 인하여 통과된 법규 중의 한 기본적 원칙은 모든 전염병 환자의 발생에 관한 완전한 정보는 아무 때나 세계의 각처로부터 입수할 수 있게 하자는 것이다. 따라서 보고의 의무는 확대되었고 세계보건기구의 방역에 관한 정보 교환은 몹시 강화되어졌다. 현재의 여러

국한된 검역은 다만 두창 및 흑사병의 발생에 관한 빠르고도 신뢰할 만한 정보가 부족하기 때문이다.

미국 대표들은 역시 이 법규 운영의 검열을 위한 적절한 기구 설치를 주장하였다. 이런 검열은 종래에는 없었던 것이며 입수한 정보를 분석할 만한 능력 있는 권위자도 없었다. 이 목적에 따라 장차 세계보건기구 내에 설치될 적절한 위원회는 과거의 경험에 비추어 시시로 법규를 검열할 수 있도록 그것을 만들 것이다. 불필요한 제한은 배제하고 또 부족하다고 생각되는 방법은 새로 법규 중에 첨가하게 될 것이다.

현재의 법칙은 주로 흑사병, 호열자(콜레라), 황열병, 두창, 발진티푸스, 재귀열 등에 관한 것이다. 그럼으로 총회는 타 질환에 관하여도 필요한 부가적 규칙을 만들기 위하여 적당한 위원회를 설치하기로 결정하였다. 아직도 해결되어야 할 문제 중의 하나는 말라리아 전염원 국제적 이동의 방역책이다.

두창에 대한 조항은 완전히 변경되었다. 누구든지 국제여행을 하는 자는 확실한 두창 예방접종 여행증을 소지함을 요한다는 미국 대표의 제안은 채택되었다. 아직도 두창이 각처에 유행하고 있으며 그 발생에 관한 정보는 쉽게 입수하기 곤란함으로 이 방법은 국제적 만연을 국한하기 위하여 필요한 것이라고 믿어지고 있다. 두창 예방주사 접종 시행증은 매우 간이화되었으며 따라서 여행자들은 예방접종의 결과 판정을 위하여 기다릴 필요는 없을 것이다. 그 대신 제1회 예방접종 또는 그 후의 재접종 중에 효과 있게 된 것에 대해서는 증명서상에 반드시 기록할 것이다.

발진티푸스에 대한 방책 중 현재 DDT를 이용하여 간단하고도 효과 있게 조절할 수 있기 때문에 불요하다고 생각되는 몇 개 조목은 삭제되었다.

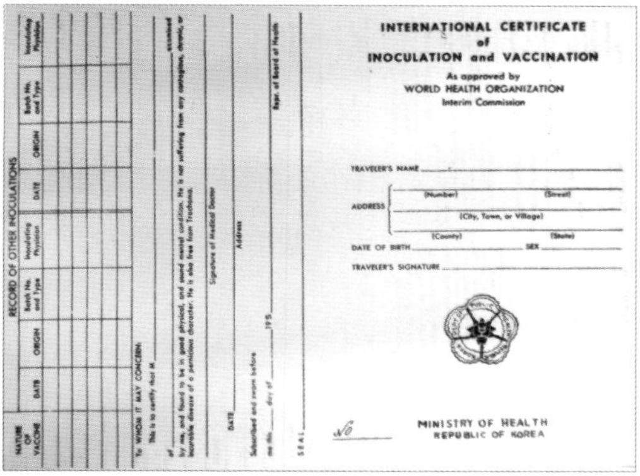
INTERNATIONAL CERTIFICATE
of
INOCULATION and VACCINATION
As approved by
WORLD HEALTH ORGANIZATION
Interim Commission

TRAVELER'S NAME

ADDRESS (Number) (Street)
(City, Town, or Village)
(County) (State)

DATE OF BIRTH SEX

TRAVELER'S SIGNATURE

No

MINISTRY OF HEALTH
REPUBLIC OF KOREA

RECORD OF OTHER INOCULATIONS

NATURE OF VACCINE	DATE	ORIGIN	Batch No. and Type	Inoculating Physician	DATE	ORIGIN	Batch No. and Type	Inoculating Physician

TO WHOM IT MAY CONCERN:
This is to certify that

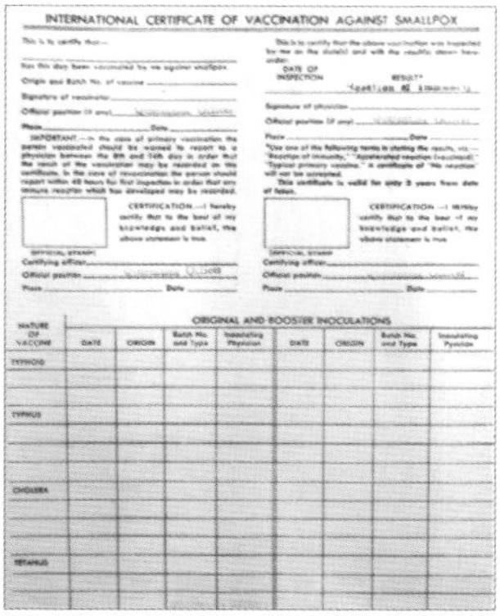
INTERNATIONAL CERTIFICATE OF VACCINATION AGAINST SMALLPOX

CERTIFICATION

ORIGINAL AND BOOSTER INOCULATIONS

NATURE OF VACCINE	DATE	ORIGIN	Batch No. and Type	Inoculating Physician	DATE	ORIGIN	Batch No. and Type	Inoculating Physician
TYPHOID								
TYPHUS								
CHOLERA								
TETANUS								

사진 9-8 / 9-9 **국제보건증 앞뒤**

현재 동남아시아는 황혈병 전파의 무서운 공포 속에서 살고 있으며 근동 지방은 호열자(콜레라)를, 미국은 두창을 두려워하고 있다. 1951년 5월 25일 상호합의하에 64개 자유국가들은 그들의 검열 문제를 해결하기 위한 협약에 합의를 보았고 또 유엔전문위원회는 이 협약의 행정부로 임명되었다."[27]

1951년 5월에 통과된 국제위생 법규는 전염병 예방과 관련한 신속한 정보의 제공과 예방접종 그리고 예방접종 증명서의 발행 등으로 요약할 수 있다. 이에 따라 한국은 세계보건기구와 조약 제10호를 체결했으며 한국은 1951년 11월 27일 관보에 이 사실을 알렸다.

세계보건기구(이하 기구라 한다)는 동 기구가 제공할 기술적 원조 조항에 관한 협정인 세계보건기구 조직법 제2조 (d) 항과 경제발전을 위한 기술적 협조의 확장 계획에 본 기구가 참여하는 결정, 즉 1950년 5월 25일 세계보건기구 총회에서 결의된 W.H.A 3116 결정 사항 등을 실시하고자 희망하는 바이며 또 대한민국정부(이하 정부라 한다)도 한국 내의 보건사업의 발전을 위하여 기술적 원조를 요구하고 있음. 정부와 기구는 각 사업의 목적, 한계 및 양자가 부담할 책임, 정부의 기구가 준비하여야 할 각자의 직무 등에 관하여 상호 합의를 얻고자 희망하므로 상호 간의 의무를 우호적 협조 정신하에 이행하여야 함을 선언하는 바이며 따라서 다음과 같이 협정한다.[28]

헌장 2조 라항은 '역학적, 통계적 서비스를 포함한 행정적, 기술적 서비스 제공'를 말한다. 위의 위생 법규에서 중요한 항목은 전염병 관련 조사와 통계 그리고 정보의 제공이다.

아무튼 세계보건기구 총회에서의 전염병 관련 통계와 조사, 정보 제공은 파놉티콘을 넘어서는 장치이다. 이 조약을 체결한 국가는 세계보건기구가 요구할 때에는 언제라도 통계와 조사할 권리 그리고 정보를 제공한다.

전 세계 보건의료의 활동을 관장하고 있는 세계보건기구, 세계적으로 유수한 과학자들의 연구비를 통제하고 있는 미국의 국립보건원, 동아시아 국가들의 의료 정책을 약의 정치를 통해 무대 뒤에서 교묘히 조종하는 다국적 제약회사 등은 말할 것도 없거니와 동아시아 의료 시장에 적극 개입하고 있는 세계무역기구, 동아시아의 경제적 위기를 주무르고 있는 국제통화기금 따위의 세계기구는 이런 작동 기전을 효과적으로 수행하는 기관이다.[29]

미국과 유럽의 제약 회사들은 정부의 규제 아래 적정한 이윤을 얻도록 허용된다면 백신에 관한 필수적이고 새로운 최고 수준의 연구를 기꺼이 실행하겠다고 천명했다.[30] 제약 회사들은 홍역, 소아마비, 파상풍, 디프테리아에 맞서는 효과적인 백신을 개발했다. 그리고 이 협정을 맺은 국가들은 신생아가 태어나면 영유아 예방접종을 정기적으로 연령에 따라 실시했다.

3

동아시아 위생 지도

1) 공중보건, 민주주의의 확장

극동사령부(그리고 유엔군사령부) 보건복지부장이며 미국 보건협회 특별회원인 샘스 준장은 일본 점령기 미국의 공중보건 성과를 "사망률의 감소와 수명의 연장은 현재적 보건후생 행정기구를 통한 질병 예방과 의료의 현대적 방법을 전국적으로 실시한 결과"라고 언급했다. 「일본에 적용된 미국 보건행정 방식에서」라는 글에서 공중보건 의미를 "일본 및 세계의 다른 국가 특히 극동 제국의 국민에게 우리가 민주주의 본질이라고 생각하고 있는 개인의 가치에도 필적할 만한 것을 제시함에 있어서 상기한 현대적 사업이 설시되지 않았으면 그리고 전쟁 전의 사망률이 그전 수준에 그대로 지속되었으면 1945년과 1951년에 사망하였을 대략 300만 일본인에게 점령이 가져온 실제적 선물인 인명보다 더 중요한 것이 또 무엇이 있을지는 모른다."라고 평가했다. 샘스는 공중보건이 인명 중시와 개인의 가치라는 미국 민주주의의 본질을 실현했다고 강조했다. 이러한 샘스의 평가는 20세기 초 록펠러재단에서 행했던 자선사업과 결을 같이 한다. 록펠러의 전폭적인 신임을 받고 있었던 프레드릭 게이츠는 미국 선교사들이 중국에서 펼쳐왔던 선교에 깊은 인상을 받았다. 20세기를 전후하여 미국의 거대 자본가들은 자선사업을 통해 국내적으로는 미국의 도덕적 질서를 유지하는 데 국외적으로는 시장 개척과 문화적 제국주의를 관철하는 데 성공할 수 있었다.[31] 게이츠는 과학적 의학이 새로운 도덕적·사회적 규범을 만들어준다고 믿었다.[32]

샘스의 글로 돌아가보자. 그는 이 글에서 미국의 공중보건 의료 체계가 어떻게 여러 질병을 효과적으로 예방했는지 설명한다. 그 성과를 나열하면 다음과 같다.

> 일본에 있어서 결핵증은 1932년 이래 제1의 살인 원인이었다. 1932년 내지 1945년간에 있어서의 연중 결핵 사망자 수는 점차 증가되어 1945년에는 인구 10만에 280명이라는 절정에 달하였다. BCG 이용을 포함하는 예방 사업이 시작되었다. 신 결핵증 관리법에 의하여 30세 미만의 모든 사람은 매년 투베르쿨린 검사를 받는다. 음성자는 생후 6개월 이상자는 모두 BCG로 면역 조작을 받는다. 재검사에서 면역이 소실된 사람은 재면역 조작을 받는다. 결핵 사망률은 1945년의 인구 10만에 280명으로, 1951년의 인구 10만에 108명으로 감소되었다.
>
> 제2의 주 사망 원인이었든 장질환에 대하여는 예방주사의 사용으로써 장티푸스 및 파라티푸스를 환경위생의 향상으로서 이질을 공격하였다. 점령 전 7년간의 장티푸스의 연평균 이환율은 인구 10만에 63.9이었는데 1950년에는 인구 10만에 7.8로 감소되었다. 장티푸스 예방주사는 60세 이하의 모든 사람에게 매년 반복 예방주사를 실시하는 예방법으로써 1950년에는 약 5000만 명에 대한 예방주사 또는 재예방주사가 실시되었다. 보건소구 소속인 위생반의 사용으로써 이질의 이환율이 1938년 내지 1945년간에 있어서

인구 10만에 101.6이었든 것이 1948년에는 18.3으로 저하되었다.

장티푸스 및 파라티푸스의 감소에 있어서의 동 예방주사의 효과에 대한 환경위생의 영향은 장기간에 걸쳐 논쟁되어온 문제다. 1949년 및 1950년에 예산 삭감과 위생반 감원으로 인한 환경위생 사업의 소홀화는 1949년 및 1950년의 이에 비례하는 이질 질병률 상승을 결과하였다. 그러나 이 기간에 있어서도 장티푸스 파라티푸스 질병률은 계속적으로 저하되었다. 여기에 환경위생 표준이 후퇴하여도 장티푸스 파라티푸스 예방주사는 효과가 있고 그 발생 수를 감소함에 제일 요인이었다는 증거를 결론적으로 나타낸 것이다.

1945년에 절정에 달하였든 사망률 인구 1000에 29.4는 1950년에는 10.8로 저하되었다. 사망 원인 분석 결과에 의하면 상기한 바와 같은 사업으로서 공격 중점을 둔 질병에 있어서 주로 사망률이 저하된 것이다. 일본에 있어서의 평균수명은 1895년부터 1947년까지의 52년간에는 남자 42.8년이 50.0년으로 여자 44.3년이 53.9년으로 증가될 뿐이었으나 1947년부터 1950년까지의 3년간에는 남자 50.0년이 58.0년으로 여자 53.9년이 61.5년으로 증가된 것은 흥미있는 사실이라고 할 수 있다.[33]

샘스는 일본인의 사망률이 높았던 전염병인 결핵, 장티푸스, 이질, 파라티푸스의 발병률과 사망률이 낮아졌고, 미 점령 전 52년 동안 일본의 평균수명이 8-9년으로 연장되었는데 미국은 3년 만에 이에 도달했다고 강조한다. 이를 가능하게 한 것은 예방접종이라고 밝힌다. 그리고 인명을 중시하는 미국식 민주주의의 결과라는 것이다. 그는 위생 환경이 열악해도 예방주사를 지속적으로 맞춘다면 질병은 저하된다고 말했다.

샘스 스스로도 논의 대상이라고 말했던 사회적 환경과 별개인 예방주사 우위냐 아니면 환경을 고려한 예방주사 접종이냐는 논의는 다른 지역에서도 논의되었다.

샘스의 주장은 세균설에 주요한 중점을 두고 있지만 그것만 강조한 것은 아니었다. 왜냐하면 예방접종을 가능하게 했던 기구는 위생반을 기반으로 하는 전국 보건소의 활동이었기 때문에 미국 예방의학이 동시에 작동했던 점을 고려해야 한다. 그럼에도 샘스의 주장은 예방접종 만능을 가져왔던 것은 분명하다. 그의 생각이 한국전쟁 때에도 전인구의 접종이라는 계획을 마련했던 것이다.

예방접종 만능이 실패한 역사적 사례도 적지 않다. 1950년대 후반 세계보건기구는 전 세계에서 매년 1300만 명이 두창을 앓는다고 발표했다. 그 당시 두창은 유럽과 북미에서는 거의 사라진 상태였지만 남미와 아시아, 아프리카에선 여전히 유행하고 있었다. 세계보건기구 공공 보건관리들은 질병 관리에 대한 비서구적 접근 방식은 무지하고 미신적이라고 간주했다. 따라서 이들은 비서구적 접근 방식을 폐기했다. 이러한 패러다임 속에서 1967년 세계보건기구의 두창 담당자들은 침투 접종 운동을 통해서 두창을 근절할 것이라는 선언을 발표했다.[34]

나이지리아 동부 지역에서 일하는 동안 W. H. 포이 박사는 백신이 부족하자 접종을 두창 환자로 알려진 사람과 접촉한 사람에게로만 제한하고 환자를 격리된 장소에 두도록 결정했다. 결과는 포이 박사의 결정한 지역의 두창 환자가 감소되었다. 그 뒤로 감시, 환자의 격리, 직접 접촉자에 국한된 접종은 세계보건기구 운동의 지침이 되었다. 비록 기술 수준이나 적용의 철저함은 달랐지만 통지, 감염자의 격리, 감염자와 접촉한 사람들에 제한된 접종은 서아프리카 벵골 아랍어를 사용하는 사람들이 수백 년 동안 두창에 대처해오던 방법이었다.[35] 이 세 가지 결합으로 두창은 마침내 중앙아메리카와 북부 및 남부 아메리카에서 사라졌다.

2) 미국 유학생과 자유세계 보건단

모든 것이 파괴되는 와중에도 한국 의학계는 엄청난 변화와 발전을 이룰 수 있는 기회를 맞았다. 한국전쟁 동안 미국을 비롯한 유럽의 의료진 파견은 의사들이 이들 의학을 습득하는 절호의 기회였으며 의학 수준을 한 차원 끌어올리는 결정적 계기가 되었다.[36] 기술과 교육 원조가 의학계를 중심으로 이루어져 의학계의 발전은 전후에도 이어졌다.

1950년대 미네소타 프로젝트가 진행되는 동안 미국에 다녀온 교수들을 통해 현대 의학의 새로운 동향이 급속히 소개되었고 미국식 의학 교육이 빠른 속도로 자리 잡았다.[37] 서울대학교는 1954년 9월 미네소타대학과 원조 계약을 체결했다. 원조 주관자로 미네소타대학이 선정된 것은 당시 FOA 책임자 스타센이 미네소타 주지사 출신이고 기후 조건이 우리나라와 비슷한 데다가 농학 분야에서 명성을 갖고 있는 대학이었기 때문이다.[38]

1955년 한국 민사원조 사령부의 보도과에서 발표한 미네소타대학과 서울대학 간의 왕래를 정리하면 다음과 같다.[39]

1955년 2월	서울대학교 의과대학 학장 이재구 미국 미네소타대학으로 출발. 그는 여기에서 3개월 내지 6개월간 행정 절차 교수법 및 연구 사업 등에 관한 상담 및 시찰
1955년 3월	기술고문으로 취임한 미네소타대학교 공과대학 윔스(William Rupert Weems)교수 서울 도착.
1955년 4월	경제조정관실, 서울대학교에 115만 불의 미 원조 자금 줌. 이 자금은 서울대학교의 농과대학, 공과대학, 의과대학 및 동 부속 간호학교를 위한 기재 구매를 목적으로 지출.

1955년 5월	서울대학교 의과대학 교수 3명이 미네소타대학으로 떠남. 김석환 박사는 1년간 산과 및 부인병과를, 김주완 박사는 2년간 X-선학을, 심보선 박사는 외과학을 2년간 각각 연구.
1955년 9월	서울대학교 교수단 일행 25명이 미네소타대학교 대학원에서 연구하러 한국을 떠남. 의과대학, 공과대학 및 농과대학을 대표하는 한국인 교육가들은 1-2년 과정에 등록. 연구 과목은 생물화학, 약학, 미생물학, 야금학, 항공공학, 육종학, 농경학 등. 농업, 의학 및 공학의 분야에서 서울대학교의 행정 교육 및 연구를 강화하며 또 연구소 및 기숙사 등의 개선을 원조하기 위한 미네소타대학교 고문단 서울대학교로 이동.

서울대 원조는 농학을 비롯해 공학, 의학, 행정학 등에 편중되었는데 원조 계획은 1961년 9월까지 연장되어서 총 434만 달러와 대충자금 약 73억 환이 책정되었다.[40] 이는 미국이 아시아 대학에 지원한 사례 가운데 가장 방대한 규모였다.

1955년 7월, 귀국한 서울대학교 의과대학 학장 이재구는 실습과 하급 및 상급생들을 위한 자유로운 토론회 등을 강조하는 미국식 교육법을 채용하겠다고 강조했다.

"재미 중 이 학장은 미네소타대에서 교육법 연구 방향 의과대학 및 병원의 경영법 등을 연구했다. 그는 예일, 코넬, 콜롬비아 및 뉴욕대학교에서 의학 교육법을 시찰하였고 미국 보건교육 및 후생부 관리들과 회담한 후 어트랜틱시에서 열린 104차 미국 의학협회 회합에 출석하였다. 이 박사가 그의 보고서에서 한국에서도 채용하였으면 좋겠다고 강조한 다른 것으로는 졸업생 의사들에게 고도의 전문적 기술을 습득케 하기 위하여 세미나 및 회합을 가지도록 하고 전문가들을 임시 강사로서 이용하고 그가 미국에서 시찰한 의학 학교와 같이 학교 행정을 조직적으로 구성할 것

사진 9-10 **미네소타 프로젝트**

등이 있다."[41]

이외에도 보건과 병원 관리 행정을 교육받으려 관리나 병원장들이 미국으로 갔다. 1955년 9월에 130명이 국제협조처 기술원조 계획안으로 미국에서 훈련을 받았다. 훈련 장소는 미네소타대학이며 과정은 2개월 내지 2년이다. 2개월 과정은 국내 경제 연구, 2년 과정은 의학과 공학이다. 선발 유학생의 연구 과목은 농업, 공업, 광업, 수송, 보건위생, 교육행정 등이다.[42] 경찰관, 민간항공 통신 강습생, 해운 전문가, 부산형무소 간수장, 한국 경찰관, 하천 조절과 기사 등이 모두 미국에서 유학했다.

비단 한국에서만 미국에 유학생을 파견한 것은 아니다. 동아시아의 모든 국가에서 미국으로 유학생을 파견했다. 1960년 현재 미네소타대학에는 965명의 외국인 학생이 재학했는데 그 반수는 아시아의 여러 국가와 호주에서 온 학생들이다. 미네소타와 서울대학교는 1년 교대로 학생과 교수를 교환하고 있는데 현재까지 103명의 한국인이 미네소타에, 25명의 미국인이 서울대학에 유학했다.[43] 미 공보원 발행 『자유세계』는 해외 유학생 파견 기사를 소개하고 있다.

> 현재 70여 개국의 학생 수만 명이 미국에서 유학하고 있는 한편 해외에서 유학하고 있는 미국 학생도 1500명에 달한다. 유학생들 중 그 비용의 전액을 부담할 수 있는 학생은 소수에 불과한고로 정부나 기타 개인 단체에서는 이 유학생을 원조하는 데 필요한 자금을 마련하기 위하여 많이 노력하고 있다. 현재 미국 국제인사교환국의 계획에 의거하여 많은 외국 학생들이 미국에서 공부하고 있는데 그 밖에 기술협동관리부 및 상호안전본부에서는 각국의 각종 전문가들을 도와 미국 유학을 통하여 그들의 기술 향상을 도모하고 있는 것이다.
>
> 이들 유학생이 귀국할 때는 해외에서 실지로 습득한 지식 외에 그 이상의 소득을 느끼지 않을 수가 없다. 우선 그는 해외에서 공부하는 동안 자기의 연구를 도와준 모든 협조에 심심한 사의를 느끼며 타인의 권리에 대하여 보다 더 관대한 이해를 갖게 되며 또한 자신이 1개 지방에 속하는 존재가 아니고 전 세계의 일원 즉 인류의 행복을 위하여 우정으로 단결시킬 수 있는 세계의 일원이라는 것을 지각하고 만족감을 갖는다.[44]

미 극동육군의 심리전부에서 발간한 『자유의 벗』에도 미국 유학이 차지하는 의미를 아래와 같이 정리하고 있다.

> 미국에 있는 각국 유학생의 수로 미루어 보더라도 한국이 제4위를 차지하고 있다. 1958-9년간 미국에서 취학한 외국 학생의 내역은 캐나다가 가장 많

고 다음에 자유중국이 3837명이고, 인도가 3198명이며 한국은 2471명이나 된다.

한국을 위시하여 각 외국 학생들이 미국 고등교육 기관에서 많이 공부를 하고 있는 이유는 미국이 공학, 물리학, 의학, 농학 기타 자연과학은 물론이거니와 경영학과 같은 인문과학면도 크게 발달되어 있는 까닭이다. 특히 공학 방면을 공부하는 외국 학생이 인문과학을 공부하는 외국 학생 수보다 많다는 경향은 주목할 만한 사실이라 하겠다.

교육으로서 공부를 하는 당사자인 학생과 그의 나라가 혜택을 받는 것만이 아니라 미국 자체도 이로써 혜택을 입는 바 적지 않는다는 것을 잊어서는 아니 된다. 이 점을 아이젠하워 대통령도 최근 다음과 같이 밝혔다.

'교육의 교류로서 보다 빠르고 보다 많은 지식의 창문을 열 수 있다. 이와 같은 지식의 창문을 통하여 세계에 가장 긴요한 상호이해를 더욱 전진시킬 수 있을 것이다. 상호이해를 가진 세계야말로 참된 자유의 세계인 것이다.'[45]

미 국무부는 "이 사람들은 틀림없이 자기 본국에 돌아가 정부, 산업, 교육, 언론, 의학, 기타 중요 부문의 요직을 담당하게 될 것이다. 이는 상호간의 교류에 큰 도움이 되고 그것이 자유세계의 건설에 도움이 되는 것이다."라고 기대했다. "한국 학생들은 아세아 무역에 관한 미국 사업가들의 태도를 연구하여 귀국 후 한국 사업가들에게 자기의 지식을 전달하며 활용한다. 태국 학생들은 미국의 민주적 지방행정을 잘 관찰하고 가서 자기 국민들에게 자기가 보고 배운 것을 전달하게 된다."[46]

공중보건과 의학은 이런 교류와 상호 이해에 더욱 영향을 줄 것이라고 기대되었다.

사진 9-11 **필리핀 위생원**

'비록 멀리 떨어져 있을지라도 서로 이해하고 서로 힘써 돕는 것이 세계평화와 행복을 획득하는 가장 진실한 길이다.' 이것은 최근 사망한 미얀마 독립군 지도자 우 아웅 산의 미망인 다우 산 퀴 부인의 신조이다. 이 부인은 시민보도 및 후생기관의 적극적인 주도자로서 자신은 또한 숙련한 산파이다. 현재 동부인은 미얀마 정부 부녀아동후생부의 책임자로 활약하고 있다. 최신 미국 시찰 여행에 있어서 동부인 주로 소아과 병원과 주간 탁아소와 진료소와 공중보건소를 시찰하였다.[47]

마취사는 남부 버마 모르메인 출신이며 당년 28세인 마가렛 라오양이다. 그는 합중국 동북지방인 코넥트캇트 주 하트포트 시내 모 병원에서 마취학을 연구하고 있는 중인데 매일 여러 차례 수술에 참가하고 있다. (…) 라오 박사는 미국 상호안전보장본부의 승인하에 1개년 간을 기간으로 현재 미국에서 전문적 기술훈련을 받고 있다. 그는 하트포드 병원의 직원으로서 바쁜데도 불구하고 마취학 강의와 연구실에 규칙적으로 출석한다. 많은 미국인 동료들이 미얀마의 보건 문제에 지대한 관심을 갖고 있음을 인지한 그는 좀 더 자유로운 시간에 정식적으로 이야기할 기회를 바라고 있다.[48]

『자유세계』 편집부는 보건란을 만들어 '당신은 코피로 고통을 받습니까?', ' 디푸테리아와 백일해에 대한 새로운 예방주사', '감기에 대처하는 방법' 등의 제목으로 예방 정보를 제공했다. 그런데 보건 란의 글을 쓰는 의사는 "본지 자유세계의 건강란은 동남아에 유명한 비률빈 사회 보건의 권위자 아맨시아 만게이 박사가 집필하고 있다."라고 소개하고 했듯이 한국인이 아니라 필리핀인이다. 미국 유학생들은 국가를 넘어 미국식 의료 제도와 방법, 회의 등을 전파했다.

3) 말라리아 예방 지도

공중보건 전문가들은 1955년에 수립된 세계적인 말라리아 박멸 계획이 성공하리라 확신했다. 그 확신에는 DDT가 있었다. DDT는 제2차 세계대전 뒤 곤충을 박멸하는 가장 효과적인 무기로 간주되었다. DDT는 비싸지 않았고, 생산하기 쉬웠으며, 효과적이고, 겉보기에는 인간들에게 무해해 보였으며, 다양한 환경에서 사용될 수 있었다.[49]

냉전은 국가안보와 국제 건강의 질문들로 집중하게 했다. 2차 세계대

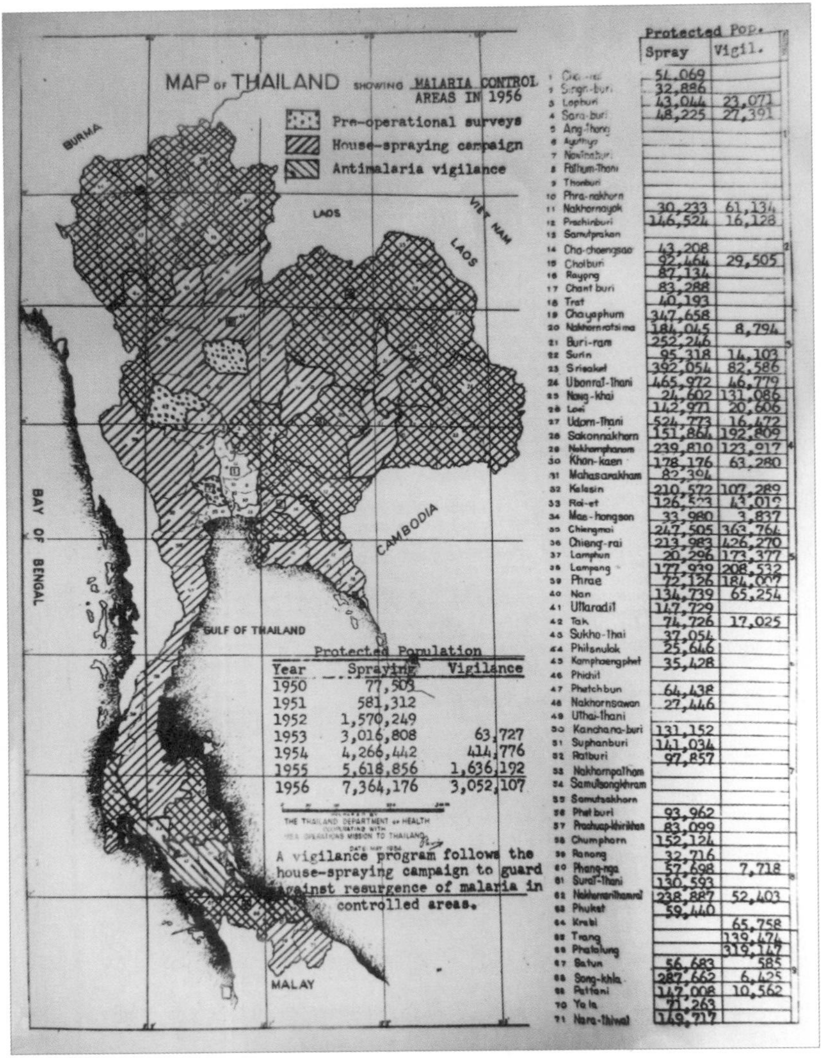

사진 9-12 **태국 DDT 살포 지도**

전 이후 미국 공중보건 그리고 농업개발 전문가들은 질병과 기근 문제를 풀 수 있도록 개발 프로젝트를 시작했다. 이러한 개발 프로그램들은 DDT를 포함한 현대 과학기술의 전략적인 전개를 통해서 과거의 질병, 기근 그리고 가난 문제들을 박멸하는 기회로 받아들였다.[50] '자유세계'라는 지역 방위 공동체의 우위성을 증명하기 위해 냉전 과학은 건강과 농산물을 세계적인 규모로 개선시켜야 했다. DDT는 이런 개발 프로젝트에 중요한 위치에 있었다.[51]

1955년에서 1969년 사이, 수백만 갤런의 화학물질이 모기 집단을 전멸시키는 데 사용되었고, 전 세계적으로 말라리아의 비율을 상당히 감소시켰다. 한국에서 전한반도의 DDT화를 외쳤던 것처럼 동남아시아에서도 DDT는 말라리아 예방약이었다. 〈표 48〉은 1950년대 태국에서 살포된 DDT 살포량이다. 이는 1957년 말라리아 예방 강화 운동을 시작할 목적으로 조사된 것이다. 경계 지역의 살포는 박멸 지역에서 가옥에 살포된 것이다. 그리고 〈표 49〉은 1958년 전 세계적으로 DDT 살포 지역을 표시한 것이다.

<표 48> 태국 DDT 살포(1950년대)

년도	살포	경계
1950	77,503	-
1951	581,312	-
1952	1,570,249	-
1953	3,016,808	63,727
1954	4,266,442	414,776
1955	5,618,856	1,636,192
1956	7,364,176	3,052,107

<표 49> 전 세계 말라리아 박멸 사업(1958년 WHO 정리) (단위: 천)

지역*	총계	해당 지역				비박멸 지역			
		비유행 지역	유행 지역	지역 내		보호받은 인원			보호받지 못한 인원
				박멸 지역	비박멸 지역	총계	DDT 살포	역학적 감독	
미국	377,665	239,825	137,840	49,545	88,295	55,358	53,865	1,493	32,937
아프리카	150,095	15,533	134,562	0	134,562	25,752	25,214	538	108,810
동지중해	192,931	47,344	145,587	859	144,728	34,859	30,557	4,302	109,869
유럽	457,097	405,656	51,441	27,314	24,127	16,949	13,872	3,077	7,178
소련	200,200	10,200	190,000	158,050	31,950	31,950	6,780	25,170	-
서태평양	209,348	160,103	49,245	1,467	47,778	24,525	11,670	12,855	23,253
중국	621,255	521,255	100,000	자료 무	자료 무	자료 무	자료 무	자료 무	자료 무
남동아시아	549,792	47,331	502,461	6,980	495,481	260,910	260,410	500	234,571
총계	**2,758,383**	**1,447,247**	**1,311,136**	**244,215**	**966,921**	**450,303**	**402,368**	**46,935**	**516,618**

* WHO에 가입한 지역들

** 모든 곳에서 북한 제외됨. '자료 무'에는 중국 제외

〈표 49〉에 따르면 말라리아 주요 유행 지역은 아프리카, 동지중해, 소련, 남동아시아이다. 이들 지역 중 소련을 제외하고 아프리카, 동지중해, 남동아시아는 100%, 99.4%, 98.6%가 비박멸 지역이다. 1958년 남동아시아에서 DDT 살포를 받은 수는 2억 6000만 명가량으로 52.2%를 차지한다. 반면 아프리카는 2500만 명인 18.7%. 동지중해는 3000만 명인 21.1%가 DDT 살포를 받았다. 전체적으로 말라리아 유행 지역에서 비박멸 지역의 73.7%가 DDT 살포를 받지 못한 즉 말라리아로부터 보호받지 못했다고 분류되었다. 이에 세계보건기구는 4년마다 아시아 말라리아 회의를 개최했다. 그리고 1958년에 말라리아 박멸 계획을 세웠고, 한국은 1959년

부터는 '말라리아' 사업을 위하여 전문가 2명이 파견되어 WHO의 원조 물자와 정부 대충경비로서 활용해 사업이 진행되었다. 1960년에 WHO 세계 보건일 주제는 '말라리아 박멸'이었다. 이에 대한 응답으로 1962년 마닐라에서 개최된 제4회 아세아 말라리아 회의에 보건사회부 장관이 참석한다. 동 회의는 아시아 지역 22개국 대표 100명 이상이 참석했다. 필리핀에 있어서는 보건 및 사회, 노동 사업에 관한 시찰은 보건부, 사회부, 노동부의 방문과 보건대학원, 모자병원, 농촌보건소, 국립 및 현립병원, 나병원, 보건요원 훈련소, 고아원, 직업 교도시설 등을 시찰했다.[52]

1945년부터 1965년 동안 DDT의 사용은 말라리아 전염의 극적인 감소를 만들어냈다. 그러나 말라리아 비율은 다시 증가했다. 이는 한국에서도 마찬가지였다. 〈표 7〉에 따르면 1955년 급성전염병 환자 2870명 가운데 유행성 뇌염환자는 71.6%인 2056명이고 1958년에도 8605명 가운데 뇌염환자는 79.7%인 6859명이었다. 특히 1958년에는 유행성 뇌염 사망자가 2166명이었다. 1958년이면 이미 DDT가 사람에게 가옥, 수로에 모두 넘치게 뿌려졌다. 그런데 1958년에 모기에 의한 유행성 뇌염이 가장 많이 퍼졌다. 이미 DDT에 내성이 생긴 모기들이 생겼던 것이다.

엄청난 화학적 공격에도 견뎌내는 것뿐만 아니라, 시간이 흐르면서, 심지어 번성할 수 있었다. 사실, 굴복했다기보다 학질(말라리아) 모기들은 한때 강력했던 화학물질에 대한 저항력을 발달시켰고, 엄청난 양의 번식을 계속했고, 인간들에게 질병을 퍼트렸다. 세계 남쪽 많은 지역에 걸쳐 말라리아에 대항해 전투를 벌인 지 14년이 지나, WHO는 한때 유망했던 공공 보건사업의 종료를 공표했다.

반면 DDT를 뿌린 지역에서는, 죽은 새들과 물고기가 자주 나타나기 시작했고 가끔은 놀랄 만큼 많은 숫자로 죽어 나타났다. 그다음 10년 동안, 추가적인 연구들이 DDT로 인한 생태계의 결과를 폭로했고, 생물학자들의 작은 그룹들 사이에서 화학물질의 내재적인 위험에 대한 하나의 의견 일치를 만들어냈다.

길고 길었던 법정 공방 이후로 미국 환경보호국(EPA)은 1972년 살충제의 미국 내 사용을 금지했다. 하지만 환경보호국은 DDT의 수출 또는 해외의 공공 보건 프로그램을 위해 사용하는 것을 금지하지는 않았다. 다른 국가들은 미국을 따라 화학물질의 사용을 금지했지만 DDT는 소독제가 아닌 살충제로 여전히 사용했다. 그래서 농민들이 농약 중독이라는 기사에 빠지지 않고 DDT가 등장한다.

> 돼지 전염병이 발생하기 시작할 때가 왔다. 돼지우리를 깨끗이 치워주고 돼지우리의 운동장과 출입구에는 크레졸이나 석회수를 풀어서 소독을 철저히 하자. 외부 기생충은 제충국 가루나 BHC 또는 DDT 가루약을 돼지우리 안팎은 물론 돼지 몸에도 골고루 뿌려주고.[53]

> DDT의 발상지인 미국에서 사용이 금지되자 세계 각국이 그 뒤를 따랐고 DDT는 지금은 농약에만 섞어 쓰도록 되어 있다. 그런데 농약에 섞여 있는 DDT 등 살충제로 생기는 식물 오염이나 농약화도 잇달아 일어나고 있다.[54]

DDT의 위험 요소는 어느 한 나라에도 얽매여 있지 않았으므로 사실전 세계적인 것이었다. 이러한 환경의 현실들은 2차 세계대전 이후의 성장과 사람과 국가 그리고 자연 사이의 생태계 상호작용 관련을 강조하는 우세한 관념에 이의를 제기했다.

사스에서 코로나19까지

2020년 2월 오랜만에 외출을 했다. 마스크를 한 사람들이 많았지만 하지 않은 사람도 드문드문 있었다. 나는 일회용 마스크를 미리 구입하지 못해 예전에 샀던 마스크 한 장을 가방에 넣었다. 전철을 타려고 기다리는데 '마스크를 하라'는 방송이 나온다. 한 장 남은 마스크의 봉지를 뜯었다.

이날 마트에서 천 마스크 1000원짜리 2개와 편의점에서 9900원짜리 천 마스크 2개를 구입했다. 편의점 판매자가 그것도 마지막이라고 한다. '다행이다'고 생각하며 4장의 천 마스크를 구입해 집으로 돌아왔다.

3월에는 일회용 마스크 1장의 가격이 온라인에서 5000원 또는 8000원까지 뛰어올랐다. 이렇게 구입하고 싶지 않다. 근처 약국에 마스크를 구입하려고 갔지만 유리문에는 '공적 마스크가 이미 팔렸습니다'라는 문구가 붙어 있다. 이제 일회용 마스크를 구입하려고 온라인도 오프라인도 헤매지 않을 것이다. 이렇게 2월과 3월을 보냈다.

이제 거리에서 마스크를 쓰지 않으면 눈치를 받아야 했고, 상점에 들어가 물건을 살 수 없다. 이것이 2020년 3월의 거리 풍경이다. 어디에도 '천 마스크를 쓰라'는 말은 들리지 않는다. 소위 전문가라는 사람들은 '천 마스크는 코로나19를 예방하지 못한다'라고, 또 다른 전문가는 '천 마스크를 하되 매일 필터를 갈라'고 한다. '그것은 일회용 마스크가 아닌가. 필터를 어떻게 구하지.' 답답한 심정이 부글부글 올라왔다. 코로나19 예방 수칙에 마스크를 쓰라고 하는데 마스크는 구입할 수 없고, 왜 마스크를 공급하지 못하느냐고 정치적 공박은 이어지고 있다.

사실 나는 전문가가 아니라서 말할 수 없다. 그런데 비말로 번지는 것이라면 오히려 손수건을 가지고 다니면서 기침이 날 때 손수건으로 가리고, 천 마스크로 최소한 예방할 수 있고, 손을 잘 씻으면 된다고 하면 안 되는 건가. 그렇게 말해주기를 기다렸다. 감염병학, 세균학, 의사들. 전문가들은 그런 말을 하지 않는다. 마스크는 정말 필요한 현장에서 일하는 사람들에게 필요하지 모든 시민/국민이 매일 아침마다 KF94 일회용 마스크를 써야 하는 것은 아니다.

그러다가 3월 7일 안종주 사회안전소통센터장의 '마스크 십계명으로 마스크 사용 줄이자'라는 글을 우연히 읽었다. 얼마나 반가운지.

마스크 사용법 10원칙을 보니 한국전쟁 전후 결핵 예방 10원칙이 생각난다. 사실 20세기 중반기까지 가장 치명적인 전염병은 결핵이었다. 결핵은 젊은이들을 병들게 했고 치료 약도 없었다. 1951년 보건부 장관은 치료가 필요한 결핵환자를 90만 명으로 추정했을 정도였고 전쟁으로 그 수효는 가파르게 증가하고 있다고 밝혔다. 결핵은 호흡기 질병으로 비말로 전달되는 대표적인 질병이다.

대한의학협회 - 가정 결핵 박멸 10원칙

1. 가래침을 땅에 뱉지 않을 것. 가래침은 반드시 종이에 뱉어서 그것을 불에 태우거나 뚜껑이 있는 타구에 뱉을 것. 타구에는 2% 크레졸을 넣어 둘 것. 모인 가래침은 땅에 파묻거나 변소에 버릴 것. 타구는 물에 끓여 소독할 것. 타구는 두 개를 준비하여 항상 한 개는 일정한 장소에 놓고 사용할 수 있도록 할 것.
2. 재채기나 기침을 할 때는 반드시 코와 입을 수건으로 가릴 것
3. 결핵환자는 방을 따로 사용하도록 할 것. 할 수 있다면 가족을 결핵환자로부터 격리하기 위하야 방안에 칸막이를 만들 것
4. 방은 젖은 걸레로 훔칠 것
5. 환자는 혼자 자게 할 것. 환자의 이부자리는 따로 빨 것. 환자의 이부자리는 날마다 햇빛에 안팎을 쬘 것
6. 환자의 옷을 다른 사람이 입지 않을 것. 빨기도 따로 할 것
7. 환자는 수건과 세수 도구를 따로 가질 것. 이것을 빨기나 씻기도 따로 할 것
8. 음식 그릇이나 수저도 따로 사용할 것. 씻기도 따로 할 것.
9. 고양이나 개가 환자 옆에 가까이 가지 않게 할 것. 어린아이도 환자 옆에 가까이 가지 않게 할 것
10. 결핵의 진단을 속히 할 것. 가족을 전부 검사하야 「튜버크린」 반응 음성자는 모두 「비시지」(결핵 예방접종)을 맞게 할 것. 결핵 박멸 운동에 협력할 것.

\- 미국 공보원

이 10원칙은 극동사령부 보건후생부 의무과 결핵 책임자 나이트(Albert

P. Knight)가 한국에 왔을 때 제시한 것이다. 비말로 전염되는 가장 치명적인 질병은 결핵이다. 결핵이야말로 마스크가 가장 필요한 질병이리라. 결핵은 쉽게 낫지 않았지만 잘 먹고 쉬면 치료할 수 있었다.

마스크 대란이 왔을 때 가장 먼저 떠오른 것은 전문가 집단이다. 그리고 전문가 집단의 권위를 생각했다. 전문가의 권위는 바로 '전문'에서 온다. 그런데 한국 사회는 언제부턴가 전문가의 권위가 돈에서 왔다. 전문에서 오는 권위는 그가 사회적으로 지탄받더라도 돈이 없더라도 오랫동안 살아남는다. 그리고 그 권위 때문에 전문가는 버틸 수 있다. 그렇지만 돈이 권위를 만들어내면 돈이 사라지면 권위도 사라진다. 의사, 판사, 검사, 변호사, 교수 등등. 한국 사회에서 모두 존경의 대상이었다. 그것은 그 집단이 전문가로 사회가 필요로 할 때 전문적 조언과 대안을 이야기할 수 있었기 때문이다.

2019년 가을 우연히 나는 한국 건강형평성 학회 학술대회에서 한 강의를 들었다. 틸만 러프의 「평화군축 시대의 건강정의」와 운니 크리슈난 카루나카라의 「전쟁과 정치적 갈등 상황에서의 공중보건 위기」였다. 이들 강연을 듣고 보건의료가 그저 치료만 하는 것이 아니라 우주, 자연, 사람들과 얽혀 있으며 함께 살아가는 일을 고민하는 것이라고 생각했다. 그런 측면에서 의학은 기술이지만 인문학인 셈이다.

사실 2020년 2월부터 전염병이 퍼지기 시작할 때 이들 문제를 생각하고 발언해야 하는 집단은 의사들이어야 했다. 그런데 그들은 각자 자신의 정치적 입장에 따라 마스크가 부족하다느니, 중국을 봉쇄해야 하니 등의 발언이 앞섰지 전염병이 사회적으로 유행할 때 어떻게 함께 막아야 하는지 말하지 않았다.

전염병 방지를 위한 보건의료와 위생의 역사는 폐쇄적인 격리와 봉쇄가 오히려 전염병을 악화시킨다는 교훈을 준다. 바로 그런 조치로 인해 한국전쟁 동안 많은 국민방위군이 발진티푸스로 죽어갔다.

국민방위군은 1·4 후퇴로 동원되어 남쪽으로 내려갔다가 집으로 돌아올 때까지 제대로 씻지도 입지도 못했다. 그들은 나갈 때 입었던 옷 그대로 돌아왔다. 교육대에서 국민방위군의 일과 중 하나는 옷을 벗어 '이'를 잡는 것이다. 정원의 2배가 넘는 교육대도 많았다. 발진티푸스가 국민방위군 교육대에서 퍼지기 시작했다. 불합격 판정이 난 국민방위군은 왔던 길을 무리지어 다시 돌아갔다.

발진티푸스는 봄에 극성을 부렸다. 1000명 내외였던 발진티푸스 환자는 1951년 3만 2211명이 걸렸고 6154명이 사망했다.

국민방위군에서 발진티푸스가 발생했다는 보고는 유엔군사령부를 긴장시켰다. 왜냐하면 국민방위군은 한국 정규군으로 충원될 예정이었기 때문이다. 제1차 세계대전 때 전투로 죽은 병사보다 발진티푸스로 사망한 병사들이 많다는 점에서, 치명적인 전염병이었다.

유엔군사령부는 공중복지부장을 보내 한국 상황을 점검하게 했다. 공중복지부장은 군사고문단, 미8군 사령부 의료장교들과 함께 '발진티푸스 통제' 긴급회의를 소집했다. 이날 회의 결론은 전 한반도에 DDT를 뿌리고 모든 한국인을 DDT로 목욕시키고, 모든 한국인에게 백신 투여(예방접종)였다. DDT는 제2차 세계대전 때 전쟁터에서 발진티푸스를 없애는 데 가장 효과적인 무기였고, 점령지도 발진티푸스로부터 지켜내는 의료용 약품이었다.

그리고 DDT는 한국전쟁 때 소독약으로 인간, 가축, 수로, 우물, 가옥에 뿌려졌다. 하얀 가루인 DDT는 기름과 섞이면 그 독성이 놀라울 정도로 강해졌고 신경을 마비시키고 무력하게 했다. 그래서 유화제를 사용할 때 주의사항이 있었지만 한국에서는 중요하지 않았다. 왜냐하면 DDT는 소독약이고 '이', 파리나 모기의 박멸제이고 급성전염병인 발진티푸스 또는 유행성 뇌염을 예방해주는 약이었기 때문이다.

한국전쟁에서 성공적인 결과는 DDT를 곧장 상업화로 이끌었다. 레이첼 카슨은 미국에서 제조되는 합성 화학물질의 양은 1947년 1억 2425만 9000파운드에서 1960년에는 6억 3766만 6000파운드로 5배 이상 치솟았다고 지적한다. 이 제품들의 판매가는 2억 5000만 달러 이상에 달한다고 한다. DDT는 미국에서 1954년 이후 대량으로 살포되기 시작했다. 또한 DDT는 말라리아 예방책으로 동북아시아와 동남아시아에 대량 살포되었다. WHO는 1960년을 '말라리아 박멸의 해'라고 정하면서 지구에서 말라리아를 박멸하겠다는 계획을 내놓았다. 그렇지만 DDT에 내성을 가진 모기들이 등장했고 말라리아는 결코 박멸되지 않았다. 미국 작가 겸 과학기자인 소니아 샤(Sonia Shah)는 말라리아는 절대 없어지지 않을지 모르니, 인간들은 그 질병과 함께 사는 방법을 배워야만 한다고 제의해왔다.[1] 박멸은 공공 보건계가 열망하는 방법이 되어서는 안 된다는 것이다.

지난 세기까지 인간을 괴롭힌 전염병은 두창, 장티푸스, 발진티푸스, 콜레라, 이질, 결핵, 매독 등이었다. 새로운 세기에 새로운 형태의 전염병은 사스, 신종플루, 메르스, 코로나19로 이어졌고 글로벌한 세계는 전염병의 파급력도 훨씬 빨라졌다. 여기에 돼지열병, 구제역, 조류인플루엔자 따위로 가축들에게도 각종 전염병이 돌았다. 앞으로 전염병은 더 자주 찾아들고 파급력도 빨라질 것이다. 그리고 탈냉전 시기 글로벌한 세계의 움직임도 큰 변화가 없을 것이다.

그렇다면 어떤 자세가 필요한가. 질병의 투명성, 정확한 진단, 공존하는 생활을 고민하는 정책, 적절한 전문가 집단의 조언이 필요하다. 경계해야 할 것은 불필요한 공포심 조장이다. 이번 코로나19로 우리는 세계 각지에서 벌어졌던 인간의 민낯을 분명하게 보았다. 공포심은 지금까지 지켜온 가치를 한순간에 무너뜨린다. 공포심의 조장은 정치적 의도를 갖고 있다는 점도 잊지 말아야 한다. 그리고 공포심은 곧 공격성을 드러내고 공격은 항상 약한 대상을 향한다.

주

1장 _ 국민방위군과 발진티푸스

1 이상원, 2012, 「제2국민병의 소설화 양상에 대한 일고찰」, 『한국문학논총』제61집, 225쪽.
2 박환, 2016, 『잊혀진 민족운동가의 새로운 부활』, 선인, 736쪽.
3 진실화해를 위한 과거사정리위원회, 2010, 『2010년 상반기 조사 보고서』 10, 527쪽.
4 「소개차 제2국민병소집」, <동아일보>, 1950년 12월 20일.
5 「비하 제1공화국 188」, <동아일보>, 1974년 1월 25일.
6 대한민국 국방부 정훈국 전사편찬위원회 편, 1951, 『한국전란 1년지』, C70쪽.
7 육군본부 편, 1956, 『6·25사변 후방전사(인사편)』, 49쪽.
8 <동아일보>, 1950년 12월 18일.
9 <대구매일> 1951년 2월 8일(국사편찬위원회 편, 2005, 『자료 대한민국사』 제20권).
10 진실화해를 위한 과거사정리위원회, 2010, 앞의 책, 482쪽.
11 국민방위군사령부, 1951, 「국민방위군」, 『관내 상황』(진화위, 2010, 위의 책 492-494쪽 재인용); 「국민방위군」, RG 554, United Nations Command Adjutant General's Section, UN Civil Assistance Command, Korea(UNCACK) Adjutant General Section, Entry A-1 1307, Security Investigation Files, 1953, Box 86, Public Health, 720 1951~1951.
12 류재신, 1999, 『제2국민병』, 책과공간, 95-96쪽(이상원, 앞의 논문, 224쪽에서 재인용).
13 <대구매일> 1951년 5월 9일; <경향신문> 1951년 5월 8일(국사편찬위원회 편, 2006, 『자료 대한민국사』 21권).
14 진실화해를 위한 과거사정리위원회, 앞의 책, 525-526쪽 재인용.
15 김양섭, 2005, 『박상규, 1922년 6월 30일생』, 눈빛출판사, 156-157쪽.
16 「1951.2.26 경상남도 주간 보고서」, RG 338, UN Civil Assistance Command, Korea(UNCACK), 1951, Box 17, February, Weekly Reports.
17 「국민방위군 접종과 살포」, RG 554, United Nations Command Adjutant General's Section, UN Civil Assistance Command, Korea(UNCACK) Adjutant General Section, Entry A-1 1307, Security Investigation Files, 1953, Box 86, Public Health, 720 1951~1951.
18 김양섭, 2005, 『박상규, 1922년 6월 30일생』, 눈빛출판사.
19 「1951.3.18 경상남도 주간 보고서」, RG 338, UN Civil Assistance Command, Korea(UNCACK), 1951, Box18, Supply Report, File No. 400, Box 18(3 of 4).
20 「1951.4.8 경상남도 주간 보고서」, RG 338, UN Civil Assistance Command, Korea(UNCACK), 1951,

Entry UNCACK Unit11110, Box20, Weekly Reports for the Month of April(2 of 2).

21 「1951.5.13 경상남도 주간 보고서」, RG 338, UN Civil Assistance Command, Korea(UNCACK), 1951, Entry UNCACK Unit11110, Box 20, Weekly Activities Reports for the Month of May(1 of 4)1951.

22 「1951.4.27 경상북도 주간 보고서」, RG 338, UN Civil Assistance Command, Korea(UNCACK), 1951, Entry UNCACK Unit11110, Box 20, UNCACK, Central Files, Weekly Activities Reports Month of April(2 of 2) 1951.

23 「1951.5.12 경상북도 주간 보고서」, RG 338, UN Civil Assistance Command, Korea(UNCACK), 1951, Entry UNCACK Unit11110, Box 20, Weekly Activities Reports for the Month of May (1 of 4)1951.

24 「1951.7.17 경상남도 주간 보고서」, RG 338, UN Civil Assistance Command, Korea(UNCACK), 1951, Entry UNCACK Unit11110, Box 21, Weekly Activities Report Month of July(3 of 5).

25 「1951.8.15 종합 주간 보고서」, RG 554, United Nations Command Adjutant General's Section, UN Civil Assistance Command, Korea(UNCACK) Adjutant General Section, Entry A-1 1303, Team Reports, 1951-1953, Box 69, Bulletin(UNCACK), 1951; Circular Headquarters 8th Army, 1951; Consolidated Weekly Activities Report, 1951.

26 「한국에서의 발진티푸스 통제」, RG 554, United Nations Command Adjutant General's Section, UN Civil Assistance Command, Korea(UNCACK) Adjutant General Section, Entry A-1 1303, Team Reports, 1951-1953, Box 73, Records Chulla Namdo(3 of 4).

2장 _ 주한 유엔 민간원조 사령부(UNCACK)

1 김학재, 2010, 「주한 유엔 민간원조 사령부(UNCACK) 자료 해제」, 『전장과 사람들』, 선인, 291쪽.

2 「유엔 민간원조 사령부 8201부대 공중보건부 참모 보고서 1951.10.19」, RG 338, UN Civil Assistance Command, Korea(UNCACK), 1951, Box 17, Unit History. File No. 314.7(2 of 4).

3 「한국에서의 UNCACK 구호활동 특별 보고」, RG 554, United Nations Command Adjutant General's Section, UN Civil Assistance Command, Korea(UNCACK) Adjutant General Section, Entry A-1 1303, Team Reports, 1951-1953, Box 69, Kyonggi-do.

4 「한국에서의 UNCACK 구호활동 특별 보고」, 위의 문서.

5 「유엔 민간원조 사령부 8201부대 공중보건부 참모 보고서」, 앞의 문서.

6 김학재, 2010, 앞의 글, 291쪽.

7 김학재, 2010, 「한국전쟁과 '인도주의적 구원'의 신화」, 『전장과 사람들』, 선인, 56쪽.

8 국련군 사령부, 「국련군 한국 민간구제 및 경제원조」, RG 554 Military History Section Command Staff Section Reports, compiled 1947-52 Box 273.

9 「한국에서의 UNCACK 구호활동 특별 보고」, 앞의 문서.

10 「한국에서의 UNCACK 구호활동 특별 보고」, 위의 문서.

11 「한국에서의 UNCACK 구호활동 특별 보고」, 위의 문서.

12 최원규, 1996, 「한국전쟁 중 국제연합 민사원조 사령부의 전재민 구호 정책에 연구」, 『전략논총』8호, 137쪽.

13 국회도서관 입법조사국, 1965, 『국제연합 한국통일부흥위원단 보고서(1951·1952·1953)』, 89쪽.

14 「1951.10 사령부 보고 3호」, RG 338, UN Civil Assistance Command, Korea(UNCACK), 1952, Entry UNCACK, Box 5754, Command Report, RCS CSGPO-28, for August 1952; 「1951.12 사령부 보고 5호」,RG 338 United Nations Civil Assistance Command, Korea:8201st Army Unit, Command Report, 1950.11.3-1951.8.3 Box 1696; 「1952.2 사령부 보고」, RG 338, UN Civil Assistance Command, Korea(UNCACK), 1952, Entry UNCACK, Box 5753, Command Report, RCS CSGPO-28, UNCACK, for February 1952(1 of 2); 「1952.8 사령부 보고서」, RG 338, UN Civil Assistance Command, Korea(UNCACK), 1952, Entry UNCACK, Box 5754, Command Report, RCS CSGPO-28, for August 1952; 「1953.8 KCAC 월간 보고서」, RG 554 Command Reports, compiled 11/1950 - 08/1953 Box 9, Box 11, Box 12.

15 「유엔 민간원조 사령부 8201부대 공중보건부 참모 보고서」, 앞의 문서.

16 국련군 사령부, 『국련군 한국 민간구제 및 경제원조』, 앞의 문서.

17 「1951.4.23 충청남도 주간 보고서」, RG 338, UN Civil Assistance Command, Korea (UNCACK), 1951, Entry UNCACK Unit 11110, Box 20, UNCACK, Central Files, Weekly Activities Reports Month of April(1 of 2).

18 「공보 6 1951.4.10」, RG 338, UN Civil Assistance Command, Korea(UNCACK), 1951, Box 17, Unit History. File No. 314.7 (2 of 4).

19 「USAF, FE, 민사/군정에 관한 지시 편지」, RG 331 UNCACK, Public Health Technical Bulletins 1945-1953, Supreme Commander for the Allied Powers Administrative Branch Subject File 1945-53, Box 9438.

20 「FE 의료부, 행정- 새로운 조직 계획에서 공중보건 복지부의 지위에 관한 회의」, RG 331 UNCACK, Public Health Technical Bulletins 1945-1953, Supreme Commander for the Allied Powers Administrative Branch Subject File 1945-53, Box 9438.

21 최원규, 1996, 앞의 글, 142쪽.

22 최원규, 1996, 위의 글, 142쪽.

23 「케이켁팀 사령관들 회합」, RG 550 Military Historian's Office, Organizational History Files, Box 94.

24 「월터 장군 CAC 팀을 찬양」, 위의 문서.

25 「월터 장군 유엔 민간인들에게 감사」, 위의 문서.

26 「CAC 정부 사무부 OEC에 이관」, 위의 문서.

1 신규환, 2008,『국가, 도시, 위생 - 1930년대 베이징 시 정부의 위생행정과 국가의료』, 아카넷, 180쪽.
2 하두철, 1952,『국민의학』, 향의사, 141-142쪽.
3 신동원, 1997,『한국 근대 보건의료사』, 한울, 233쪽.
4 유행성뇌염은 1950년 2월 보건부령 제4호로서 전염병 예방령에 의한 전염병으로 지정되었다(전라남도 보건과, 1951,『보건행정 실무제요』, 조광상행 인쇄부, 139-140쪽).
5 하두철, 1952, 앞의 책, 141-142쪽.
6 이종학, 1959,『보건소 행정과 활동』, 보건문화사, 122쪽.
7 박인순, 2003,「일정기 조선총독부 보건복지행정의 내용분석-전염병 퇴치 활동을 중심으로」,『복지행정논총』13-1, 136-7쪽.
8 보건사회부, 1959,「하기 방역대책에 관하여, 1959.6.16」,『국무회의 상정 안건철』
9 보건사회부, 1959,「하기 방역대책에 관하여, 1959.6.16」. 보건사회부 원본에는 파라티푸스 사망자 202명으로 표기되어 있는 것을 두창 사망자로 옮겼다.
10 최제창, 1949,「한국의 보건 상태」(RG 554 Medical Section Public Health & Welfare Division, General Correspondence 1945-53, Box 6).
11 최제창, 위의 문서.
12 최은경, 2011,『일제강점기 조선 사회 결핵 유행과 대응에 관한 연구』, 서울대 박사학위 논문, 198쪽.
13 유엔군사령부는 1952년 2월 18일부로 민사 업무를 통합하는 G-5(민사참모)를 별도로 설치했다. 이는 경제적 지원에 대한 필요가 커지고 민간원조 프로그램이 변화하는 등 민사 분야 책임이 더욱 커지자 이를 감독하기 위한 별도의 참모부가 필요했기 때문이다. 유엔군사령부는 민사참모를 한국에 파견했고 이들에 의한「월간 보고서 Monthly Report」가 생산되었다.
14 「한국 통합사령부단을 위한 한국 요약」, RG 554 A1 141 Military History Section Command Staff Section Reports, compiled 1947-52 Box 272.
15 「1951.2.13 충청남도 대전 팀 활동 보고서」, RG 338, UN Civil Assistance Command, Korea (UNCACK), 1951, Box 17, February, Weekly Reports.
16 「1951.3.7 종합 주간 보고서」, RG 338, UN Civil Assistance Command, Korea (UNCACK), 1951, Entry UNCACK Unit 11110, Box 20, Consolidated Weekly Activities Report 1950~1951.
17 「유엔 민간원조 사령부 8201부대 공중보건부 참모부 보고」, 앞의 문서.
18 「1951.4.14 강원도 주간 보고서」, RG 338, UN Civil Assistance Command, Korea (UNCACK) 1951, Entry UNCACK Unit 11110, Box 20, Weekly Reports for the Month of April (1 of 2) 1951.
19 「1951.6.23 전라북도 주간 보고서」, RG 338, UN Civil Assistance Command, Korea(UNCACK), 1951, Entry UNCACK Unit 11110, Box 21, Weekly Activities Report (2 of 5) 1951.
20 「1951.7.15 경기도 주간 보고서」, RG 338, UN Civil Assistance Command, Korea(UNCACK), 1951, Box 21, Weekly Activities Report Month of July (1 of 5).

21 「1951.12.31 반월간 종합 보고서」, RG 338, Korean Communications Zone, 1952-53, Entry 11028, Box 19, Staff Section Report, Civil Information and Education Section, UNCACK; Staff Section Report, Public Information Section 1951~1951.

22 「1953. 전염병과 풍토병 억제」, RG 331 UNCACK, Public Health Technical Bulletins 1945-1953, Supreme Commander for the Allied Powers Administrative Branch Subject File 1945-53, Box 9432.

23 <표 7>은 한국 보건부가 집계한 것으로 장티푸스 8만 1575명, 두창 4만 3213명, 발진티푸스 3만 2211명이다. <표 9>는 UNCACK 반월간 종합 보고서에 보고된 것으로 장티푸스 9만 202명, 두창 4만 6366명, 발진티푸스 3만 8691명이다. <표 10>은 1953년 공중보건 예방의학 팀의 전염병과 풍토병 통제 프로그램의 부록으로 제시된 자료이다. <표 10>에서 제시된 장티푸스는 7만 5637명, 두창 3만 6050명, 발진티푸스 3만 9499명이다. 각 자료마다 통계가 일치하지 않다. 어떤 통계가 정확한지는 판단할 수 없다. 다만 전체적 흐름을 파악할 수 있기에 여기에서 각 자료들을 이용했다.

24 <동아일보> 1950년 10월 7일; <서울신문> 1951년 4월 19일; <서울신문> 1951년 6월 13일; RG 554, United Nations Command Adjutant General's Section, UN Civil Assistance Command, Korea (UNCACK) Adjutant General Section, Entry A-1 1303, Team Reports, 1951-1953, Box 78, Team Reports, 1-31 Jan. 53, Seoul City; Kyonggi Do 1953~1953.

25 <동아일보> 1951년 5월 1일.

26 <서울신문> 1951년 6월 13일.

27 RG 338, UN Civil Assistance Command, Korea(UNCACK), 1951, Entry UNCACK Unit 11110, Box 20, Weekly Activities Reports for the Month of May (2 of 4) 1951.

28 <부산일보> 1951년 6월 16일.

29 「1951.3.17 주간 보고서」「1951.3.24 주간 보고서」, RG 338, UN Civil Assistance Command, Korea (UNCACK), 1951, Box 18, Supply Report, File No. 400, Box 18 (3 of 4); 「1951.3.31 주간 보고서」 RG 338, UN Civil Assistance Command, Korea (UNCACK), 1951, Box 17, February, Weekly Reports; 「1951.4.14 주간 보고서」, RG 338, UN Civil Assistance Command, Korea (UNCACK) 1951, Entry UNCACK Unit 11110, Box 20, Weekly Reports for the Month of April (1 of 2) 1951.

30 국방부 정훈국 전사편찬위원회, 앞의 책, D33쪽.

31 <동아일보> 1951년 5월 8일.

32 조지 로젠, 이종찬·김관욱 옮김, 2009, 『보건과 문명』, 몸과 마음, 245쪽

33 아노 카렌, 권복규 옮김, 2001, 『전염병의 문화사』, 사이언스북스, 174쪽.

34 하두철, 1952, 앞의 책, 136쪽.

35 RG 331, UNCACK, Public Health Technical Bulletins 1945-1953, Supreme Commander for the Allied Powers Administrative Branch Subject File 1945-53, Box 9438.

36 「물공급-한국 마을 제거」, RG 338, UN Civil Assistance Command, Korea (UNCACK), 1951, Entry UNCACK UNIT 11028, Box 76, Kess Stores, 400.32; Clothing+Equip., 420; P.O.L. Consumption Rpt., 463.7; Transportation, 500; Construction and Installation, 600.1; Requisition of

Real Property, 601; Grain Warehouses, 633; Health+Prevention of Disease, 720, Power Rehabilitation 675 1952~1954.

37 고길섶, 1995, 「문화와 질병」, 『문화과학』 8

4장 _ 전인구에 백신 접종을!

1 <서울신문> 1946년 3월 17일(국사편찬위원회, 1969, 『자료 대한민국사』 2권).

2 RG 338, UN Civil Assistance Command, Korea (UNCACK), 1951, Box 17, Unit History. File No. 314.7 (2 of 4).

3 「1951.9.19, 1950년 6월부터 1951년 9월까지 UNCACK의 활동」, RG 338, UN Civil Assistance Command, Korea (UNCACK), 1951, Box 17, Statistical Records, File No. 050 수집번호 02010916

4 「1951.3.18 경상남도 주간 보고서」, RG 338, UN Civil Assistance Command, Korea (UNCACK), 1951, Box 18, Supply Report, File No. 400, Box 18 (3 of 4).

5 「1951.5.31 제주도 주간 보고서」, RG 338, UN Civil Assistance Command, Korea (UNCACK), 1951, Entry UNCACK Unit 11110, Box 20, Weekly Activities Reports for the Month of May (4 of 4) 1951.

6 「1951.5.12 강원도 주간 보고서」, RG 338, UN Civil Assistance Command, Korea (UNCACK), 1951, Entry UNCACK Unit 11110, Box 20, Weekly Activities Reports for the Month of May (2 of 4) 1951.

7 「1951.10.3 강원도 주간 보고서」, RG 338, UN Civil Assistance Command, Korea (UNCACK), 1951, Entry UNCACK Unit 11110, Box 23, Semi-Monthly Activities Reports (3 of 4) 1951.

8 「1951.8.19 충청남도 주간 보고서」, RG 338, UN Civil Assistance Command, Korea (UNCACK), 1951, Entry UNCACK Unit 11110, Box 22, Weekly Activities Reports (7 of 8) 1951.

9 「1951.9.2 경기도 주간 보고서」, RG 338, UN Civil Assistance Command, Korea (UNCACK), 1951, Entry UNCACK Unit 11110, Box 22, Weekly Activities Reports, Sept. 1951 (2 of 6) 1951.

10 「1951.8.25 제주도 주간 보고서」, RG 338, UN Civil Assistance Command, Korea (UNCACK), 1951, Entry UNCACK Unit 11110, Box 22, Weekly Activities Reports (3 of 8) 1951.

11 「1951.6.9 경기도 주간 보고서」, RG 338, UN Civil Assistance Command, Korea(UNCACK), 1951, Entry UNCACK Unit 11110, Box 21, Weekly Activities Report Month of June (3 of 3).

12 RG 554, United Nations Command Adjutant General's Section, UN Civil Assistance Command, Korea (UNCACK) Adjutant General Section, Entry A-1 1303, Team Reports, 1951-1953, Box 69, Kyonggi-do 1951~1951.

13 RG 554, United Nations Command Adjutant General's Section, UN Civil Assistance Command,

Korea (UNCACK) Adjutant General Section, Entry A-1 1303, Team Reports, 1951-1953, Box 71, Chulla Pukto (Letters) 1951~1952.

14 <민주신보> 1950년 8월 13일.

15 「피난민의 상설 운영 절차 처리」, RG 338, UN Civil Assistance Command, Korea (UNCACK), 1951, Box17, HIST PROG FILES-WEEKLY ACT RPTS 1951(2 of 2).

16 대한민국 국방부 정훈국 전사편찬위원회, 1951, 『한국전란 1년지』, 49-50쪽.

17 <경향신문> 1950년 11월 23일.

18 <조선일보> 1950년 12월 18일.

19 <대구매일신문> 1951년 7월 6일.

20 <서울신문> 1952년 7월 28일.

21 RG 338, UN Civil Assistance Command, Korea (UNCACK), 1951, Box 17, February, Weekly Reports ; RG 338, UN Civil Assistance Command, Korea (UNCACK), 1951, Box 18, Supply Report, File No. 400, Box 18 (4 of 4); RG 338, UN Civil Assistance Command, Korea (UNCACK), 1951, Entry UNCACK Unit 11110, Box 20, Weekly Reports for the Month of April (2 of 2) 1951; RG 338, UN Civil Assistance Command, Korea (UNCACK), 1951, Entry UNCACK Unit 11110, Box 20, Weekly Activities Reports (2 of 5) 1951; RG 338, UN Civil Assistance Command, Korea (UNCACK), 1951, Entry UNCACK Unit 11110, Box 20, Weekly Activities Reports (3 of 3) 1951~1951; RG 338, UN Civil Assistance Command, Korea (UNCACK), 1951, Entry UNCACK Unit 11110, Box 23, Semi-Monthly Activities Reports (7 of 7) 1951.

22 대한민국 내정에 관한 미 국무부 문서 I(Records of the U.S. Department of State : Relating to the Internal of Korea) : 남북한관계 사료집 16, 608~610쪽((국사편찬위원회편, 2005, 『자료 대한민국사』 20권에서 재인용).

23 「Annex A: Diversion Program,」, RG 338, UN Civil Assistance Command, Korea (UNCACK), 1951, Box 17, HIST PROG FILES - WEEKLY ACT RPTS 1951 (1 of 2).

24 「민정/군정에서의 의료 업무」, RG 331 Supreme Commander for the Allied Powers Public Health & Welfare Section Administrative Branch Subject File 1943-53 Box 9432.

25 「1951.3.26 전라북도 주간 보고서」, RG 338, UN Civil Assistance Command, Korea (UNCACK), 1951, Box 17, February, Weekly Reports.

26 「1951.4.30 전남 화순군 이서면」, RG 554, United Nations Command Adjutant General's Section, UN Civil Assistance Command, Korea (UNCACK) Adjutant General Section, Entry A-1 1303, Team Reports, 1951-1953, Box 72, Record's Chulla Namdo (1 of 2) 1951~1951.

27 「1951.6.23 전라북도 주간 보고서」, RG 338, UN Civil Assistance Command, Korea(UNCACK), 1951, Entry UNCACK Unit 11110, Box 21, Weekly Activities Report (2 of 5) 1951.

28 「1951.8.11 전라북도 주간 보고서」 RG 338, UN Civil Assistance Command, Korea (UNCACK), 1951, Entry UNCACK Unit 11110, Box 22, Weekly Activities Reports (2 of 2) 1951.

29 「1951.9.23 경기도 주간 보고서」, RG 338, UN Civil Assistance Command, Korea (UNCACK), 1951,

Entry UNCACK Unit 11110, Box 20, Weekly Activities Reports (3 of 5) 1951.

30 「1951.7.21 전라남도 주간 보고서」, RG 338, UN Civil Assistance Command, Korea(UNCACK), 1951, Entry UNCACK Unit 11110, Box 21, Weekly Activities Report Month of July (4 of 5) 1951.

31 「1951.8.2 전라남도 주간 보고서」, RG 338, UN Civil Assistance Command, Korea (UNCACK), 1951, Entry UNCACK Unit 11110, Box 22, Weekly Activities Reports (2 of 8) 1951.

32 「1951.8.18 전라남도 주간 보고서」, RG 338, UN Civil Assistance Command, Korea (UNCACK), 1951, Entry UNCACK Unit 11110, Box 22, Weekly Activities Reports (8 of 8) 1951.

33 「1951.6.5 전라남도 주간 보고서」, RG 338, UN Civil Assistance Command, Korea(UNCACK), 1951, Entry UNCACK Unit 11110, Box 21, Weekly Activities Report Month of June (3 of 3).

34 「1951.6.23 전라남도 주간 보고서」, RG 338, UN Civil Assistance Command, Korea(UNCACK), 1951, Entry UNCACK Unit 11110, Box 21, Weekly Activities Report (2 of 5) 1951.

35 최제창, 「한국의 보건 상태」, 앞의 문서; 신오성, 1989, 「한국전쟁 전후의 보건의료에 대한 연구: 1945-1959 한국전쟁기를 중심으로」, 서울대학교 보건대학원 석사학위 논문, 47쪽.

36 신오성, 위의 글, 41-42쪽.

37 <동아일보> 1951년 2월 13일.

38 오한영, 「한국의 공중보건」[RG 554, United Nations Command Adjutant General's Section, UN Civil Assistance Command, Korea (UNCACK) Adjutant General Section, Team Reports, 1951-1953, Box 73, Records Chulla Namdo (3 of 4)].

39 이종학, 1959, 앞의 책, 271쪽.

40 보건부, 1950, 『단기 4283년도 보건 통계연보 1950』, 79쪽.

41 「한국에서의 UNCACK 구호활동 특별 보고 1951.10.19」 앞의 문서.

42 「1951.2.11 경상북도(대구) 주간 보고서」, RG 338, UN Civil Assistance Command, Korea (UNCACK), 1951, Box 17, February, Weekly Reports.

43 「1951.4.24 반월간 종합 활동 보고서」, 「1951.8.24 반월간 종합 활동 보고서」, RG 554 General Correspondence, compiled 1945-53 Box 1.

44 「1951.8.24 반월간 종합 활동 보고서」 위의 문서.

45 최제창, 1949, 앞의 문서; 「1952.7.2 남한에서 전염병통제에 관한 노트」 RG 331 Supreme Commander for the Allied Powers Public Health & Welfare Section Administrative Branch Subject File 1943-53 Box 9432.

46 「1951.10.15 강원도 반월간 보고서」 RG 338, UN Civil Assistance Command, Korea (UNCACK), 1951, Entry UNCACK Unit 11110, Box 23, Semi-Monthly Activities Reports (4 of 7).

47 <대구매일> 1951년 2월 5일(국사편찬위원회, 『자료 대한민국사』 20권).

48 <부산일보> 1951년 2월 23일.

49 「1951.3.24 경기도 주간 보고서」 RG 338, UN Civil Assistance Command, Korea (UNCACK), 1951, Box 18, Supply Report, File No. 400, Box 18 (3 of 4).

50 <부산일보> 1951년 2월 15일.

51 황상익, 2009, 「전염병과 국가 관리의 통치술」, 『실천문학』 96, 353쪽.

52 <부산일보> 1951년 2월 28일.

53 「1951.10.15 전라북도 반월간 보고서」 RG 338, UN Civil Assistance Command, Korea (UNCACK), 1951, Entry UNCACK Unit 11110, Box 23, Semi-Monthly Activities Reports (6 of 7).

54 <부산일보> 1951년 3월 6일.

55 <동아일보> 1951년 1월 17일.

5장 _ 전 한반도의 DDT화

1 아노 카렌, 권복규 옮김, 2001, 앞의 책, 180쪽.

2 최제창, 1949, 앞의 문서 / RG 554 A1 136 Medical Section Public Health & Welfare Division, General Correspondence 1945-53, Box 6.

3 RG 338, UN Civil Assistance Command, Korea (UNCACK), 1951, Box 17, February, Weekly Reports; 「1951.3.22 UNCACK 공보3」, RG 331 Supreme Commander for the Allied Powers Administrative Branch Subject File 1945-53 Box 9435.

4 보건부, 1950, 『단기 4283년도 보건 통계연보 1950』, 79쪽.

5 「1951.1.17 경상북도 주간 보고서」 RG 338, UN Civil Assistance Command, Korea (UNCACK), 1951, Box 17, HIST PROG FILES - WEEKLY ACT RPTS 1951 (1 of 2).

6 <부산일보> 1951년 7월 2일.

7 「1951.4.9 충청남도 주간 보고서」 RG 338, UN Civil Assistance Command, Korea (UNCACK), 1951, Entry UNCACK Unit 11110, Box 20, Weekly Reports for the Month of April (2 of 2).

8 「1951.6.2 충청북도 주간 보고서」 RG 338, UN Civil Assistance Command, Korea (UNCACK), 1951, Entry UNCACK Unit 11110, Box 20, Weekly Activities Reports for the Month of May (4 of 4).

9 「1951.5.11 종합 반월간 활동 보고서」, 「1951.11.7 종합 반월간 활동 보고서」, RG 554 General Correspondence, Compiled 1945-53 Box 1.

10 <부산일보> 1951년 2월 28일.

11 4285년 9월 15일 현재, 「유행성 하계 뇌염 방역의 개요」(제2보), 보건부방역국장 백행인(RG 331 United Nations Civil Assistance Command, Korea - Public Health Technical Bulletins 1945-53 Box 9436).

12 「1953.10.29 1953년 항공살포 연차 보고서」, RG 338 Eight U S Army Medical Section, General Correspondence 1950-1960, Box 1561. 자료에는 C-46 총 에이커의 합계는 445,035이고 T-6 총 에이커 합계는 43,778로 이들 합계는 489,403으로 나와 있다. 여기에서는 C-46과 T-6 총계를 합한 489,433으로 수정했다. T-6의 총 살포 갤런의 합계는 13,965이지만 전체 총계가 달라서 여기에서는 원본의 총계인 14,065로 표기했다.

13 레이첼 카슨, 김은령 옮김, 2013, 「침묵의 봄」, 에코리브르, 192쪽.

14 「1951.5.5 기술통첩 제3호」, RG 554, United Nations Command Adjutant General's Section, UN Civil Assistance Command, Korea (UNCACK) Adjutant General Section, Entry A-1 1303, Team Reports, 1951-1953, Box 73, Records Chulla Namdo (1 of 4) 1951~1951.

15 「1951.5.5 기술통첩 제3호」, 위의 문서.

16 「구충과 구서 적절한 구제법」 RG 469 ICA U.S. Mission to Korea. Office of Gov't Services. Public Health Division, Unclassified Subject Files, 1952-1961 Box 2.

17 대한민국 보건사회부, 1955, 「중앙방역연구소 요람 제2호」, 중앙방역연구소, 106쪽.

18 신동원, 1997, 앞의 책, 13쪽.

19 전우용, 2011, 「현대인의 탄생」, 이순, 326쪽.

20 「1951.4 미8군 사령부 보고서-군의」, RG 338 EIGHTH U S ARMY, KOREA COMMAND REPORTS, 1950-52 Box 1824.

21 「1951.11 미8군 사령부 보고서-군의」, RG 338 EIGHTH U S ARMY, KOREA COMMAND REPORTS, 1950-52 Box 1882.

22 「1952.1.15 종합 반월간 활동 보고서」 RG 554 Command Reports, compiled 11/1950 - 08/1953 Box 2.

23 「1952.6 공중보건부 월간 보고서」 RG 554, United Nations Command Adjutant General's Section, UN Civil Assistance Command, Korea (UNCACK) Adjutant General Section, Entry A-1 1303, Team Reports, 1951-1953, Box 76, SWAR-Kyonggi Do 1952.

24 「경기도 월간 보고서」 RG 554, United Nations Command Adjutant General's Section, UN Civil Assistance Command, Korea (UNCACK) Adjutant General Section, Entry A-1 1303, Team Reports, 1951-1953, Box 80, MAR: Kyonggi Do UN Civil Assistance Command Korea Team 1953~1953.

25 BRIGADIER GENERAL JAMES STEVENS SIMMONS, 2008, "How Magic is DDT?", Thomas R. Dunlap ed. *DDT, Silent Spring, and The Rise of Environmentalism*, University of Washington Press, P.32.

26 BRIGADIER GENERAL JAMES STEVENS SIMMONS, 2008, ibid, P.34.

27 BRIGADIER GENERAL JAMES STEVENS SIMMONS, 2008, ibid, P.37.

28 Thomas R. Dunlap ed. 2008, "Introduction", *DDT, Silent Spring, and The Rise of Environmentalism*, University of Washington Press, P.4.

29 CLARENCE COTTAM AND ELMER HIGGINS, 2008, "DDT and Its Effect on Fish and Wildlife", Thomas R. Dunlap ed., *DDT, Silent Spring, and The Rise of Environmentalism*, University of Washington Press, P.62.

30 레이첼 카슨, 김은령 옮김, 2013, 앞의 책, 255쪽.

31 레이첼 카슨, 김은령 옮김, 2013, 221쪽.

32 「Possible Hazards from the use of DDT」, RG 331 Supreme Commander for the Allied Powers

Public Health & Welfare Section Administrative Branch Subject File 1943-53 Box 9436.

33 대한민국보건부 편집, 1952, 「모기 구제를 위한 각종 살충제의 사용」, 「보건 및 의학」5호, 국제연합 한국 민사원조 사령부발행, RG 331 Supreme Commander for the Allied Powers Public Health & Welfare Section Administrative Branch Subject File 1943-53 Box 9432.

34 David Kinkela, 2011, *DDT AND THE AMERICAN CENTURY*, The University North Carolina Press, P.7.

35 Thomas R. Dunlap ed. 2008, "Introduction", *DDT, Silent Spring, and The Rise of Environmentalism*, University of Washington Press, P.5.

36 Thomas R. Dunlap ed. 2008, "Introduction", ibid, PP.5-6.

37 David Kinkela, 2011,ibid, P.3

6장 _ 민주주의의 가시적 공간, 보건진료소

1 서울대학교 병원역사문화센터 지음, 2009, 『사진과 함께 보는 한국 근현대 의료문화사 1879-1960』, 웅진지식하우스, 223쪽에서 재인용.

2 신동원, 1997, 앞의 책, 331쪽.

3 서울대학교 병원역사문화센터 지음, 2009, 앞의 책, 217쪽.

4 <매일신보> 1945년 9월 27일.

5 신좌섭, 2000, 「군정기의 보건의료정책」, 『의사학』 제9권 제2호(제17호), 218쪽.

6 전우용, 2011, 앞의 책, 69쪽.

7 <동아일보> 1950년 10월 17일.

8 <부산일보> 1950년 10월 19일.

9 <부산일보> 1951년 8월 20일.

10 「1951.8.25 강원도 주간 보고서」, RG 338, UN Civil Assistance Command, Korea (UNCACK), 1951, Entry UNCACK Unit 11110, Box 22, Weekly Activities Reports (4 of 8) 1951.

11 「1951.9.8 전라남도 주간 보고서」, RG 338, UN Civil Assistance Command, Korea (UNCACK), 1951, Entry UNCACK Unit 11110, Box 22, Weekly Activites Reports, Sept. 1951 (6 of 6) 1951.

12 「1951.10.31 전라북도 반월간 보고서」, RG 338, UN Civil Assistance Command, Korea (UNCACK), 1951, Entry UNCACK Unit 11110, Box 23, Semi-Monthly Activities Reports (2 of 7) 1951.

13 오한영, 1951, 앞의 문서.

14 대한민국 보건사회부, 1955, 『중앙방역연구소 요람 제2호』, 중앙방역연구소, 71쪽.

15 「1953.9 충청남도 월간 보고서」 RG 554, United Nations Command Adjutant General's Section, UN Civil Assistance Command, Korea (UNCACK) Adjutant General Section, Entry A-1 1303, Team Reports, 1951-1953, Box 79, MAR: Chungchong Namdo, Sep. 53 1953~1953.

16 황상익, 2000, 「한국전쟁과 의학」, 『의사학』 제9권 제2호, 249쪽.

17 이종찬, 2004, 『동아시아 의학의 전통과 근대』, 문학과지성사, 269쪽.

18 신동원, 1997, 앞의 책, 374쪽.

19 「1951.1.12 종합 주간 보고서」, RG 338, UN Civil Assistance Command, Korea (UNCACK), 1951, Entry UNCACK Unit 11110, Box 20, Consolidated Weekly Activities Report 1950~1951.

20 「1951.2.5 경상북도 (대구) 주간 보고서」, RG 338, UN Civil Assistance Command, Korea (UNCACK), 1951, Box 17, February, Weekly Reports.

21 「1951.2.17 경상북도 팀 주간 보고서」, 위의 문서.

22 「1951.2.24 경상북도 주간 활동 보고서」, 위의 문서.

23 「1951.3.11 충청남도 주간 보고서」, RG 338, UN Civil Assistance Command, Korea (UNCACK), 1951, Box 18, Supply Report, File No. 400, Box 18 (4 of 4).

24 「1951.4.14 거제도 주간 보고서」, RG 338, UN Civil Assistance Command, Korea (UNCACK) 1951, Entry UNCACK Unit 11110, Box 20, Weekly Reports for the Month of April (1 of 2).

25 「1951.5.6 경기도 주간 보고서」 RG 338, UN Civil Assistance Command, Korea (UNCACK),1951, Entry UNCACK Unit 11110, Box 20, Weekly Reports from the Teams, May 1951 (3 of 5).

26 「1951.5.19 충청북도 주간 보고서」 RG 338, UN Civil Assistance Command, Korea (UNCACK), 1951, Entry UNCACK Unit 11110, Box 20, Weekly Reports from the Teams, May 1951 (1 of 5).

27 「1951.7.8 한국의료 팀」, RG 554, United Nations Command Adjutant General's Section, UN Civil Assistance Command, Korea (UNCACK) Adjutant General Section, Entry A-1 1303, Team Reports, 1951-1953, Box 69, Kyunggi-do Team; Report on Water Resources, 理水관계; 하천 공사설계서, 전라북도; Report on Sewerage, 하수도관계; Report on Railroad Transportation, 철도관계.

28 「1951. 9월 종합 보고서」 RG 338, UN Civil Assistance Command, Korea (UNCACK), 1951, Box 17, Unit History. File No. 314.7 (발신 UNCACK 8201st AU)/수집번호 02010923 1951년 9월.

29 오한영, 「한국의 공중보건」, 앞의 문서.

30 Crowford F Sams, 1952, 「일본에 적용된 미국 보건행정 방식」, 『보건 및 의학』 8호, RG 331 Supreme Commander for the Allied Powers Public Health & Welfare Section Administrative Branch Subject File 1943-53 Box 9432.

31 Crowford F Sams, 1952, 위의 문서.

32 폴 스타, 이종찬 번역, 2012, 『미국 의료의 사회사』, 의료정책연구소, 284쪽.

33 보건부, 1951, 「보건진료소 설치 계획서」, 총무처 의정국 의사과, 『국무회의 상정 안건철』.

34 보건부, 1951, 「보건진료소 설치 계획서」.

35 「1951.12.31 전라북도 반월간 보고서」, RG 554, United Nations Command Adjutant General's Section, UN Civil Assistance Command, Korea (UNCACK) Adjutant General Section, Entry A-1 1303, Team Reports, 1951-1953, Box 77, Semi-Monthly Activites Report, 16-31 Dec. 1951 1951~1952.

36 보건부, 1951, 「보건진료소 설치 계획서」.

37 보건부, 1951,「보건진료소 설치 계획서」.

38 「1951.5.19 제주도 주간 보고서」, 위의 문서.

39 「1951.10.15 경상남도 반월간 보고서」, RG 338, UN Civil Assistance Command, Korea (UNCACK), 1951, Entry UNCACK Unit 11110, Box 20, Weekly Activities Reports (2 of 5).

40 「1951.9.21 강원도 주간 보고서」, RG 338, UN Civil Assistance Command, Korea (UNCACK), 1951, Entry UNCACK Unit 11110, Box 20, Weekly Activities Reports (3 of 5) 1951.

41 「1952. 11월 월간 요약」, RG 550 Military Historian's Office, Organizational History Files Box 75.

42 「1953. 12월 월간 보고서」, RG 554 A1 1304 Box 81 UNCACK Monthly Civil Affairs Summaries For Korea, compiled 06/1953 - 12/1953 Textual Records from the Department of Defense. Far East Command. Korea Civil Assistance Command. Adjutant General Section. (07/01/1953 - 11/30/1955).

43 국련군 사령부 작성,『국련군 한국 민간구제 및 경제원조』, 앞의 문서.

44 「1951.1.11 경상북도 주간 보고서」, RG 338, UN Civil Assistance Command, Korea (UNCACK), 1951, Box 17, HIST PROG FILES - WEEKLY ACT RPTS 1951 (2 of 2).

45 「1951.1.12 종합 주간 보고서」, RG 338, UN Civil Assistance Command, Korea (UNCACK), 1951, Entry UNCACK Unit 11110, Box 20, Consolidated Weekly Activities Report 1950~1951.

46 「1951.3.31 경기도 주간 보고서」, RG 338, UN Civil Assistance Command, Korea (UNCACK), 1951, Box 17, February, Weekly Reports.

47 「1951.4.15 경상남도 주간 보고서」, RG 338, UN Civil Assistance Command, Korea (UNCACK), 1951, Entry UNCACK Unit 11110, Box 20, Weekly Reports for the Month of April (2 of 2) 1951.

48 「1951.5.3 제주도 주간 보고서」, RG 338, UN Civil Assistance Command, Korea (UNCACK),1951, Entry UNCACK Unit 11110, Box 20, Weekly Reports from the Teams, May 1951 (3 of 5).

49 「1951.5.13 경상남도 주간 보고서」, RG 338, UN Civil Assistance Command, Korea(UNCACK), 1951, Entry UNCACK Unit 11110, Box 20, Weekly Activities Reports for the Month of May (1 of 4) 1951.

50 「1951.5.19 제주도 주간 보고서」」, RG 338, UN Civil Assistance Command, Korea (UNCACK), 1951, Entry UNCACK Unit 11110, Box 20, Weekly Reports from the Teams, May 1951 (1 of 5) 1951.

51 「1951.6.9 경기도 주간 보고서」, RG 338, UN Civil Assistance Command, Korea(UNCACK), 1951, Entry UNCACK Unit 11110, Box 21, Weekly Activities Report Month of June (3 of 3).

52 「1951.6.16 충청북도 주간 보고서」, RG 338, UN Civil Assistance Command, Korea(UNCACK), 1951, Entry UNCACK Unit 11110, Box 21, Weekly Activities Report Month of June (1 of 3) 1951.

53 오한영,「한국의 공중보건」, 앞의 문서.

54 「1951.8.11 전라남도 주간 보고서」, RG 338, UN Civil Assistance Command, Korea (UNCACK), 1951, Entry UNCACK Unit 11110, Box 22, Weekly Activities Reports (2 of 2).

55 「1951.8.11 전라남도 주간 보고서」, 위의 문서.

56 <부산일보> 1951년 10월 28일.

57 「1951.5.19 충청북도 주간 보고서」 RG 338, UN Civil Assistance Command, Korea (UNCACK), 1951, Entry UNCACK Unit 11110, Box 20, Weekly Reports from the Teams, May 1951 (1 of 5).

58 「1951.8.5 전라북도 주간 보고서」, RG 338, UN Civil Assistance Command, Korea (UNCACK), 1951, Entry UNCACK Unit 11110, Box 22, Weekly Activities Reports (2 of 8) 1951.

59 「1951.8.12 경기도 주간 보고서」, RG 338, UN Civil Assistance Command, Korea(UNCACK), 1951, Entry UNCACK Unit 11110, Box 22, Weekly Activities Reports(1 of 2) 1951.

60 「1951.8.16 전라북도 주간 보고서」, RG 338, UN Civil Assistance Command, Korea(UNCACK), 1951, Entry UNCACK Unit 11110, Box 22, Weekly Activities Reports(8 of 8) 1951.

61 「1951.8.26 경기도 주간 보고서」, RG 338, UN Civil Assistance Command, Korea(UNCACK), 1951, Entry UNCACK Unit 11110, Box 22, Weekly Activities Reports(4 of 8) 1951.

62 「1951.9.15 전라남도 주간 보고서」, RG 338, UN Civil Assistance Command, Korea (UNCACK), 1951, Entry UNCACK Unit 11110, Box 20, Team Report, Oct. 1-15, 1951; Semi-Monthly Activities Report; Weekly Activities Reports 1951~1951.

63 「1951.9.23 경기도 주간 보고서」, RG 338, UN Civil Assistance Command, Korea(UNCACK), 1951, Entry UNCACK Unit 11110, Box 20, Weekly Activities Reports (3 of 5) 1951.

64 「1951.12월 사령부 보고서」, RG 338, Korean Communications Zone, 1952-53, Entry 11028, Box 19, S-1 Section Daily Journal; Staff Section Report, UNCACK; Staff Section Report of Public Welfare Section UNCACK for Dec. 1951; PIO Section Daily Journal; Command Report, RCS CSGPO-28 1951.

65 4285년 9월 15일 현재, 『유행성 하계 뇌염 방역의 개요』(제2보), 보건부 방역국장 백행인, RG 331 Supreme Commander for the Allied Powers Administrative Branch Subject File 1945-53 Box 9436.

66 「1952.11.20 한국 방문 보고서」, RG 331 Supreme Commander for the Allied Powers Administrative Branch Subject File 1945-53 Box 9436.

67 「일 보건소 진료소장의 서한(17)」, 1952, 『보건 및 의학』 8호, RG 331 Supreme Commander for the Allied Powers Public Health & Welfare Section Administrative Branch Subject File 1943-53 Box 9432.

68 「1951.4.27 경상북도 주간 보고서」, RG 338, UN Civil Assistance Command, Korea (UNCACK), 1951, Entry UNCACK Unit 11110, Box 20, UNCACK, Central Files, Weekly Activities Reports Month of April (2 of 2) 1951.

69 「1951.5.31 경기도 주간 보고서」, RG 338, UN Civil Assistance Command, Korea (UNCACK), 1951, Entry UNCACK Unit 11110, Box 20, Weekly Activities Reports for the Month of May (4 of 4) 1951.

70 「1951.6.9 경상북도 주간 보고서」, RG 338, UN Civil Assistance Command, Korea(UNCACK), 1951, Entry UNCACK Unit 11110, Box 21, Weekly Activities Report Month of June (3 of 3).

71 「1951.6.30 전라남도 주간 보고서」, RG 338, UN Civil Assistance Command, Korea (UNCACK), 1951,

Entry UNCACK Unit 11110, Box 20, Weekly Activities Reports (3 of 3) 1951~1951.

72 「1951.8.26 거제도 주간 보고서」, RG 338, UN Civil Assistance Command, Korea (UNCACK), 1951, Entry UNCACK Unit 11110, Box 22, Weekly Activities Reports (3 of 8) 1951.

73 「1951.9.3 거제도 주간 보고서」, RG 338, UN Civil Assistance Command, Korea (UNCACK), 1951, Entry UNCACK Unit 11110, Box 22, Weekly Activities Reports, Sept. 1951 (1 of 6) 1951.

74 「1951.9.4 경상남도 주간 보고서」, RG 338, UN Civil Assistance Command, Korea (UNCACK), 1951, Entry UNCACK Unit 11110, Box 22, Weekly Activities Reports, Sept. 1951 (4 of 6) 1951.

75 <부산일보> 1953년 4월 16일

76 「1953. 5월 경상북도 월간 보고서」, RG 554, United Nations Command Adjutant General's Section, UN Civil Assistance Command, Korea (UNCACK) Adjutant General Section, Entry A-1 1303, Team Reports, 1951-1953, Box 80, MAR: Kyongsang Pukto UN Civil Assistance Command Korea Team 1953~1953.

77 「보건진료소 속보」, RG 469 ICA U.S. Mission to Korea. Office of Gov't Services. Public Health Division, Unclassified Subject Files, 1952-1961 Box49.

78 전우용, 2011, 앞의 책, 268쪽.

79 「1953 2월 강원도 월간 보고서」, RG 554, United Nations Command Adjutant General's Section, UN Civil Assistance Command, Korea (UNCACK) Adjutant General Section, Entry A-1 1303, Team Reports, 1951-1953, Box 80, MAR: Kangwon Do UN Civil Assistance Command Korea Team 1953~1953.

80 「1953 2월 전라북도 월간 보고서」, RG 554, United Nations Command Adjutant General's Section, UN Civil Assistance Command, Korea (UNCACK) Adjutant General Section, Entry A-1 1303, Team Reports, 1951-1953, Box 78, MAR: Cholla Pukto UN Civil Assistance Command Korea Team 1953~1953.

81 「1953 2월 충청남도 월간 보고서」, RG 554, United Nations Command Adjutant General's Section, UN Civil Assistance Command, Korea (UNCACK) Adjutant General Section, Entry A-1 1303, Team Reports, 1951-1953, Box 79, MAR: Chungchong Namdo UN Civil Assistance Command Korea Team 1953~1953.

82 「1953 3월 경상북도 월간 보고서」, RG 554, United Nations Command Adjutant General's Section, UN Civil Assistance Command, Korea (UNCACK) Adjutant General Section, Entry A-1 1303, Team Reports, 1951-1953, Box 80, MAR: Kyongsang Pukto UN Civil Assistance Command Korea Team 1953~1953.

83 「1953 5월 전라북도 월간 보고서」, RG 554, United Nations Command Adjutant General's Section, UN Civil Assistance Command, Korea (UNCACK) Adjutant General Section, Entry A-1 1303, Team Reports, 1951-1953, Box 78, MAR: Cholla Pukto UN Civil Assistance Command Korea Team 1953~1953.

84 「1953 5월 전라남도 월간 보고서」, RG 554, United Nations Command Adjutant General's Section,

UN Civil Assistance Command, Korea (UNCACK) Adjutant General Section, Entry A-1 1303, Team Reports, 1951-1953, Box 79, MAR: Cholla Namdo UN Civil Assistance Command Korea Team 1953~1953.

85 「1953 5월 충청남도 월간 보고서」, RG 554, United Nations Command Adjutant General's Section, UN Civil Assistance Command, Korea (UNCACK) Adjutant General Section, Entry A-1 1303, Team Reports, 1951-1953, Box 79, MAR: Chungchong Namdo UN Civil Assistance Command Korea Team 1953~1953.

86 「1953 7월 월간 보고서」, RG 554 A1 1304 Box 81 UNCACK Monthly Civil Affairs Summaries For Korea, compiled 06/1953 - 12/1953 Textual Records from the Department of Defense. Far East Command. Korea Civil Assistance Command. Adjutant General Section. (07/01/1953 - 11/30/1955).

87 RG 331 Supreme Commander for the Allied Powers Administrative Branch Subject File 1945-53 Box 9437.

88 RG 469 ICA U.S. Mission to Korea. Office of Gov't Services. Public Health Division, Unclassified Subject Files, 1952-1961 Box49.

89 보건사회부 국련군 사령부 주한경제조정실, 1958, 『여러분의 보건소 안내』, RG 469 ICA U.S. Mission to Korea. Office of Gov't Services. Public Health Division, Unclassified Subject Files, 1952-1961 Box50.

90 RG 286, Agency for International Development, USAID. Mission to Korea/ Excutive Office, Box 20

91 4298년 1월 19일, 단기 4292년도 보건사회부 주요 시책, 보건사회부/ 총무처 의정국 의사과, 『국무회의 상정 안건철』, 1959, 24; 보건사회부, 『4292년 보건소 설치 및 시설사업계획』, 4 RG 286, Agency for International Development, USAID. Mission to Korea/ Excutive Office, Box 20.

92 이종학, 1959, 앞의 책, 314쪽.

93 이종학, 1959, 위의 책, 93쪽.

7장 _ 공중보건의 통치성

1 이종찬, 2004, 앞의 책, 216쪽.

2 이종찬, 2004, 위의 책, 258쪽.

3 신동원, 2004, 『호열자 조선을 습격하다』, 역사비평사, 76쪽.

4 허은, 2015, 「냉전시대 미국정부의 『자유세계』의 발간과 '자유 동아시아'의 형성」, 『아세아연구』제58권 1호, 110쪽.

5 자유의 벗 편집부, 1965, 『자유의 벗』 3호, 미 육군 발행, 29쪽.

6 미 공보원, 1953, 『자유세계』 제2권 제4호, 23쪽.

7 「CRIK 예방접종 프로그램의 보고 절차」, RG 338, UN Civil Assistance Command, Korea (UNCACK), 1951, Box 17, Unit History. File No. 314.7 (2 of 4).

8 「1951.6.5 주간 활동 보고 양식」, RG 338, UN Civil Assistance Command, Korea (UNCACK), 1951, Box 17, Unit History. File No. 314.7 (3 of 4).

9 「1951.8.26 경기도 주간 보고서」, RG 338, UN Civil Assistance Command, Korea (UNCACK), 1951, Entry UNCACK Unit 11110, Box 22, Weekly Activities Reports (4 of 8) 1951.

10 「야전팀 방문 안내서 - 지시 No 13」, RG 338, Korean Communications Zone, 1952-53, Entry 11028, R/S Section, HQ UNCACK; Staff Section Report (CSHIS-5); Staff Section Report, Supply Section; Staff Section Report of Public Welfare; Daily Journal 1951.

11 「1952.5.31 현지운용」, RG 338, UN Civil Assistance Command, Korea(UNCACK), 1952, Entry UNCACK, Box 5753, Command Report, RCS CSGPO-28, for May 1952.

12 「1951.2.17 경상북도 팀 주간 보고서」, RG 338, UN Civil Assistance Command, Korea (UNCACK), 1951, Entry UNCACK Unit 11110, Box 22, Weekly Activities Reports (6 of 8) 1951.

13 「1951.4.7 충청북도 주간 보고서」, RG 338, UN Civil Assistance Command, Korea (UNCACK), 1951, Entry UNCACK Unit 11110, Box 20, Weekly Reports for the Month of April (2 of 2) 1951.

14 「1951.4.23 충청남도 주간 보고서」, RG 338, UN Civil Assistance Command, Korea (UNCACK), 1951, Entry UNCACK Unit 11110, Box 20, UNCACK, Central Files, Weekly Activities Reports Month of April (1 of 2) 1951.

15 「1951.6.9 경기도 주간 보고서」, RG 338, UN Civil Assistance Command, Korea(UNCACK), 1951, Entry UNCACK Unit 11110, Box 21, Weekly Activities Report Month of June (3 of 3).

16 「1951.10.15 강원도 반월간 보고서」, RG 338, UN Civil Assistance Command, Korea (UNCACK), 1951, Entry UNCACK Unit 11110, Box 23, Semi-Monthly Activities Reports (4 of 7) 1951.

17 「1951.11.1 경기도 반월간 보고서」, RG 338, UN Civil Assistance Command, Korea (UNCACK), 1951, Entry UNCACK Unit 11110, Box 23, Semi-Monthly Activities Reports (1 of 7) 1951.

18 「1951.11.16 경상북도 반월간 보고서」, RG 338, UN Civil Assistance Command, Korea (UNCACK), 1951, Entry UNCACK Unit 11110, Box 23, Semi-Monthly Activites Reports (2 of 4) 1951.

19 「1951.11.29 경기도 주간 보고서」, RG 338, UN Civil Assistance Command, Korea(UNCACK), 1951, Entry UNCACK Unit 11110, Box 21, Weekly Activities Report (4 of 5) 1951~1951.

20 「1951.12.24 위생부 현지 조사 보고」, RG 554, United Nations Command Adjutant General's Section, UN Civil Assistance Command, Korea (UNCACK) Adjutant General Section, Entry A-1 1303, Team Reports, 1951-1953, Box 74, Team Records Misc (1 of 3) 1951~1951.

21 김서형, 2010, 「공중보건국과 1918년 인플루엔자」, 『미국사 연구』 제31집, 83쪽.

22 「1953년 6월 월간 보고서」, RG 554 A1 1304 Box 81 UNCACK Monthly Civil Affairs Summaries For Korea, compiled 06/1953 - 12/1953 Textual Records from the Department of Defense.

Far East Command. Korea Civil Assistance Command. Adjutant General Section. (07/01/1953 - 11/30/1955).

23 국련군 사령부 작성, 『국련군 한국 민간구제 및 경제원조』, 앞의 문서.

24 「위생 강습회 설명 요지」, RG 338, UN Civil Assistance Command, Korea (UNCACK), 1951, Entry UNCACK Unit 11110, Box 22, Weekly Activities Reports, Sept. 1951 (3 of 6) 1951.

25 「1951.11.29 경기도 주간 보고서」, RG 338, UN Civil Assistance Command, Korea(UNCACK), 1951, Entry UNCACK Unit 11110, Box 21, Weekly Activities Report (4 of 5) 1951~1951.

26 「1951. 9월 사령부 보고서」, RG 554 A1 1300 UN Civil Assistance Command Korea Adjutant General Section, COMMAND REPORTS 1950-53, Box 1.

27 「1951.10.15 경기도 반월간 보고서」, RG 338, UN Civil Assistance Command, Korea (UNCACK), 1951, Entry UNCACK Unit 11110, Box 23, Semi-Monthly Activities Reports (5 of 7) 1951.

28 「1951.11.3 충청남도 반월간 보고서」, RG 338, UN Civil Assistance Command, Korea (UNCACK), 1951, Entry UNCACK Unit 11110, Box 23, Semi-Monthly Activities Reports (2 of 7) 1951.

29 「1952. 4월 위생부 보고서」, RG 554 Command Reports, compiled 11/1950 - 08/1953 Box 5.

30 「1952. 4월 위생부 보고서」, RG 338, UN Civil Assistance Command, Korea(UNCACK), 1952, Entry UNCACK, Box 5753, Command Report, RCS CSGPO-28, for April 1952.

31 「1952 6 공중보건부 월간 보고서」, RG 554, United Nations Command Adjutant General's Section, UN Civil Assistance Command, Korea (UNCACK) Adjutant General Section, Entry A-1 1303, Team Reports, 1951-1953, Box 76, SWAR-Kyonggi Do 1952~1952.

32 「1952.6.15 종합 반월간 활동 보고서」, RG 554 Command Reports, compiled 11/1950 - 08/1953, Box 6

33 「위생관리 회의」, RG 331 United Nations Civil Assistance Command, Korea - Public Health Technical Bulletins, 1945-1953 Box 9437.

34 「1951.8.11 충청북도 주간 보고서」, RG 338, UN Civil Assistance Command, Korea (UNCACK), 1951, Entry UNCACK Unit 11110, Box 22, Weekly Activities Reports (2 of 2) 1951.

35 「1951.8.18 충청북도 주간 보고서」, RG 338, UN Civil Assistance Command, Korea (UNCACK), 1951, Entry UNCACK Unit 11110, Box 22, Weekly Activities Reports (7 of 8) 1950.

36 RG 338, UN Civil Assistance Command, Korea (UNCACK), 1951, Entry UNCACK Unit 11110, Box 22, Weekly Activities Reports (7 of 8) 1950.

37 「1951.9.1 충청북도 주간 보고서」, RG 338, UN Civil Assistance Command, Korea (UNCACK), 1951, Entry UNCACK Unit 11110, Box 22, Weekly Activities Reports, Sept. 1951 (2 of 6) 1951.

38 「1951.11.30 전라남도 반월간 보고」, RG 554, United Nations Command Adjutant General's Section, UN Civil Assistance Command, Korea (UNCACK) Adjutant General Section, Entry A-1 1303, Team Reports, 1951-1953, Box 77, Team Report, 15-30 Nov. 51 1951~1951.

39 「1952.1.2 경기도 주간 보고서」, RG 554, United Nations Command Adjutant General's Section, UN Civil Assistance Command, Korea (UNCACK) Adjutant General Section, Entry A-1 1303, Team Reports, 1951-1953, Box 77, Semi-Monthly Activites Report, 16-31 Dec. 1951 1951~1952.

40 「1952.2.15 반월간 종합 보고서」, RG 338, UN Civil Assistance Command, Korea(UNCACK), 1952, Entry UNCACK, Box 5753, Classified Command Report Files(1 Jan.-30 Dec. 1952), Korea Civil Assistance Command (2 of 2) 1952~1952.

41 「그림으로 보는 위생과 질병」, RG 331 Supreme Commander for the Allied Powers Administrative Branch Subject file 1945-53 Box 9438.

42 「그림 위생과 질병」, RG 469 ICA U.S. Mission to Korea. Office of Gov't Services. Public Health Division, Unclassified Subject Files, 1952-1961 P321 Box 5.

43 「1952. 5 참모 보고서」 RG 338, UN Civil Assistance Command, Korea(UNCACK), 1952, Entry UNCACK, Box 5753, Command Report, RCS CSGPO-28, for May 1952.

44 「1952.8.10 공중보건부 보고서」, RG 554 Command Reports, compiled 11/1950 - 08/1953 Box 8.

45 「1952 7월간 보고서」, RG 554, United Nations Command Adjutant General's Section, UN Civil Assistance Command, Korea (UNCACK) Adjutant General Section, Entry A-1 1303, Team Reports, 1951-1953, Box 76, SWAR-Kyonggi Do 1952~1952.

46 「1952. 9 사령부 보고서」, RG 338, UN Civil Assistance Command, Korea(UNCACK), 1952, Entry UNCACK, Box 5753, Classified Command Report Files(1 Jan.-30 Dec. 1952), Korea Civil Assistance Command (1 of 2).

47 「식품 취급자 강습」, RG 338, UN Civil Assistance Command, Korea(UNCACK), 1952, Entry UNCACK, Box 5754, Staff Section Report and Daily Journal (2 of 2) 1952.

48 「1952 11 공중보건부 참모 보고서」 RG 338, UN Civil Assistance Command, Korea(UNCACK), 1952, Entry UNCACK, Box 5754, Command Report, RCS CSGPO-28, UNCACK, for Nov. 1952 (1 of 2).

49 UNC FEC G-5 Hq, 『UNITED NATION civil affairs activities in KOREA』 1952 11월 월간 요약(RG 550 A1 Box 75).

50 대한민국 건국 10년지 간행회, 1956, 『대한민국 건국 10년지』, 건국기념사업회, 687쪽.

8장 _ 한국인의 '위생' 좌표

1 「구충과 구서, 질병과의 관련성」, RG 338, UN Civil Assistance Command, Korea(UNCACK), 1952, Entry UNCACK, Box 5753, Command Report, RCS CSGPO-28, for April 1952.

2 「개인위생 강연 순행 중」, RG 550 Military Historian's Office, Organizational History Files Box 94.

3 이종찬, 2004, 앞의 책, 57쪽.

4 조르주 비가렐로 지음 정재곤 옮김, 2007, 『깨끗함과 더러움』, 194쪽.

5 조르주 비가렐로 지음 정재곤 옮김, 2007, 위의 책, 248쪽.

6 「그림 위생과 질병」, RG 469 ICA U.S. Mission to Korea. Office of Gov't Services. Public Health

Division, Unclassified Subject Files, 1952-1961 P321 Box 5.

7 대한민국 건국 10년지 간행회, 1956, 앞의 책, 687쪽.

8 비치우드, 『위생검찰 지침』, 1952, RG 338, UN Civil Assistance Command, Korea(UNCACK), 1952, Entry UNCACK, Box 5753, Command Report, RCS CSGPO-28, for April 1952.

9 비취우드 박사 홍석기 공저, 1952, 『식품 취급자 강습』, RG 338, UN Civil Assistance Command, Korea(UNCACK), 1952, Entry UNCACK, Box 5754, Staff Section Report and Daily Journal (2 of 2) 1952.

10 비취우드 박사 홍석기 공저, 1952, 『식품 취급자 강습』, 위의 문서.

11 RG 554 Military History Section Command Staff Section Reports, compiled 1947-52 Box 294.

12 RG 554, United Nations Command Adjutant General's Section, UN Civil Assistance Command, Korea (UNCACK) Adjutant General Section, Entry A-1 1303, Team Reports, 1951-1953, Box 71, Chulla Pukto (Letters) 1951~1952.

13 신동원, 1997, 앞의 책, 401쪽.

14 신동원, 1997, 위의 책, 404쪽.

15 <민주신보> 1951년 1월 5일(국사편찬위원회, 『자료 대한민국사』20권).

16 공보처, 1953, 『대통령 이승만 박사 담화집』, 234-235쪽.

17 마사 너스바움, 조계원 옮김, 2015, 『혐오와 수치심』, 민음사, 320쪽.

18 조르주 비가렐로 지음 정재곤 옮김, 2007, 앞의 책, 250쪽.

19 RG 407 NM3 FEC GHQ Command Report, 1949-1954, Box 268.

20 David Kinkela, 2011,ibid, P.183.

21 조지 F. 케넌 유강은 옮김, 2013, 『조지 케넌의 미국외교 50년』, 가람기획, 310쪽.

22 최정민, 2010, 「냉전 이데올로기부터 전염병의 서사까지: <신체 강탈자들의 침략>의 변주를 중심으로」, 『문학과 여상』 겨울, 863쪽.

23 최정민, 2010, 위의 글, 864쪽.

24 「1950.12.10 유엔군사령부 공중보건 복지부 방문 보고서」, RG 331 Supreme Commander for the Allied Powers Administrative Branch Subject file 1945-53 Box 9436.

25 「1951.3.8 제주도 주간 보고서」, RG 338, UN Civil Assistance Command, Korea (UNCACK), 1951, Box 18, Supply Report, File No. 400, Box 18 (4 of 4).

26 국련군 사령부 작성, 『국련군 한국 민간구제 및 경제원조』, 앞의 문서.

27 「민정/군정에서의 의료 업무」, RG 331 Supreme Commander for the Allied Powers Public Health & Welfare Section Administrative Branch Subject File 1943-53 Box 9432.

28 「한국에서의 발진티푸스 통제」, 앞의 문서.

29 최정민, 2010, 앞의 글, 863쪽.

30 충청북도 보건강습편람(교사), 「건전한 대한민국을 위하여」, RG 338, UN Civil Assistance Command, Korea (UNCACK), 1951, Entry UNCACK Unit 11110, Box 22, Weekly Activities Reports (7 of 8) 1950.

31 신동원, 1997, 앞의 책, 315쪽.

1 <동아일보> 1952년 4월 9일(국사편찬위원회, 2007, 『자료 대한민국사』 25권).
2 총무처 의정국 의사과, 1952, 「세계 보건일 기념행사 계획서」, 『국무회의 상정 안건철』.
3 「1952.4.2 UNCACK 세계 보건의 날 회의」, RG 331 Supreme Commander for the Allied Powers Administrative Branch Subject file 1945-53 Box 9436.
4 「1952.4.2 UNCACK 세계 보건의 날 회의」, 위의 문서.
5 총무처 의정국 의사과, 1952, 「세계 보건일 기념행사 계획서」, 『국무회의 상정 안건철』.
6 「1952년 4월 경기도 반월간 보고서」, RG 554, United Nations Command Adjutant General's Section, UN Civil Assistance Command, Korea (UNCACK) Adjutant General Section, Entry A-1 1303, Team Reports, 1951-1953, Box 76, SWAR-Kyonggi Do 1952~1952.
7 「1953 5월 강원도 월간 보고서」, RG 554, United Nations Command Adjutant General's Section, UN Civil Assistance Command, Korea (UNCACK) Adjutant General Section, Entry A-1 1303, Team Reports, 1951-1953, Box 80, MAR: Kangwon Do UN Civil Assistance Command Korea Team 1953~1953.
8 「1953 5월 경상북도 월간 보고서」, RG 554, United Nations Command Adjutant General's Section, UN Civil Assistance Command, Korea (UNCACK) Adjutant General Section, Entry A-1 1303, Team Reports, 1951-1953, Box 80, MAR: Kyongsang Pukto UN Civil Assistance Command Korea Team 1953~1953.
9 보건부, 1954, 「제3회 세계 보건일 기념행사에 관한 건」, 『국무회의 상정 안건철』,
10 보건사회부, 1955, 「제4회 세계 보건일 기념행사 계획서(안)」, 『국무회의 상정 안건철』.
11 보건사회부, 1958, 「제7회 세계 보건일 기념행사 실시의 건」, 『국무회의 상정 안건철』.
12 보건사회부, 「제8회 세계 보건일 기념행사 계획서」, RG 286, Agency for International Development, USAID. Mission to Korea/ Excutive Office, Box 20.
13 보건사회부, 1960, 「제9회 세계 보건일 기념행사 실시에 관한 건」, 『국무회의 상정 안건철』.
14 총무처 의정국 의사과, 1960, 「세계 보건일 계기로 한 보건주간 설정에 관한 건」, 『국무회의 상정 안건철』.
15 총무처 의정국 의사과, 1960, 「세계 보건일 계기로 한 보건주간 설정에 관한 건」, 앞의 문서.
16 총무처 의정국 의사과, 『국무회의 상정 안건철』, 1960; 세계 보건일 계기로 한 보건주간 설정에 관한 건, 보건사회부 장관 내무부 장관 문교부 장관 공보실장, 1960년 3월 4일
17 대한민국보건부, 『건강과 위생 이야기- 세계 보건날 4월 7일』, 1952 RG 338, UN Civil Assistance Command, Korea(UNCACK), 1952, Entry UNCACK, Box 5753, Command Report, RCS CSGPO-28, UNCACK, for February 1952 (1 of 2) 1952.
18 「1952 3 위생 참모 보고서」, RG 338, UN Civil Assistance Command, Korea(UNCACK), 1952, Entry UNCACK, Box 5753, Command Reports, RCS CSGPO-28, for March 1952.

19 「1952.2 사령부 보고서」 RG 338, UN Civil Assistance Command, Korea(UNCACK), 1952, Entry UNCACK, Box 5753, Command Report, RCS CSGPO-28, UNCACK, for February 1952 (1 of 2).

20 조르주 비가렐로 지음 정재곤 옮김, 2007, 앞의 책, 249쪽.

21 「1953. 10월 월간 보고서」, RG 338 A-1 206 Box 1561, RG 554 A1 1304 Box 81 UNCACK Monthly Civil Affairs Summaries For Korea, compiled 06/1953 - 12/1953 Textual Records from the Department of Defense. Far East Command. Korea Civil Assistance Command. Adjutant General Section. (07/01/1953 - 11/30/1955).

22 <부산일보> 1953년 5월 30일.

23 <부산일보> 1953년 10월 13일.

24 RG 286, Agency for International Development, USAID. Mission to Korea/ Excutive Office, Box 20.

25 「전염병 예방법(안)」, 1952, 총무처 의정국 의사과, 『국무회의 상정 안건철』.

26 국제연합 민간구호처, 1952, 「국제위생 법규」, 『보건 및 의학』 1호, 2-3쪽 RG 554 Command Reports, compiled 11/1950 - 08/1953 Box 3.

27 국제연합 민간구호처, 1952, 「국제위생 법규」, 위의 문서.

28 「조약 제10호(한국 보건사업에 관한 대한민국과 세계보건기구와의 협정」(국사편찬위원회, 『자료 대한민국사』 23권)

29 이종찬, 2004, 앞의 책, 324-325쪽.

30 셀던 와츠 지음 태경섭 한창호 공역, 2009, 457쪽.

31 이종찬, 2004, 앞의 책, 127쪽.

32 이종찬, 2004, 위의 책, 129쪽.

33 Crowford F Sams, 1952, "American Public Health Adminstration Meets Oriental Problems in Japan", *The American Journal of Public Health* Vol No May(한범석 역, 「일본에 적용된 미국 보건행정 방식」).

34 셀던 와츠 지음 태경섭 한창호 공역, 2009, 『전염병과 역사』, 모티브북, 212쪽.

35 셀던 와츠 지음 태경섭 한창호 공역, 2009, 위의 책, 213쪽.

36 서울대학교 병원역사문화센터 지음, 앞의 책, 338쪽.

37 서울대학교 병원역사문화센터 지음, 앞의 책, 338쪽.

38 정은정, 2006, 「1960년대 미국의 한국 '농촌 만들기' 담론 전략」, 경북대학교 사회학 석사학위 논문, 88쪽.

39 RG 550 Military Historian's Office, Organizational History Files Box 94.

40 정은정, 2006, 앞의 글, 88쪽.

41 「한국 교육가 미국 의학교 교육법을 극찬」, RG 550 Military Historian's Office, Organizational History Files Box 94.

42 「한국인 130명이 기술훈련에 참가」, RG 550 Military Historian's Office, Organizational History Files Box 94.

43 자유의 벗 편집부, 1960, 「사회발전과 보조를 같이하는 미네소타대학」, 『자유의 벗』 5호, 12쪽.
44 미 공보원 편집부, 1953, 「知識의 採險家 海外 留學生」, 『자유세계』 제4호, 38쪽.
45 자유의 벗 편집부, 1960, 「외국 유학생에게 미국 교육이 뜻하는 것」, 『자유의 벗』 11호, 4-5쪽.
46 자유의 벗 편집부, 1959, 「평화의 건설」, 『자유의 벗』 6호, 1쪽.
47 미 공보원, 1952, 「'버-마'女性의 美國視察」, 『자유세계』 12호, 40쪽.
48 미 공보원, 1953, 「手術室의 天使」, 『자유세계』 제4호, 15쪽.
49 David Kinkela, 2011,ibid, P.1.
50 David Kinkela, 2011,ibid, P.6.
51 David Kinkela, 2011,ibid, P.8.
52 보건사회부, 1962, 『보건사회부 장관 필리핀 대만순방 보고서』, RG 286 Agency for International Development, USAID. Mission to Korea/ Excutive Office, Box 5.
53 「전반적으로 흐리고 곳곳 비 돼지우리 소독 철저히 해야」, <경향신문> 1977년 4월 26일.
54 「횡설수설」, <동아일보> 1979년 8월 23일.

닫는 말: 사스에서 코로나19까지

1 David Kinkela, 2011, ibid, P.186.

극동군 유엔사령부, 유엔 민간원조 사령부, 미8군 사령부 자료

- RG 286, Agency for International Development, USAID. Mission to Korea/ Excutive Office, Box 20
- RG 331 UNCACK, Public Health Technical Bulletins 1945-1953, Supreme Commander for the Allied Powers Administrative Branch Subject File 1945-53, Box 9432, Box 9433, Box 9435, Box 9436, Box 9437, Box 9438
- RG 338 Eight U S Army Medical Section, General Correspondence 1950-1960, Box 1561
- RG 338 EIGHTH U S ARMY, KOREA COMMAND REPORTS, 1950-52 Box 1822, Box 1824
- RG 338, UN Civil Assistance Command, Korea(UNCACK), 1952, Entry UNCACK, Box 5753, Command Report, RCS CSGPO-28, for April 1952
- RG 338, UN Civil Assistance Command, Korea(UNCACK), 1952, Entry UNCACK, Box 5753, Command Report, RCS CSGPO-28, for May 1952
- RG 338, UN Civil Assistance Command, Korea(UNCACK), 1951, Box 17, Public Health. File No. 720 (1 of 2)
- RG 338, UN Civil Assistance Command, Korea(UNCACK), 1951, Box 17, Public Health, File No.720 (10 of 2)
- RG 338, UN Civil Assistance Command, Korea (UNCACK), 1951, Box 17, HIST PROG FILES - WEEKLY ACT RPTS 1951 (1 of 2)
- RG 338, UN Civil Assistance Command, Korea (UNCACK), 1951, Box17, HIST PROG FILES-WEEKLY ACT RPTS 1951(2 of 2)
- RG 338, UN Civil Assistance Command, Korea (UNCACK), 1951, Box 17, Unit History. File No. 314.7 (발신 UNCACK 8201st AU)
- RG 338, UN Civil Assistance Command, Korea(UNCACK), 1951, Box 17, February, Weekly Reports
- RG 338, UN Civil Assistance Command, Korea (UNCACK), 1951, Box 17, Unit History. File No. 314.7 (2 of 4)
- RG 338, UN Civil Assistance Command, Korea (UNCACK), 1951, Box 17, Unit History. File No. 314.7 (3 of 4)
- RG 338, UN Civil Assistance Command, Korea(UNCACK), 1951, Box1 8, Supply Report,

File No. 400, Box 18(3 of 4)

- RG 338, UN Civil Assistance Command, Korea (UNCACK), 1951, Box 18, Supply Report, File No. 400, Box 18 (4 of 4)
- RG 338, Korean Communications Zone, 1952-53, Entry 11028, Box 19, Staff Section Report, Civil Information and Education Section, UNCACK; Staff Section Report, Public Information Section 1951~1951
- RG 338, Korean Communications Zone, 1952-53, Entry 11028, R/S Section, HQ UNCACK; Staff Section Report (CSHIS-5); Staff Section Report, Supply Section; Staff Section Report of Public Welfare; Daily Journal 1951
- RG 338, UN Civil Assistance Command, Korea (UNCACK), 1951, Entry UNCACK Unit 11110, Box 20, Consolidated Weekly Activities Report 1950~1951
- RG 338, UN Civil Assistance Command, Korea (UNCACK), 1951, Entry UNCACK Unit 11110, Box 20, Team Report, Oct. 1-15, 1951
- RG 338, UN Civil Assistance Command, Korea (UNCACK) 1951, Entry UNCACK Unit 11110, Box 20, Weekly Reports for the Month of April (1 of 2) 1951.
- RG 338, UN Civil Assistance Command, Korea(UNCACK), 1951, Entry UNCACK Unit11110, Box20, Weekly Reports for the Month of April (2 of 2)
- RG 338, UN Civil Assistance Command, Korea (UNCACK), 1951, Entry UNCACK Unit 11110, Box 20, UNCACK, Central Files, Weekly Activities Reports Month of April (1 of 2)
- RG 338, UN Civil Assistance Command, Korea(UNCACK), 1951, Entry UNCACK Unit11110, Box 20, UNCACK, Central Files, Weekly Activities Reports Month of April (2 of 2) 1951
- RG 338, UN Civil Assistance Command, Korea (UNCACK), 1951, Entry UNCACK Unit 11110, Box 20, Weekly Activities Reports (3 of 3) 1951~1951
- RG 338, UN Civil Assistance Command, Korea(UNCACK), 1951, Entry UNCACK Unit11110, Box 20, Weekly Activities Reports for the Month of May(1 of 4)1951
- RG 338, UN Civil Assistance Command, Korea(UNCACK), 1951, Entry UNCACK Unit 11110, Box 20, Weekly Activities Reports for the Month of May (2 of 4) 1951
- RG 338, UN Civil Assistance Command, Korea (UNCACK), 1951, Entry UNCACK Unit 11110, Box 23, Semi-Monthly Activities Reports (3 of 4) 1951
- RG 338, UN Civil Assistance Command, Korea (UNCACK), 1951, Entry UNCACK Unit 11110, Box 20, Weekly Activities Reports for the Month of May (4 of 4) 1951
- RG 338, UN Civil Assistance Command, Korea (UNCACK), 1951, Entry UNCACK Unit 11110, Box 20, Weekly Reports from the Teams, May 1951 (1 of 5) 1951
- RG 338, UN Civil Assistance Command, Korea (UNCACK), 1951, Entry UNCACK Unit 11110,

Box 20, Weekly Activities Reports (2 of 5)

- RG 338, UN Civil Assistance Command, Korea (UNCACK),1951, Entry UNCACK Unit 11110, Box 20, Weekly Reports from the Teams, May 1951 (3 of 5)
- RG 338, UN Civil Assistance Command, Korea (UNCACK), 1951, Entry UNCACK Unit 11110, Box 20, Weekly Activities Reports (2 of 5) 1951
- RG 338, UN Civil Assistance Command, Korea (UNCACK), 1951, Entry UNCACK Unit 11110, Box 20, Weekly Activities Reports (3 of 5) 1951
- RG 338, UN Civil Assistance Command, Korea(UNCACK), 1951, Entry UNCACK Unit 11110, Box 21, Weekly Activities Report Month of June (1 of 3) 1951
- RG 338, UN Civil Assistance Command, Korea(UNCACK), 1951, Entry UNCACK Unit 11110, Box 21, Weekly Activities Report Month of June (3 of 3)
- RG 338, UN Civil Assistance Command, Korea(UNCACK), 1951, Box 21, Weekly Activities Report Month of July (1 of 5)
- RG 338, UN Civil Assistance Command, Korea(UNCACK), 1951, Entry UNCACK Unit 11110, Box 21, Weekly Activities Report (2 of 5) 1951
- RG 338, UN Civil Assistance Command, Korea(UNCACK), 1951, Entry UNCACK Unit11110, Box 21, Weekly Activities Report Month of July (3 of 5)
- RG 338, UN Civil Assistance Command, Korea(UNCACK), 1951, Entry UNCACK Unit 11110, Box 21, Weekly Activities Report Month of July (4 of 5) 1951.
- RG 338, UN Civil Assistance Command, Korea(UNCACK), 1951, Entry UNCACK Unit 11110, Box 22, Weekly Activities Reports(1 of 2) 1951
- RG 338, UN Civil Assistance Command, Korea (UNCACK), 1951, Entry UNCACK Unit 11110, Box 22, Weekly Activities Reports (2 of 2) 1951
- RG 338, UN Civil Assistance Command, Korea (UNCACK), 1951, Entry UNCACK Unit 11110, Box 22, Weekly Activities Reports, Sept. 1951 (1 of 6) 1951
- RG 338, UN Civil Assistance Command, Korea (UNCACK), 1951, Entry UNCACK Unit 11110, Box 22, Weekly Activities Reports, Sept. 1951 (2 of 6) 1951
- RG 338, UN Civil Assistance Command, Korea (UNCACK), 1951, Entry UNCACK Unit 11110, Box 22, Weekly Activities Reports, Sept. 1951 (3 of 6) 1951.
- RG 338, UN Civil Assistance Command, Korea (UNCACK), 1951, Entry UNCACK Unit 11110, Box 22, Weekly Activities Reports, Sept. 1951 (4 of 6) 1951
- RG 338, UN Civil Assistance Command, Korea (UNCACK), 1951, Entry UNCACK Unit 11110, Box 22, Weekly Activites Reports, Sept. 1951 (6 of 6) 1951
- RG 338, UN Civil Assistance Command, Korea (UNCACK), 1951, Entry UNCACK Unit 11110,

Box 22, Weekly Activities Reports (2 of 8) 1951

- RG 338, UN Civil Assistance Command, Korea (UNCACK), 1951, Entry UNCACK Unit 11110, Box 22, Weekly Activities Reports (3 of 8) 195
- RG 338, UN Civil Assistance Command, Korea (UNCACK), 1951, Entry UNCACK Unit 11110, Box 22, Weekly Activities Reports (4 of 8) 1951
- RG 338, UN Civil Assistance Command, Korea (UNCACK), 1951, Entry UNCACK Unit 11110, Box 22, Weekly Activities Reports (6 of 8) 1951
- RG 338, UN Civil Assistance Command, Korea (UNCACK), 1951, Entry UNCACK Unit 11110, Box 22, Weekly Activities Reports (7 of 8) 1951
- RG 338, UN Civil Assistance Command, Korea (UNCACK), 1951, Entry UNCACK Unit 11110, Box 22, Weekly Activities Reports (8 of 8) 1951
- RG 338, UN Civil Assistance Command, Korea (UNCACK), 1951, Entry UNCACK Unit 11110, Box 23, Semi-Monthly Activites Reports (2 of 4) 1951
- RG 338, UN Civil Assistance Command, Korea (UNCACK), 1951, Entry UNCACK Unit 11110, Box 23, Semi-Monthly Activities Reports (1 of 7) 1951
- RG 338, UN Civil Assistance Command, Korea (UNCACK), 1951, Entry UNCACK Unit 11110, Box 23, Semi-Monthly Activities Reports (2 of 7) 1951
- RG 338, UN Civil Assistance Command, Korea (UNCACK), 1951, Entry UNCACK Unit 11110, Box 23, Semi-Monthly Activities Reports (4 of 7)
- RG 338, UN Civil Assistance Command, Korea (UNCACK), 1951, Entry UNCACK Unit 11110, Box 23, Semi-Monthly Activities Reports (5 of 7) 1951
- RG 338, UN Civil Assistance Command, Korea (UNCACK), 1951, Entry UNCACK Unit 11110, Box 23, Semi-Monthly Activities Reports (6 of 7)
- RG 338, UN Civil Assistance Command, Korea (UNCACK), 1951, Entry UNCACK Unit 11110, Box 23, Semi-Monthly Activities Reports (7 of 7) 1951
- RG 338, UN Civil Assistance Command, Korea(UNCACK), 1951, Box 17, Unit History. File No. 314.7 (2 of 4)
- RG 338, UN Civil Assistance Command, Korea(UNCACK), 1951, Entry UNCACK Unit 11110, Box 21, Weekly Activities Report Month of June (1 of 3) 1951
- RG 338, UN Civil Assistance Command, Korea (UNCACK), 1951, Entry UNCACK UNIT 11028, Box 76, Kess Stores, 400.32; Clothing+Equip., 420; P.O.L. Consumption Rpt., 463.7; Transportation, 500; Construction and Installation, 600.1; Requisition of Real Property, 601; Grain Warehouses, 633; Health+Prevention of Disease, 720, Power Rehabilitation 675 1952~1954

- RG 338, UN Civil Assistance Command, Korea (UNCACK), 1951, Entry UNCACK Unit 11110, Box 20, Consolidated Weekly Activities Report 1950~1951
- RG 338 United Nations Civil Assistance Command, Korea:8201st Army Unit, Command Report, 1950.11.3-1951.8.3 Box 1694
- RG 338 United Nations Civil Assistance Command, Korea:8201st Army Unit, Command Report, 1950.11.3-1951.8.3 Box 1696
- RG 338, UN Civil Assistance Command, Korea(UNCACK), 1952, Entry UNCACK, Box 5753, Command Report, RCS CSGPO-28, UNCACK, for February 1952 (1 of 2)
- RG 338, UN Civil Assistance Command, Korea(UNCACK), 1952, Entry UNCACK, Box 5753, Classified Command Report Files(1 Jan.-30 Dec. 1952), Korea Civil Assistance Command (1 of 2)
- RG 338, UN Civil Assistance Command, Korea(UNCACK), 1952, Entry UNCACK, Box 5753, Classified Command Report Files(1 Jan.-30 Dec. 1952), Korea Civil Assistance Command (2 of 2) 1952~1952
- RG 338, UN Civil Assistance Command, Korea(UNCACK), 1952, Entry UNCACK, Box 5753, Staff Section Report, Public Works, for Month of January 1952 (1 of 3)
- RG 338, UN Civil Assistance Command, Korea(UNCACK), 1952, Entry UNCACK, Box 5753, Command Reports, RCS CSGPO-28, for March 1952
- RG 338, UN Civil Assistance Command, Korea(UNCACK), 1952, Entry UNCACK, Box 5753, Command Report, RCS CSGPO-28, for April 1952
- RG 338, UN Civil Assistance Command, Korea(UNCACK), 1952, Entry UNCACK, Box 5753, Command Report, RCS CSGPO-28, for May 1952
- RG 338, UN Civil Assistance Command, Korea(UNCACK), 1952, Entry UNCACK, Box 5754, Command Report, RCS CSGPO-28, for August 1952
- RG 338, UN Civil Assistance Command, Korea(UNCACK), 1952, Entry UNCACK, Box 5754, Command Report, RCS CSGPO-28, UNCACK, for Nov. 1952 (1 of 2)
- RG 338, UN Civil Assistance Command, Korea(UNCACK), 1952, Entry UNCACK, Box 5754, Staff Section Report and Daily Journal (2 of 2) 1952
- RG 338, Korean Communications Zone, 1952-53, Entry 11028, Box 19, S-1 Section Daily Journal; Staff Section Report, UNCACK; Staff Section Report of Public Welfare Section UNCACK for Dec. 1951; PIO Section Daily Journal; Command Report, RCS CSGPO-28 1951
- RG 407 NM3 FEC GHQ Command Report, 1949-1954, Box 268
- RG 469 ICA U.S. Mission to Korea. Office of Gov`t Services. Public Health Division,

Unclassified Subject Files, 1952-1961 Box 2, Box 5, Box 49, Box 50

- RG 550 Military Historian's Office, Organizational History Files, Box 75, Box 94
- RG 554 A1 1300 UN Civil Assistance Command Korea Adjutant General Section, COMMAND REPORTS 1950-53, Box 1
- RG 554 A1 1302 Box 68; RG 331 United Nations Civil Assistance Command, Korea - Public Health Technical Bulletins, 1945 - 1953 Box 9433.
- RG 554, United Nations Command Adjutant General's Section, UN Civil Assistance Command, Korea(UNCACK) Adjutant General Section, Entry A-1 1303, Team Reports, 1951-1953, Box 73, Records Chulla Namdo(3 of 4)
- RG 554, United Nations Command Adjutant General's Section, UN Civil Assistance Command, Korea(UNCACK) Adjutant General Section, Entry A-1 1303, Team Reports, 1951-1953, Box 69, Bulletin(UNCACK), 1951; Circular Headquarters 8th Army, 1951; Consolidated Weekly Activities Report, 1951
- RG 554, United Nations Command Adjutant General's Section, UN Civil Assistance Command, Korea (UNCACK) Adjutant General Section, Entry A-1 1303, Team Reports, 1951-1953, Box 69, Kyonggi-do 1951~1951
- RG 554, United Nations Command Adjutant General's Section, UN Civil Assistance Command, Korea(UNCACK) Adjutant General Section, Entry A-1 1303, Team Reports, 1951-1953, Box 69, Kyonggi-do
- RG 554, United Nations Command Adjutant General's Section, UN Civil Assistance Command, Korea (UNCACK) Adjutant General Section, Entry A-1 1303, Team Reports, 1951-1953, Box 69, Bulletin (UNCACK), 1951; Circular Headquarters 8th Army, 1951; Consolidated Weekly Activities Report
- RG 554, United Nations Command Adjutant General's Section, UN Civil Assistance Command, Korea (UNCACK) Adjutant General Section, Entry A-1 1303, Team Reports, 1951-1953, Box 69, Kyunggi-do Team; Report on Water Resources, 理水관계; 하천 공사설계서, 전라북도; Report on Sewerage, 하수도관계; Report on Railroad Transportation, 철도관계
- RG 554, United Nations Command Adjutant General's Section, UN Civil Assistance Command, Korea (UNCACK) Adjutant General Section, Entry A-1 1303, Team Reports, 1951-1953, Box 71, Chulla Pukto (Letters) 1951~1952
- RG 554, United Nations Command Adjutant General's Section, UN Civil Assistance Command, Korea (UNCACK) Adjutant General Section, Entry A-1 1303, Team Reports, 1951-1953, Box 71, Chulla Pukto (Letters) 1951~1952

- RG 554, United Nations Command Adjutant General's Section, UN Civil Assistance Command, Korea (UNCACK) Adjutant General Section, Entry A-1 1303, Team Reports, 1951-1953, Box 72, Record's Chulla Namdo (1 of 2) 1951~1951
- RG 554, United Nations Command Adjutant General's Section, UN Civil Assistance Command, Korea (UNCACK) Adjutant General Section, Entry A-1 1303, Team Reports, 1951-1953, Box 73, Records Chulla Namdo (1 of 4) 1951~1951
- RG 554, United Nations Command Adjutant General's Section, UN Civil Assistance Command, Korea (UNCACK) Adjutant General Section, Entry A-1 1303, Team Reports, 1951-1953, Box 74, Team Records Misc (1 of 3) 1951~195
- RG 554, United Nations Command Adjutant General's Section, UN Civil Assistance Command, Korea (UNCACK) Adjutant General Section, Entry A-1 1303, Team Reports, 1951-1953, Box 76, SWAR-Kyonggi Do 1952~1952.
- RG 554, United Nations Command Adjutant General's Section, UN Civil Assistance Command, Korea (UNCACK) Adjutant General Section, Entry A-1 1303, Team Reports, 1951-1953, Box 76, SWAR-Kyonggi Do 1952
- RG 554, United Nations Command Adjutant General's Section, UN Civil Assistance Command, Korea (UNCACK) Adjutant General Section, Entry A-1 1303, Team Reports, 1951-1953, Box 77, Team Report, 15-30 Nov. 51 1951~1951
- RG 554, United Nations Command Adjutant General's Section, UN Civil Assistance Command, Korea (UNCACK) Adjutant General Section, Entry A-1 1303, Team Reports, 1951-1953, Box 77, Semi-Monthly Activites Report, 16-31 Dec. 1951 1951~1952
- RG 554, United Nations Command Adjutant General's Section, UN Civil Assistance Command, Korea (UNCACK) Adjutant General Section, Entry A-1 1303, Team Reports, 1951-1953, Box 78, Team Reports, 1-31 Jan. 53, Seoul City; Kyonggi Do 1953~1953.
- RG 554, United Nations Command Adjutant General's Section, UN Civil Assistance Command, Korea (UNCACK) Adjutant General Section, Entry A-1 1303, Team Reports, 1951-1953, Box 78, MAR: Cholla Pukto UN Civil Assistance Command Korea Team 1953~1953
- RG 554, United Nations Command Adjutant General's Section, UN Civil Assistance Command, Korea (UNCACK) Adjutant General Section, Entry A-1 1303, Team Reports, 1951-1953, Box 78, MAR: Cholla Pukto UN Civil Assistance Command Korea Team 1953~1953
- RG 554, United Nations Command Adjutant General's Section, UN Civil Assistance Command, Korea (UNCACK) Adjutant General Section, Entry A-1 1303, Team Reports,

1951-1953, Box 79, MAR: Chungchong Namdo, Sep. 53 1953~1953
- RG 554, United Nations Command Adjutant General's Section, UN Civil Assistance Command, Korea (UNCACK) Adjutant General Section, Entry A-1 1303, Team Reports, 1951-1953, Box 79, MAR: Kyonggi Do, Sep. 53 1953~1953
- RG 554, United Nations Command Adjutant General's Section, UN Civil Assistance Command, Korea (UNCACK) Adjutant General Section, Entry A-1 1303, Team Reports, 1951-1953, Box 79, MAR: Cholla Namdo UN Civil Assistance Command Korea Team 1953~1953
- RG 554, United Nations Command Adjutant General's Section, UN Civil Assistance Command, Korea (UNCACK) Adjutant General Section, Entry A-1 1303, Team Reports, 1951-1953, Box 79, MAR: Kyungsang Pukto, Sep. 53 1953~1953
- RG 554, United Nations Command Adjutant General's Section, UN Civil Assistance Command, Korea (UNCACK) Adjutant General Section, Entry A-1 1303, Team Reports, 1951-1953, Box 79, MAR: Kyongsang Namdo, Sep. 53 1953~1953
- RG 554, United Nations Command Adjutant General's Section, UN Civil Assistance Command, Korea (UNCACK) Adjutant General Section, Entry A-1 1303, Team Reports, 1951-1953, Box 80, MAR: Kyongsang Pukto UN Civil Assistance Command Korea Team 1953~1953
- RG 554, United Nations Command Adjutant General's Section, UN Civil Assistance Command, Korea (UNCACK) Adjutant General Section, Entry A-1 1303, Team Reports, 1951-1953, Box 80, MAR: Kyonggi Do UN Civil Assistance Command Korea Team 1953~1953
- RG 554, United Nations Command Adjutant General's Section, UN Civil Assistance Command, Korea (UNCACK) Adjutant General Section, Entry A-1 1303, Team Reports, 1951-1953, Box 80, MAR: Kyongsang Pukto UN Civil Assistance Command Korea Team 1953~1953
- RG 554, United Nations Command Adjutant General's Section, UN Civil Assistance Command, Korea (UNCACK) Adjutant General Section, Entry A-1 1303, Team Reports, 1951-1953, Box 80, MAR: Kangwon Do UN Civil Assistance Command Korea Team 1953~1953
- RG 554 A1 1304 Box 81 UNCACK Monthly Civil Affairs Summaries For Korea, compiled 06/1953 - 12/1953 Textual Records from the Department of Defense. Far East Command. Korea Civil Assistance Command. Adjutant General Section. (07/01/1953 - 11/30/1955)

- RG 554, United Nations Command Adjutant General's Section, UN Civil Assistance Command, Korea (UNCACK) Adjutant General Section, Entry A-1 1303, Team Reports, 1951-1953, Box 78, MAR: Cheju Do UN Civil Assistance Command Korea Team 1953~1953
- RG 554 A1 1304 Box 81 UNCACK Monthly Civil Affairs Summaries For Korea, compiled 06/1953 - 12/1953 Textual Records from the Department of Defense. Far East Command. Korea Civil Assistance Command. Adjutant General Section. (07/01/1953 - 11/30/1955)
- RG 554, United Nations Command Adjutant General's Section, UN Civil Assistance Command, Korea(UNCACK) Adjutant General Section, Entry A-1 1307, Security Investigation Files, 1953, Box 86, Public Health, 720 1951~1951
- RG 554 Military History Section Command Staff Section Reports, compiled 1947-52 Box 272, Box 273, Bos 294
- RG 554 Command Reports, compiled 11/1950 - 08/1953 Box 2, Box 3, Box 5, Box 6, Box 8, Box 9, Box 11, Box 12
- RG 554 Medical Section Public Health & Welfare Division, General Correspondence 1945-53, Box 6
- RG 554 General Correspondence, compiled 1945-53 Box 1

■ 구술 자료

- 홍사웅(2018년 6월 28일; 이임하·차선혜 면담; 화성시사 편찬위원회 소재)
- 차찬규(2018년 7월 13일, 이임하·차선혜 면담, 화성시사 편찬위원회 소재)

■ 신문 자료

- <경향신문>, <국제신문>, <동아일보>, <대구매일신문>, <마산일보>, <매일신보>, <민주신보>, <부산일보>, <서울신문>, <조선일보>, <한국일보> 등

■ 잡지

- 『국회보』, 『자유의 벗』, 『자유세계』, 『보건 및 의학』

■ 단행본

- 경성제국대학 위생조사부 엮음 박현숙 옮김, 2010, 『토막민의 생활과 위생』, 민속원
- 국군의무사령부, 2004, 『국군의무사령부 50년사』
- 국련군 사령부 작성, 1951, 『국련군 한국 민간구제 및 경제원조』
- 국민방위군사령부, 1951, 「국민방위군」
- 국방군사연구소, 1988, 『유엔군 지원사』
- 국방군사연구소, 1997, 『한국전쟁 지원사: 인사, 군수, 민사지원』
- 국사편찬위원회 편, 1969, 『자료 대한민국사』 2권
- 국사편찬위원회 편, 1998, 『자료 대한민국사』 9권
- 국사편찬위원회 편, 2005, 『자료 대한민국사』 20권
- 국사편찬위원회 편, 2006, 『자료 대한민국사』 21권
- 국사편찬위원회 편, 2007, 『자료 대한민국사』 25권
- 국사편찬위원회 편, 2008, 『자료 대한민국사』 28권
- 국회도서관 입법조사국, 1965, 『국제연합 한국통일부흥위원단 보고서(1951·1952·1953)』
- 김두종, 1993, 『한국의학사』, 탐구당
- 김양섭, 2005, 『박상규, 1922년 6월 30일생』, 눈빛출판사
- 김진균·정근식 편저, 1997, 『근대주체와 식민지 규율권력』, 문화과학사
- 대한민국 건국 10년지 간행회, 1956, 『대한민국 건국 10년지』, 건국기념사업회
- 대한민국 공보처, 1953, 『대통령 이승만 박사 담화집』 1
- 대한민국 공보처 통계국, 1953, 『1952년 대한민국통계연감』
- 대한민국 국방부 정훈국 전사 편찬위원회 편, 1951, 『한국전란 1년지』
- 대한민국 보건부 편집, 1952, 「모기 구제를 위한 각종 살충제의 사용」, 『보건 및 의학』5호
- 대한민국 보건부, 1952, 『건강과 위생 이야기- 세계 보건날 4월 7일』
- 대한민국 보건사회부, 1955, 『중앙방역연구소 요람 제2호』, 중앙방역연구소
- 더핀 재컬린·신좌섭 옮김, 2006, 『의학의 역사』, 사이언스북스
- 데버러 럽턴 지음 김정선 옮김, 2009, 『의료문화의 사회학』, 한울
- 라이언즈 엘버트 S. & 페트루첼리 R. 조지프 황상익 권복규 옮김, 1994, 『세계의학의 역사』, 한울
- 레이첼 카슨, 김은령 옮김, 2013, 『침묵의 봄』, 에코리브르
- 류재신, 1999, 『제2국민병』, 책과공간
- 리차드 윌킨슨 지음 김홍수영옮김, 2008, 『평등해야 건강하다』, 후마니타스
- 마사 너스바움, 조계원 옮김, 2015, 『혐오와 수치심』, 민음사
- 밀턴 뢰머 지음 강민선 강성도 강성욱 신미영 신상문 주언영 옮김, 2001, 『세계의

보건의료제도』, 한울
- 부산일보사, 1984,『임시수도 천일』
- 박고산, 1987,『내가 겪은 6·25-어느 군의관의 수기』
- 박환, 2016,『잊혀진 민족운동가의 새로운 발굴』, 선인
- 박명림, 2002,『한국 1950 전쟁과 평화』, 나남
- 박윤재, 2005,『한국 근대 의학의 기원』, 혜안
- 박태균, 2005,『한국전쟁 - 끝나지 않은 전쟁, 끝나야 할 전쟁』, 책과함께
- 박형우, 2010,『제중원』, 21세기 북스
- 병무청, 1985,『병무행정사 (상)』
- 병원역사문화센터, 2008,『동아시아 서양의학을 만나다』, 태학사
- 보건부, 1950,『단기4283년도 보건 통계연보 1950』,
- 보건부, 1951,「보건 진료소 설치 계획서」, 총무처 의정국 의사과,『국무회의 상정 안건철』
- 보건부, 1952,『유행성 하계 뇌염 방역의 개요』(제2보), 보건부 방역국장 백행인
- 보건부, 1952,「세계 보건일 기념행사 계획서」,『국무회의 상정 안건철』
- 보건부, 1954,「제3회 세계 보건일 기념행사에 관한 건」,『국무회의 상정 안건철』,
- 보건사회부, 1955,「제4회 세계 보건일 기념행사 계획서(안)」,『국무회의 상정 안건철』
- 보건사회부, 1958,「제7회 세계 보건일 기념행사 실시의 건」,『국무회의 상정 안건철』
- 보건사회부 국련군 사령부 주한 경제조정실, 1958,『여러분의 보건소 안내』
- 보건사회부, 1959,『4292년 보건소 설치 및 시설 사업계획』
- 보건사회부, 1959,「단기 4292년도 보건사회부 주요시책」,『국무회의 상정 안건철』
- 보건사회부, 1959,「하기 방역대 책에 관하여, 1959.6.16」,『국무회의 상정 안건철』
- 보건사회부, 1960,「제9회 세계 보건일 기념행사 실시에 관한 건」,『국무회의 상정 안건철』
- 보건사회부, 1960,「세계 보건일 계기로 한 보건주간 설정에 관한 건」,『국무회의 상정 안건철』
- 비치우드, 1952,『위생검찰 지침』
- 비취우드 박사 홍석기 공저, 1952,『식품 취급자 강습』
- 비센트 나바로외 지음 과천연구실 세미나, 2006,『보건의료: 사회 생태적 분석을 위하여』, 공감
- 브라이언 터너 지음 임인숙 옮김, 2002,『몸과 사회』, 몸과 마음
- 셀던 와츠 지음 태경섭 한창호 공역, 2009,『전염병과 역사』, 모티브북
- 서울대학교병원 병원역사문화센터, 2009,『사진과 함께 보는 한국근현대 의료문화사 1879-1960』, 웅진지식하우스
- 서용선, 1997,『한국전쟁 지원사-인사 군수 민사지원』, 국방군사연구소
- 서중석 외, 2010,『전장과 사람들-주한 유엔 민간원조 사령부 자료로 본 한국전쟁의 일상』, 선인
- 신규환, 2008,『국가, 도시, 위생 1930년대 베이핑시 정부의 위생행정과 국가의료』, 아카넷

- 신규환, 2006, 『질병의 사회사: 동아시아 의학의 재발견』, 살림출판사
- 신동원, 1997, 『한국 근대 보건의료사』, 한울
- 신동원, 2004, 『호열자 조선을 습격하다』, 역사비평사
- 아노 카렌 지음 · 권복규 옮김, 2001, 『전염병의 문화사』, 사이언스북스
- 유정수, 2016, 「유정수 일기」, 『잊혀진 민족운동가의 새로운 발굴』, 선인
- 육군본부 편, 1955, 『6 · 25사변 후방전사(인사편)』
- 여인석 이현숙 김성수 신규환 박윤형 박윤재 지음, 2012, 『한국의 의삭사』, KMA 의료정책연구소
- 예병일, 2007, 『전쟁의 판도를 바꾼 전염병』, 살림
- 이종찬, 1995, 『서양의학과 보건의 역사』, 명경
- 폴 스타, 이종찬 번역, 2012, 『미국 의료의 사회사』, 의료정책연구소
- 이종찬, 2004, 『동아시아 의학의 전통과 근대』, 문학과지성사
- 이종찬, 2009, 『의학의 세계사』, 몸과 마음
- 이종학, 1959, 『보건소 행정과 활동』, 보건문화사
- 전라남도 보건과(劉桂洪), 1951, 『보건행정 실무제요』, 전라남도 보건과(조광상행 인쇄부)
- 전우용, 2011, 『현대인의 탄생』, 이순
- 전종휘, 1975, 『한국 급성전염병 개관』, 최신의학사
- 조선총독부 엮음 신종원 한지원 옮김 하마다 코오사쿠 감수, 2013, 『조선 위생풍습록』, 민속원
- 조지 로젠, 이종찬·김관옥 옮김, 2009, 『보건과 문명』, 몸과 마음
- 조지 F. 케넌 유강은 옮김, 2013, 『조지 케넌의 미국외교 50년』, 가람기획
- 주인호, 1989, 『전염병 탐색기』, 의학출판사
- 진실화해를 위한 과거사 정리 위원회, 2010, 『2010년 상반기 조사 보고서』 10
- 카바(Korea Association of Voluntary Agencies) 40년사 편찬위원회(편). 1995, 『외원사회사업기관 활동사: 외국 민간원조기관 한국연합회 40년사』, 홍익제
- 크리스쉴링, 1999, 『몸의 사회학』, 나남출판
- 하두철, 1952, 『국민의학』, 향의사
- 허은, 2008, 『미국의 헤게모니와 한국 민족주의』, 고려대학교 민족문화연구원
- 윌리엄 맥닐, 허정 역, 1998, 『전염병과 인류의 역사』, 한울
- 황상익, 1998, 『문명과 질병으로 보는 인간의 역사』, 한울림
- 황상익, 2003, 『근대 의료의 풍경』, 푸른역사
- 황상익, 2006, 『1950년대 사회주의 건설기의 북한 보건의료』, 서울대학교 출판부
- WHO-UNKRA, 1961, 『보건기획사절단 사업보고서』, 국립보건원

■ 학위논문, 연구논문

- 高岡裕之, 2004, 「전쟁과 건강-근대 경강담론의 확립과 일본 총력전 체제」, 『당대비평』 27.
- 고길섶, 1995, 「문화와 질병」, 『문화과학』 8
- 권경아, 2005, 「병원에 나타난 병적 징후로서의 세계」, 『시와 시학』 봄호
- 김근배, 1996, 「일제 시기 조선인 과학기술 인력의 성장」, 서울대 박사학위 논문
- 김동규, 1996, 「병원건축 20년」, 『건축』 10-1
- 김미영, 2006, 「일제하 한국 근대소설 속의 질병과 병원」, 『우리말글』 37
- 김승태, 1989, 「일본을 통한 서양의학의 수용과 그 성격」, 『국사관논총』 제6집
- 김서형, 2010, 「공중보건국과 1918년 인플루엔자」, 『미국사 연구』 제31집
- 김서형, 2011, 「1918년 인플루엔자와 여성: 새로운 권력주체와 권력관계의 재구성」, 『미국사 연구』 제33집
- 김성은, 2019, 「1950-60년대 미국의 교육원조와 미국 유학 선호-미네소타 프로젝트와 풀브라이트 프로그램을 중심으로」, 『사회와 역사』 122
- 김수연, 「근대국가 상상과 신체담론」, 『중국 현대문학』 제39집
- 김영치 2000, 「우리 의료의 반성과 새로운 진로의 모색」, 『계간 과학사상』여름호
- 김윤성, 1994, 「개항기 개신교 의료 선교와 몸에 대한 인식틀의 근대적 전환」, 서울대학교 석사학위 논문
- 김일구, 2004, 「질병과 문학: 문학 속의 역병의 4가지 공간」, 『신영어영문학』 27
- 김정화 이경원, 2006, 「일제 식민지 지배와 조선 양의의 사회적 성격」, 『사회와 역사』 70
- 김준호, 1997, 「질병과 의료의 사회적 성격에 관한 한 연구-병자 역할의 의료화를 중심으로」, 『강원 인문논총』 4
- 김학재, 2010, 「주한 유엔 민간원조 사령부(UNCACK) 자료 해제」, 『전장과 사람들』, 선인
- 김학재, 2010, 「한국전쟁과 '인도주의적 구원'의 신화」, 『전장과 사람들』, 선인,
- 김호연, 2008, 「제국과 식민지 병리학-미국의 필리핀 지배 사례를 중심으로」, 『아시아연구』
- 나도헌, 2000, 「8.15 해방 직후 세브란스병원 외과 박용원 교수」, 『연세의사학』 4-2
- 남찬섭, 1992, 「미군정기 한국 사회복지정책 고찰」, 연세대 석사학위 논문
- 문태준, 2000, 「한국전쟁이 한국 의료에 미친 영향」, 『의사학』 9-2
- 민유기, 「19세기 후반 파리의 도시위생 정책을 둘러싼 사회적 갈등과 합의」, 『프랑스사 연구』 제14호
- 박명규, 김백영, 2009, 「식민지 지배와 헤게모니 경쟁: 조선총독부와 미국 개신교 선교 세력 간의 관계를 중심으로」, 『사회와역사』 82
- 박윤재, 2002, 「한말 일제 초 근대적 의학체계의 형성과 식민지배」, 연세대학교 박사학위 논문
- 박윤재, 2003, 「양생에서 위생으로-개화파의 의학론과 근대국가 건설」, 『사회와역사』 63

- 박윤재, 2007,「일제하 의사계층의 성장과 정체성 형성」,『역사와 현실』, 63
- 박윤재, 2009,「1940-60년대 농촌위생연구소의 설립과 활동」,『역사와 현실』 72
- 박인순, 1994,「미군정기의 한국보건의료행정에 관한 연구」, 한국복지행정학회,『복지행정학논총 4집
- 박인순, 2000,「일정기의 한국 의료행정기구 및 시설」,『복지행정논총』 10
- 박인순, 2003,「일정기 조선총독부 보건복지행정의 내용분석-전염병 퇴치 활동을 중심으로」,『복지행정논총』 13-1
- 박종연 손영세, 1997,「한국 의료체계의 이원화와 변혁 과제」,『보건과사회과학』 1-1
- 박치욱, 2010,「한국전쟁과 부산 스웨던 적십자 야전병원의 의료구호활동」,『의사학』 10-1
- 박형우 여인석, 1998,「한국 근대 의학 도입사의 쟁점」,『연세의사학』 2-1
- 박형우 홍정완 박윤재, 2007,「윤치왕의 생애와 의료활동」,『의사학』 17-2
- 范燕秋,「제국정치와 의학」,『사회와역사』 76
- 배규숙, 1991,「대한제국기 관립의학교에 관한 연구」, 이화여자대학교 석사논문
- 변정환, 1984,「조선시대 역병에 관련된 질병관과 구제시책에 관한 연구」, 서울대학교 박사학위 논문
- 손기섭, 1993,「군의관 시절」,『시와시학』 11
- 신동원, 이광린, 1986,「제중원연구」,『한국개화사의 제문제』, 일조각
- 신동원, 1986,「일제의 보건의료 정책 및 한국인의 건강상태에 관한 연구」, 서울대학교 석사학위 논문
- 신동원, 1992,「한국보건의료사 연구 동향」,『한국보건사학회지』 2.1
- 신동원, 1996,「한국 근대 보건의료체제의 형성, 1876-1910」, 서울대학교 박사학위 논문,
- 신동원·황상익, 1996,「조선 말기(1876-1910) 근대 보건의료체제의 형성과 그 의미」,『의사학』 제5권 제2호(통권 9호)
- 신동원, 2000,「일본 보건의료의 근대화 과정」,『과학사상』 봄
- 신동원, 2001,「미국과 일본 보건의료의 조선진출: 제중원과 우두법-근대화와 제국주의 사이에서」,『역사비평』 가을호
- 신동원, 2004,「변강쇠가로 읽는 성, 병, 주검의 문화사」,『역사비평』 67
- 신동원, 2001,「한국의료사에서 본 민중의료」,『사회비평』 29
- 신동원, 2005,「한의학과 한의학」,『역사비평』 겨울호
- 신복기, 1993,「미군정의 복지정책에 대한 한일간의 비교」,『한일연구』 6
- 신영진, 1995,「한국전쟁시 동원 연구」, 서용선 외,『점령정책·노무운용·동원』, 국방군사연구소
- 신오성, 1989,「한국전쟁 전후의 보건의료에 대한 연구: 1945-1959-한국전쟁기를 중심으로」, 서울대학교 석사학위 논문
- 신오성·이우천, 1992,「한국전쟁이 보건의료에 끼친 영향에 관한 연구」,『한국보건사학회지』

제2권 1호
- 신좌섭, 2000, 「군정기의 보건의료정책」, 『의사학』 제9권 제2호(제17호)
- 신좌섭, 2001, 「군정기의 보건의료정책」, 서울대학교 석사학위 논문
- 신창건, 2007, 「경성제국대학에 있어서 한약 연구의 성립」, 『사회와역사』 76
- 신현균, 1998, 「신체화와 문화 간 차이」, 『심리과학』 7-1
- 원보영, 2005, 「전통사회의 질병에 대한 여성과 남성의 인식과 대응-규합총서와 임원경제지의 질병 서술을 중심으로」, 『실천민속학연구』 7
- 유영민, 1994, 「한국 병원건축의 변천과정」, 『건축』 38-11
- 유, 테어도어 준, 2008, 「식민화된 신체: 조선인 여성의 성과 건강」, 『아세아연구』 51-3
- 이상원, 2012, 「제2국민병의 소설화 양상에 대한 일고찰」, 『한국문학논총』 제61집
- 이수경, 최윤경, 2000, 「의학의 발전 과정에 따른 병원의 분류체계에 관한 연구 - 18세기 이후 병원의 분류체계 중심으로」, 『대한건축학회 학술발표논문집』
- 이임하, 2013, 「한국전쟁기 유엔 민간원조 사령부의 보건위생정책: 급성전염병을 중심으로」, 『사회와 역사』 제100집 겨울
- 이임하, 2014, 「한국전쟁기 유엔 민간원조 사령부의 만성전염병 관리」, 『사림』 제49호
- 이정은, 2006, 「대구 제중원이 근대 의료체계 형성에 미친 영향」, 『계명사학』 17
- 이종찬, 1995, 「보건대학원 모델의 역사성: 1910년대 미국을 중심으로」, 『의사학』 4권 2호, 1995
- 이종찬, 1995, 「서양의학의 질병관에 대한 사상사적 고찰 -의학사상사 시론」, 『계간 과학사상』 가을호
- 이종찬, 1999, 「20세기 우리나라 보건정책과 제도: 사회사적 이해」, 『의사학』 15
- 이종찬, 2003, 「근대적 위생론과 사회적 몸: 1830-1850년대 영국을 중심으로」, 『문학과 역사』6호
- 이충호, 1996, 「일제 식민지 통치하의 의사 교육 활동-경성제국대학 의학부를 중심으로」, 『경주사학』15
- 이꽃메, 1993, 「한국의 우두법 도입과 실시에 관한 연구 - 1876년에서 1910년까지를 중심으로」 서울대학교 석사학위 논문
- 전종휘, 1970, 「6·25사변을 전후한 급성전염병의 연차적 변동」, 『감염2(1)』
- 정근식, 1996, 「일제하 서양 의료체계의 헤게모니 형성과 동서 의학 논쟁」, 『사회와역사』 50
- 정근식, 2002, 「동아시아 한센병사 연구를 위하여」, 『보건과사회과학』 12
- 정연식, 2005, 「조선시대의 천연두와 민간의료」, 『인문논총』14
- 정은정, 2006, 「1960년대 미국의 한국 '농촌 만들기' 담론 전략」, 경북대학교 사회학석사학위 논문
- 조병희, 김창엽, 이왕준, 이종찬, 2007, 「긴급좌담/한국의료 무엇이 문제인가」, 『당대비평』 12

- 조형근, 2009, 「일제의 공식의료와 개신교 선교의료 간 헤게모니 경쟁과 그 사회적 효과」, 『사회와역사』 82
- 지제근, 1999, 「20세기 한국의학의 발자취」, 『대한의사협회지』
- 최은경, 2011, 『일제강점기 조선사회 결핵 유행과 대응에 관한 연구』, 서울대 박사학위 논문
- 최원규, 1996, 「한국전쟁 중 국제연합 민사원조 사령부의 전재민 구호정책에 연구」, 『전략논총』 8호
- 최정민, 2010, 「냉전 이데올로기부터 전염병의 서사까지: <신체 강탈자들의 침략>의 변주를 중심으로」, 『문학과영상』 겨울
- 한시백, 「한국의 신고 법정 전염병의 역학적 변천」, 서울대학교 석사학위 논문, 1988
- 허은, 2006, 「1950년대 전반 미국의 '생체정치'와 한국 사회 헤게모니 구축-주한미군 민사기구의 활동과 성격」, 『한국사연구』 133
- 허은, 2015, 「냉전시대 미국정부의 『자유세계』의 발간과 '자유 동아시아'의 형성」, 『아세아연구』 제58권 1호
- 황상익, 1994, 「의학사연구의 동향」, 『과학사상』 여름
- 황상익, 2000, 「한국전쟁과 의학」, 『의사학』 제9권 제2호
- 황상익, 2003, 「현대문명과 전염병」, 『문화과학』 35
- 황상익, 2009, 「전염병과 국가 관리의 통치술」, 『실천문학』 96

- Boulesteix, F. 『착한 미개인 동양의 현자』, 이향 김정연 옮김, 청년사, 2001
- Crawford F. Sams, 1952, 「일본에 적용된 미국보건행정방식」, 『보건 및 의학』 8호
- C F Sams 저 竹前榮治역, DDT 혁명, 암파서점, 1986
- David Kinkela, 2011, *DDT AND THE AMERICAN CENTURY*, The University North Carolina Press
- Thomas R. Dunlap ed. 2008, *DDT, Silent Spring, and The Rise of Environmentalism*, University of Washington Press